SOUVENIRS

DE

L'ÉCOLE SAINTE-GENEVIÈVE

PREMIÈRE PARTIE

PARIS. — IMP. JULES LE CLERE ET Cie, RUE CASSETTE, 29.

SOUVENIRS

DE

L'ÉCOLE SAINTE-GENEVIÈVE

PAR LE R. P. CHAUVEAU

de la Compagnie de Jésus.

NOTICES

SUR

LES ÉLÈVES TUÉS A L'ENNEMI

PREMIÈRE PARTIE

PARIS

JOSEPH ALBANEL, LIBRAIRE,

7, RUE HONORÉ-CHEVALIER, 7.

MDCCCLXXII

AVANT-PROPOS

Durant la guerre contre la Prusse, le P. Ducoudray, Recteur de l'école Sainte-Geneviève, voulut que chaque jour le saint sacrifice de la messe fût offert pour ses élèves, exposés à tant de périls sur les champs de bataille. Quand l'armistice mit fin à l'investissement de Paris, il apprit qu'un grand nombre d'entre eux avaient succombé; mais sa douleur ne fut point sans consolation. S'il ne lui était plus permis de les revoir ici-bas, du moins il se réjouissait en acquérant la certitude qu'ils étaient morts en soldats et en chrétiens. D'ailleurs, la séparation ne fut point de longue durée, et bientôt il allait les rejoindre dans une vie meilleure. Survint la Commune, qui ajouta de nouveaux noms à notre Nécrologe, et cinq de nos Pères durent payer le tribut de sang qu'exigeait la justice de Dieu.

Après tant de deuils et d'épreuves, l'école Sainte-Geneviève, transférée pendant quelques mois à Athis-Mons, put enfin se rouvrir à Paris au mois d'octobre 1871, et le R. P. du Lac, successeur du P. Ducoudray, s'empressa d'écrire aux familles pour obtenir des renseignements sur ceux de nos élèves qui avaient été tués à l'ennemi. Il désirait que leur souvenir fût conservé parmi nous comme une tradition de foi, de devoir et d'honneur, et qu'une notice, consacrée à chacun d'eux, rappelât les principaux faits de leur vie si tôt interrompue par une mort glorieuse.

Nous dédions ce recueil à leurs familles, à leurs amis, à nos élèves et aux jeunes gens qui veulent sauvegarder, comme le plus précieux des trésors, la pureté des convictions et des mœurs chrétiennes.

Les documents mis en œuvre sont les correspondances, les relations et les témoignages qu'on a bien voulu nous communiquer, et nous avons soumis la plupart des notices à l'examen de ceux qui pouvaient le mieux contrôler l'exactitude des faits et des appréciations. Aussi avons-nous l'espoir de nous être tenu en garde contre les exagérations si faciles en pareille matière, et d'avoir écrit, non des panégyriques, mais de simples récits puisés aux meilleures sources.

Ce livre servira peut-être à démontrer une fois de plus l'heureuse influence d'une éducation chrétienne dans la famille et au collége. Puisse-t-il fortifier dans l'âme de nos lecteurs l'amour du travail et des études sérieuses, le respect de l'autorité, ces sentiments d'honneur et ces habitudes viriles qui préservent de la contagion du mal, en un mot, les vertus dignes d'un jeune homme voué à la sainte cause de Dieu et au service de de son pays !

École Sainte-Geneviève,
31 *juillet* 1872, *fête de saint Ignace.*

EMMANUEL

DE BEAUREPAIRE

EMMANUEL COMTE DE BEAUREPAIRE LOUVAGNY, né à Filescamps (Somme) le 27 juillet 1843, élève du collége de la Providence à Amiens, puis de l'école Sainte-Geneviève du 8 octobre 1861 au 3 août 1862, reçu à l'école de Saint-Cyr avec le numéro 5 en 1862, sous-lieutenant au 63e de ligne en 1864; fit partie d'une expédition en Kabylie d'octobre 1864 au mois de septembre 1865, détaché sur sa demande à la légion romaine de 1866 à 1867, lieutenant en 1869, mortellement blessé à la bataille de Spiecheren le 6 août, mort le 12 août 1870 à Forbach.

EMMANUEL fut l'un de ces trop rares jeunes gens qui savent allier avec un tact parfait les devoirs de la vie du monde aux exigences de la foi chrétienne. Esprit fin et distingué, charmant de verve et d'entrain, d'une piété aimable et qui savait se faire respecter, laborieux autant que brave, causeur joyeux, prompt aux spirituelles réparties, il possédait un ensemble de qualités qui lui attiraient les sympathies de tous, mais dont il était loin de se prévaloir.

Après avoir fait de sérieuses études au collége de la Providence d'Amiens et à l'école Sainte-Geneviève, Emmanuel fut reçu aux examens de l'école militaire de Saint-Cyr avec le numéro 5, et vers la fin de l'année 1864 nommé sous-lieutenant au 63e de ligne qui se trouvait alors en Algérie. « J'étais curieux, écrit-il dans son journal, de pénétrer enfin dans cette Afrique, rêve de toutes les jeunes imaginations militaires et des ambitieux de tout grade, d'avoir à compter, sinon avec le danger, du moins avec l'imprévu des événements. » Arrivé à Sétif, où se trouvait sa compagnie, il regrette plus que jamais d'être séparé de sa famille qu'il avait abandonnée au moment du mariage de son frère (1). Emmanuel écrit à sa belle-sœur le 12 novembre 1864 : « Quand je me suis vu seul, n'ayant personne à qui je puisse franchement demander des conseils, plus que jamais j'ai compris qu'on

(1) M. le comte Charles de Beaurepaire venait d'épouser Mlle Pauline de Villegas de Clercamp, Belge.

n'a point de vrais amis en dehors de sa famille. »

Dès les premiers jours, notre jeune officier prend l'habitude d'un travail sérieux. Chaque jour une partie du temps est consacrée à la correspondance qui le rapproche des siens; il veut connaître tout ce qui se passe au château de Filescamps, les moindres changements survenus dans l'habitation et dans le parc, et à chaque page de ses lettres on voit combien profonde est son affection pour tous ceux qui ont le bonheur d'habiter encore sous le toit paternel. Dès lors il commence la rédaction de son journal militaire, qu'il continua jusqu'à la veille de sa mort. Des cartes, faites avec grand soin, représentent les divers campements de son bataillon, les pays qu'il a traversés durant une expédition en Kabylie, le plan des villes où le 63e a tenu garnison en France, en Afrique et en Italie, en un mot, tout ce qui peut être instructif pour un officier qui prend au sérieux le noble métier des armes. Deux gros volumes écrits de sa main renferment l'histoire de ses voyages, avec mention de tous les faits importants accomplis dans les lieux qu'il a visités. La veille de la bataille de Forbach, où il tomba mortellement blessé, il dessina le camp de l'armée française avec le tracé des routes qui se trouvaient aux alentours. En parcourant les nombreux écrits qu'il a laissés, il est facile de se convaincre que son existence ne fut point oisive.

Après diverses expéditions auxquelles prit part Emmanuel, son régiment revint en France au mois de septembre 1865 et se rendit à Soissons. Ce fut pour lui une grande joie, parce qu'il se trouvait ainsi rapproché de sa famille ; mais son séjour dans cette garnison ne fut pas de longue durée. Nos soldats, chargés depuis 1849 de sauvegarder le patrimoine de Saint-Pierre, allaient abandonner ce poste d'honneur en vertu de la convention du 15 septembre 1864, nouvelle étape dans le fameux itinéraire de Turin à Rome. Le gouvernement impérial, fidèle à son système de compromis, résolut de déguiser cet abandon de la papauté, en créant une légion qui serait chargée de la défense des États du Saint-Père. Ce nouveau corps, placé sous le commandement du brave colonel d'Argy, alla s'organiser à Antibes, et nous n'avons point à dire ici les difficultés qui entravèrent sa formation. Emmanuel s'empressa de solliciter du ministre de la guerre une place de sous-lieutenant dans la légion romaine. Bien que son avancement dût en souffrir, il pensa qu'en des conjonctures aussi graves, un officier chrétien devait tout sacrifier pour venir au secours du père commun des fidèles.

Le 2 mars 1866, il partit pour Antibes, où il resta plus de six mois, occupé à exercer les recrues qui arrivaient chaque jour. Ce long séjour lui fut très-pénible; aussi attendait-il avec plus d'impatience que jamais des nouvelles de sa famille. Nous allons citer une lettre écrite à son frère Joseph; quelques lecteurs pourront y trouver des détails un peu puérils, mais nous avons cédé au désir de faire connaître le caractère de sa volumineuse correspondance, où se retrouve toujours ce style enjoué et plein d'humour qui donnait tant de charmes à ses conversations intimes. « Je te donne, écrit-il le 23 août, le premier prix de correspondance, et telle est l'importance que j'y attache que maintenant je ne me jette plus dessus comme un affamé dès que le vaguemestre me l'a apportée. Je croirais commettre un sacrilége. Si donc je suis au café, à la pension, je mets gravement la lettre dans ma poche après l'avoir soupesée pour en constater le volume. Puis, pendant un quart d'heure au moins, je ne pense plus qu'à cela; je me dis que je suis sûr de passer tout à l'heure un moment agréable et je rumine en ma tête les choses intéressantes que tu pourrais m'annoncer. De temps en temps, je fais comme pour mon porte-monnaie quand je suis à Paris flânant sur les boulevards, je mets la main à la poche, je la tâte et je m'assure que quelque jaloux de mon bonheur ne l'a point soufflé. Ce soir-là, — car ordinairement nous recevons le courrier à huit heures du soir, — ce soir donc je rentre chez moi de meilleure heure, j'allume ma bougie et je la mets sur ma table de nuit; puis, pour goûter tout à mon aise le plaisir que me procure la lecture de ce précieux document, je me mets en costume léger; et alors, mollement étendu sur l'édredon, je brise l'enveloppe et je compte le nombre de pages.

« Puis enfin, je lis.

« Quelquefois un mot mal écrit, une phrase incertaine arrête la course vagabonde de mes yeux. Je bénis alors la difficulté qui me force d'arrêter, en pensant que je serai plus longtemps à arriver à la fin. Mais le plus amusant, c'est quand il s'agit de déchiffrer les interlignes, les renvois, etc., etc.; oh! alors, je joue à cache-cache avec moi-même; souvent je ferme la lettre, comme quelqu'un qui a tout lu; puis, après une promenade faite dans le parc de Filescamps, je me dis : Mais il y a encore quelque chose, il me semble que je n'ai pas tout lu, voyons donc. — Au fond, je sais très-bien ce qui en est, mais cela m'amuse, et il me semble relire une seconde lettre que je viendrais de recevoir immédiatement après l'autre. — Le lendemain, tu penses bien que de toute nécessité il me faut relire une seconde fois.

« Si, à Antibes, tes journaux me causent une aussi grande émotion, que sera-ce donc à Rome ? Du reste, j'espère qu'avant un mois nous y serons. Mais je ne crierai *alleluia* qu'au moment où je marcherai sur la terre ferme de Civita. Jusque-là je ne m'attends à rien du tout de bon. Cependant hier une correspondance officieuse du ministre disait que nous pourrions partir du 15 au 20 septembre, et que le général de Montebello même serait à Rome pour le 15 afin de nous recevoir et de compléter notre organisation. »

Enfin, le 13 septembre il écrit dans son journal :

« C'est aujourd'hui le jour de la délivrance, si impatiemment attendu depuis six mois. L'*Utile* lève l'ancre dans le port d'Antibes, et nous doublons le phare en jetant un dernier regard sur ce magnifique pays aux sites pittoresques et enchanteurs ; mais nous avons regretté de l'habiter si longtemps à cause de la situation complétement fausse où nous nous trouvions. » Les difficultés devaient s'accroître encore dans la suite, grâce surtout au peu de soin que l'on avait apporté dans le recrutement. Lorsque la légion, après avoir passé quelques jours à Rome, fut établie à Viterbe, une centaine de soldats, séduits par les belles promesses des révolutionnaires et par l'or du Piémont, s'enfuirent dans les mois d'octobre et de novembre. Le *Siècle*, et d'autres journaux tout aussi véridiques, grossirent à plaisir le nombre des déserteurs, et répandirent sur la légion romaine les plus ignobles calomnies. Le 28 octobre, le général de Courten, au nom du Saint-Père, vint remettre le drapeau au colonel d'Argy. Cette cérémonie, qui se passa dans l'ordre le plus parfait, fut racontée par l'*Opinion nationale* d'une manière aussi fausse qu'injurieuse pour nos braves soldats. Coups de fusil, porte-drapeau blessé, gendarmes tués, rien ne manquait à la mise en scène. Les sous-officiers s'indignèrent contre l'audace de pareils mensonges et s'empressèrent d'envoyer une protestation collective qui fut insérée dans le *Moniteur de l'Armée*. Dans le même but, Emmanuel écrivit à la *Gazette de France* la lettre suivante :

« Monsieur le rédacteur,

« Quelquefois on voit dans les journaux de fausses nouvelles, de faux renseignements sur des choses indifférentes ; telles sont, dernièrement, ces manifestations de la population viterboise, dont nous n'avons eu connaissance que huit jours après, par les journaux reçus de France.

« Mais si ces erreurs publiées sciemment par un journal entachent l'honneur de plusieurs personnes, que dis-je, de trente officiers et soldats tirés de tous les régiments et de toutes les armes de l'armée française, bien mieux, les accuse de lâcheté, de rébellion armée ; si, pour le besoin d'une cause, on met dans l'inquiétude des centaines de familles, en faisant siffler les balles à plaisir dans les colonnes d'un journal ; oh ! alors, il n'est plus permis d'en rire, et on ne peut plus appeler légèreté ce qui devient odieux.

« Aussi, Monsieur, ne sommes-nous pas encore revenus de l'étonnement d'abord, de l'indignation ensuite que nous a causée la lecture d'une prétendue correspondance publiée dans le journal *l'Opinion nationale.*

« Que vous dirai-je de cette mise en scène : un sous-officier et douze hommes sortant des rangs à la barbe de trente officiers, et venant, pour ainsi dire le poing sur la hanche, menacer le général de Courten ? N'est-ce pas insulter tout un corps d'officiers, que de le supposer capable de demeurer immobile et impassible à la vue d'un spectacle aussi contraire aux lois de la discipline militaire ?

« Que dire également, monsieur le rédacteur, de ces fables sanglantes où l'odieux le dispute au ridicule : vingt-deux gendarmes tués, des soldats blessés, des postes établis partout et pris je ne sais où, puisque, au dire de ce témoin oculaire, toute la légion est révoltée.

« Ainsi en France, actuellement, des centaines de familles sont dans l'incertitude sur le sort de leurs enfants, et si celles des officiers et de quelques sous-officiers qui reçoivent exactement de leurs nouvelles sont bien vite rassurées, combien d'autres, — honnêtes paysans, cultivateurs, ouvriers, — aux oreilles desquelles parviendra bien vite l'écho de ces fusillades, sans que le démenti puisse arriver aussi rapidement, resteront dans l'anxiété !

« Déjà les dépêches télégraphiques ont commencé à arriver demandant des informations, et deux heures après que nous eûmes lu l'article de l'*Opinion nationale* dans votre numéro du 7, arrivé ici ce matin, la famille de notre porte-drapeau, l'adjudant Lair, envoyait une dépêche de Cherbourg au colonel, croyant cet adjudant, sinon mort, du moins grièvement blessé.

« Avais-je tort de dire maintenant, au commencement de ma lettre, que le fait de publier une pareille lettre sans s'assurer de sa véracité, sans contrôle, par passion uniquement et pour les besoins d'une cause que l'on sert ainsi bien maladroitement, était odieux?

« J'allais oublier la messe à entendre sous peine de prison. Mais j'invite M. Labbé à la renvoyer dans le même carton que son *benedicite* d'Antibes; car cet excellent monsieur n'est pas à son premier essai en récits imaginaires, toujours sous forme de correspondances, et il est assez coutumier du fait, du moins à notre endroit. Cette fois-là, il est vrai, c'était tout bonnement ridicule. La première mise en scène supposait seulement des soldats, attendant benoîtement, leur modeste gamelle à la main, que le capitaine veuille bien commencer le *benedicite* et prier que les haricots et les pommes de terre tombent plus abondamment dans leur maigre soupe; mais ici malheureusement il n'en est plus ainsi, et il y a de la fusillade, du sang versé, des cadavres, et je ne sais vraiment pas ce que cela deviendra à la troisième correspondance.

« Après cet odieux roman, passons maintenant au récit pur et simple.

« C'est le dimanche 28 octobre que le général de Courten nous a donné notre drapeau. Figurez-vous, monsieur le rédacteur, un 31e bataillon de chasseurs recevant le sien, et vous aurez la reproduction exacte de la cérémonie qui eut lieu ce jour-là.

« Le drapeau fut d'abord béni par l'archevêque de Viterbe, qui le remit ensuite au colonel d'Argy.

« Tout le bataillon fut alors rangé en carré sur la place de l'Église, et là, après quelques paroles énergiques prononcées par le général de Courten et le colonel d'Argy, celui-ci le remit à l'adjudant Lair, porte-drapeau, qui, escorté par une compagnie et accompagné de la fanfare, le porta aussitôt au logement du colonel.

« Le général resté sur la place entra à l'évêché attenant à l'église (pas à cheval, je vous assure), et les troupes rentrées dans leurs casernes s'occupèrent incontinent du meilleur emploi à faire de l'allocation que le général de Courten venait de leur donner pour fêter la réception du drapeau.

« Au reste, pour plus amples renseignements, vous n'avez qu'à lire la relation détaillée et très-exacte publiée par l'*Osservatore romano*. Comme il est facile de vous en convaincre, monsieur le rédacteur, cette fois, le proverbe : « Il n'y a pas de fumée sans feu, » est complétement mis en défaut.

« A la fin seulement de la prétendue correspondance, il se rencontre quelques mots de vrais sur les désertions. En effet, du 10 au 27 octobre, cent et quelques hommes ont déserté : mais quels hommes !!! C'est une épuration qui a été mieux faite par les embaucheurs italiens que par nous-mêmes si nous en avions été chargés, et quand on voudra faire une enquête sérieuse, on saura par quelles menaces on les a circonvenus, par quelles promesses on les a attirés, par quels propos sans cesse répétés dans les cabarets de la ville on a cherché à les détourner de leurs devoirs, et on ne s'étonnera plus alors d'avoir vu partir des hommes qu'on aurait à peine acceptés dans les cazadorès mexicains.

« Quant à aller servir Garibaldi, ils s'en moquent certainement autant que de n'importe quel drapeau.

« Leur seule idée était de retourner en France, espérant bien que, faisant partie de la réserve, ils n'avaient plus qu'à rentrer tranquillement dans leurs villages, et la preuve en est que, depuis l'annonce officielle ici du ministère de la guerre que leur désertion ne serait pas impunie, pas un seul n'a déserté.

« J'ignore, Monsieur, quels seront les événements qui pourront survenir, et limiter ou étendre la durée de notre présence dans ce pays ; mais vous pouvez être sûr qu'aussi longtemps que l'empereur et la France jugeront nécessaire et utile de nous confier la mission de défendre le Saint-Père, nous l'accomplirons avec la ferme conviction d'honorer le drapeau français en honorant le drapeau pontifical, et avec la ferme intention de faire notre devoir quand même :

« Fais ce que dois, advienne que pourra. »

« Je vous prierais, monsieur le rédacteur, de publier dans votre prochain numéro cette réfutation détaillée que je vous ai annoncée dans le télégramme parti tout à l'heure, et où je vous envoyais, en attendant mieux, un démenti complet à l'article de l'*Opinion nationale* dont nous avons eu connaissance par votre numéro du 7. J'en accepte l'entière responsabilité, et vous prie de ne pas oublier ma signature.

« Veuillez agréer, etc.

« EMMANUEL DE BEAUREPAIRE,

« Sous-lieutenant au 63e de ligne, en mission à la légion romaine. »

Emmanuel fut à Rome ce qu'il avait été en Afrique, esclave du devoir, studieux et sans cesse à la recherche de ce qui pouvait l'instruire. Nous sommes heureux de pouvoir citer à l'appui de nos appréciations le témoignage de M. Durostu, chef d'escadron d'état-major et ancien commandant à la légion romaine.

« Je suis à la fois très-honoré et très-heureux, nous écrit-il, d'être appelé par vous à rendre hommage à la mémoire de notre camarade et ami Emmanuel de Beaurepaire. Il était de ceux qui vinrent à la légion poussés par leur foi et convaincus qu'en se mettant au service de l'Église et de Pie IX, ils servaient ainsi les vrais intérêts traditionnels de la France. De Beaurepaire était sorti de l'école de Saint-Cyr dans les conditions les plus brillantes, et personne parmi nous ne pouvait s'étonner de lui voir remplir ses devoirs professionnels d'une manière irréprochable. Sa bienveillance et sa gaieté le faisaient aimer de tous; en un mot, c'était un officier parfait par son mérite et surtout par ce don de l'autorité que ne confère pas le grade, mais seulement la valeur morale de l'homme.

« En le voyant faire tout au mieux, quelques-uns le croyaient ambitieux, et certes personne plus que lui n'avait le droit de l'être. Mais en le trouvant à ses débuts si complétement équilibré, menant sans un écart et avec un tact parfait cette vie simple et unie qui étonne le monde, d'autres comprenaient qu'il était dominé par un esprit du devoir que la religion seule peut inspirer, parce qu'elle fait relever le chrétien non des spectateurs, mais de Celui qui voit tout. Dans notre métier, et surtout en campagne, en face de la mort, ces jeunes hommes, qui ne comptent pas seulement avec la récompense, mais bien avec leur conscience, sont les seuls capables de faire complétement bien jusqu'au bout. Sans détails sur la mort de Beaurepaire, je suis sûr qu'il a dû tomber ainsi, bravement et chrétiennement. Sa perte est d'autant plus regrettable qu'à une haute intelligence développée par un travail incessant, il joignait du caractère par tempérament, et par cet exercice de l'esprit familier à ceux qui, se rattachant à un principe supérieur, savent se débarrasser des influences vulgaires. Dans les hautes positions auxquelles il était appelé, il aurait su commander. Comme soldat, comme son camarade et son ami, je termine en remerciant tous ceux de vos Pères qui, sans doute avec une famille chrétienne, ont contribué à élever et à former cet officier d'élite. »

Emmanuel profita de son séjour à Rome pour visiter les monuments de la Ville éternelle, consignant avec soin dans son journal tout ce qui pouvait l'intéresser au point de vue artistique et chrétien. Mais les bruits de guerre qui circulaient depuis la bataille de Sadowa lui firent prendre la résolution de revenir en France; il craignait de ne pouvoir pas prendre part à la guerre contre la Prusse, regardée alors comme imminente. Après avoir fait les démarches nécessaires, obtenu du Saint-Père une audience et une bénédiction pour sa famille, il quitta Rome le 30 juin 1867. Ce ne fut point sans regret qu'il s'éloigna; la situation était plus paisible en Europe depuis qu'il avait demandé à rejoindre son régiment, tandis que le patrimoine de Saint-Pierre allait être envahi par les bandes garibaldiennes. Mais impossible de revenir sur sa première décision, et il dut rejoindre le 63e de ligne, alors en garnison à Verdun.

Autant que possible, il multipliait ses voyages à Filescamps, où l'attiraient tant d'affections et de chers souvenirs. Les divers séjours qu'il fit dans la demeure paternelle lui furent utiles à tout point de vue. Il reprenait alors avec plus de ferveur les pratiques de la vie chrétienne, et les habitants du château le voyaient avec édification faire sa lecture de piété dans la *Vie dévote* de S. François de Sales, réciter le chapelet, et s'approcher de la sainte table aux principales fêtes. Plein de confiance envers la sainte Vierge, il aimait à dire une prière devant l'une de ses statues placée dans le parc. Jamais on ne le voyait inoccupé et il s'était imposé un règlement qui déterminait le nombre d'heures consacrées chaque jour à l'étude. Simple dans ses goûts et dans ses manières, compatissant envers les pauvres, indulgent pour tous, il ajoutait un grand charme aux réunions de famille par sa bonne humeur.

Un coup de maillet qui le blessa au pied dans une partie de crockett, vint le condamner durant plusieurs mois à un repos forcé. Ce fut une épreuve pour sa gaieté habituelle; et il écrivait à son frère Joseph en février 1868 : « Avec mon pied toujours sur une chaise, je commence à avoir des idées bien noires. Quand je dis, je commence, c'est une atténuation, car certes il y a longtemps que c'est commencé; je veux dire simplement que je ne suis pas encore au paroxysme. Triste, bien triste !!! J'envie presque ta position. Car qui sait où ce maudit coup de crockett va me mener? J'en frémis rien qu'en passant que je ne suis encore qu'au commencement de mes peines. C'est cela qui serait triste, si la guerre venant à éclater, et mon régiment se faisant écharper, je restais dans un hôpital. Pour avoir couru deux lièvres, je les manquerais tous les deux, Rome et la Prusse. — Allons, pour un mardi gras, je n'aurais pas dû commencer par des jérémiades; mais que veux-tu? cela fait du bien, quand le réservoir est trop plein, de déverser au dehors un peu de ses soucis et de ses ennuis. »

Après sa guérison, Emmanuel alla rejoindre son régiment à Verdun. Il occupa les loisirs que lui laissaient les exigences du service à continuer ses études de droit et vint à Paris passer ses premiers examens. Nommé rapporteur d'une commission composée d'officiers du 63e de ligne, où l'on s'occupait de questions militaires, il fit autographier un mémoire qui a pour titre: *Quelques Réflexions sur la tactique. Tactique des trois armes.* Ce travail lui mérita les éloges du maréchal commandant le 3e corps d'armée, du général E. Colson, chef du cabinet du ministre de la guerre et de plusieurs autres officiers supérieurs. En 1869, il publia dans le *Spectateur militaire*, 15 septembre et 15 octobre, deux articles intitulés: *De la ligne échelonnée, comme formation tactique à employer dans la dernière période du combat.* Pour résumer les appréciations des chefs d'Emmanuel, nous nous contenterons de citer la note du général Ducrot à la suite de son inspection en 1868 :

« Jeune homme instruit, connaissant son métier, ayant d'excellentes manières, officier d'avenir. »

Le 14 août, Emmanuel écrivait à Joseph : « J'ai reçu dernièrement des éloges du colonel au sujet d'un petit travail que j'avais fait sur une question militaire à l'ordre du jour. Une note ministérielle envoyée dans tous les régiments a prescrit de mettre à l'essai cette nouvelle théorie. Le colonel ayant à faire un rapport là-dessus a demandé à chaque officier de lui envoyer une note indiquant celle des deux théories qu'il préférait, avec raisons à l'appui. Moi, je lui ai envoyé un long mémoire de sept grandes pages grand format. Je me prononçais avec énergie en faveur de la nouvelle instruction et j'en donnais les meilleures preuves que je pus trouver. L'autre jour le colonel, en réunissant les officiers à la suite de l'exercice, me cita comme ayant fourni le travail le plus sérieux et le plus consciencieux; après moi, il cita aussi un capitaine adjudant-major. »

Malgré ces éloges, bien des mécomptes venaient parfois attrister son âme d'ordinaire si joyeuse. Dans le journal qu'il expédie par chaque paquebot à Joseph alors au Sénégal, il lui fait part de ses peines : « Je trouve la vie de garnison monotone, ennuyeuse, écœurante. C'est la solitude la plus complète. Point de camaraderie et point de camarades, encore moins d'amis, surtout de ceux ayant été élevés dans les mêmes idées ou ayant reçu les mêmes principes que nous autres; ou plutôt, si, je me trompe : il y en a encore un certain nombre qui les a reçus; mais les uns par fanfaronnade, les autres par nonchalance, pour hurler avec les loups, les mettent de côté. Aussi me suis-je fait une bonne réputation de discuteur, et si ce n'était mon caractère peu querelleur, j'aurais pu avoir déjà maille à partir. Pour tout le monde je suis un clérical, et comme conséquence, légitimiste. J'ai le malheur d'avoir pour le moment un assez joli logement à 40 francs par mois, qu'occupait auparavant un chef de bataillon, d'où on conclut que je dois rouler sur l'or et les pierres précieuses.

« Avant de clore ma lettre, mon cher Joseph, je reçois la tienne partie de Saint-Louis le 2 octobre. Tu dois bien certainement t'y ennuyer moins qu'à Gorée.

« Plusieurs des réflexions dont tu me fais part m'ont fait beaucoup de plaisir, parce que moi-même je commence à en sentir la justesse. Même un sous-lieutenant, même un lieutenant, même un capitaine, tout cela c'est de la petite bière, et l'ambition que l'on a pour arriver à ces positions ne dure que bien peu de temps. Le mieux est de prendre la vie tranquillement comme elle vient, sans chercher son bonheur dans la satisfaction d'un sentiment qui dure si peu de temps. J'excepte ta position parce qu'elle est réellement pénible, et qu'il faut, pour ceux qui ont reçu notre éducation, un certain minimum d'influence et de bien-être qui soit à la hauteur de notre position; mais, une fois arrivé à ce point, celui-là est plus heureux, qui sait, par son caractère, ses goûts, ses habitudes, se façonner un genre de vie plus indépendant, et supporte, comme tu le fais, avec une égale résignation les contre-temps et les mécomptes. — Sais-tu quelle serait pour le moment mon unique ambition? Ce serait de nous trouver tous les deux dans le même régiment et de pouvoir ainsi, nous portant l'un l'autre, vivre tranquillement, également éloignés du tourment de l'ambition et d'un milieu qui me pèse aussi, constamment hostile comme il l'est à nos idées, à nos affections, à notre manière habituelle de penser et de juger.

« Mais, ainsi que tu me l'écris, au lieu de trouver dans cette infériorité numérique des gens de bien un motif de découragement, il me semble que l'ardeur de défendre mes opinions augmente en proportion. D'ailleurs, on connaît dans mon régiment quelles sont celles que j'ai, et on sait également qu'à l'occasion je ne rechigne point pour les défendre. Mais j'ai pris pour règle de ne jamais entamer une discussion de mon chef. Seulement, quand on dit de ces choses qui parfois dépassent le sens commun, je me permets alors de manifester ma désapprobation, en affirmant que je suis d'un avis contraire. Celui qui alors s'entête dans son opinion, la défend; moi aussi, et c'est ainsi que les choses marchent. Mais je m'enflamme moins facilement que dans les commencements de mon arrivée et surtout je distingue ceux avec qui on peut discuter; car il y en a qui sont si bêtes que vouloir raisonner avec eux serait comme si on voulait donner de la crème à la vanille à un mulet. Ils ne savent pas plus comprendre un raisonnement que celui-ci ne saurait goûter son mets sucré.

« Espérons que l'année ne s'écoulera pas sans que tu sois nommé au grade de sous-lieutenant. Alors nous pourrons causer plus agréablement et broyer un peu moins de noir.

« Quant à ma position, elle est toujours des plus expectantes, et pour le moment, si on ne veut point organiser la garde mobile, rien ne fait prévoir que je puisse passer lieutenant avant deux ans... C'est un petit malheur.

« Sauf la distance, je ne suis pas moins isolé que toi à Saint-Louis, et je ne trouve de distractions que dans le travail. Mais travailler toujours seul est quelquefois pénible, et, ainsi que tu me l'écris, le travail, quand on vieillit, est toujours plus âpre et moins profitable. Pour le moment j'étudie le droit et vais tâcher, si c'est possible, de passer dans trois semaines mon second examen. Après celui-là, tout en travaillant un peu, je ralentirai cependant mon ardeur, et je chercherai à cultiver une autre branche des connaissances humaines. Cela dépendra un peu des circonstances dans lesquelles je me trouverai. »

Dans ce même journal écrit chaque jour afin de consoler Joseph dans son exil, nous trouvons les plus touchants témoignages de l'affection fraternelle d'Emmanuel. Il lui écrit le 3 mars 1869 : « Je suis pour le moment dans la plus grande anxiété. On vient de nommer tous les officiers généraux et tous les officiers supérieurs. Il est probable que d'ici à huit ou dix jours on nommera les capitaines et lieutenants, et il ne serait pas impossible que je passe. Ce qui m'attristera le plus, mon cher Joseph, si j'ai cette chance, c'est de ne rien voir encore paraître pour toi. Certes je consentirais volontiers à ce qu'on me laisse encore pendant dix-huit mois ou deux ans l'épaulette à droite, pour que Son Excellence M. le ministre de la marine consente à te la donner, et, par la même occasion, qu'il consente à ta permutation. Mais ce sont de ces rêves dorés qu'il est quelquefois plus facile de créer que de réaliser. En tout cas, on peut s'en réjouir le cœur avec un peu d'imagination pendant quelque temps, comme ces numéros que l'on prend à la loterie et qui vous procurent jusqu'au tirage des rêves agréables, en vous permettant d'espérer le gros lot avec toutes ses folles conséquences. »

Dans une autre lettre du 11 avril 1868, après avoir annoncé à Joseph qu'il vient de faire sa communion pascale : « Je me suis toujours dit, ajoute-t-il, qu'il me faudra *toujours* absolument faire mes pâques, quelles que soient les dispositions dans lesquelles je me trouve. Il peut se faire que, ballotté sur la mer orageuse du monde, on n'en ait pas envie. Je ne m'engage pas à devenir un grand saint; mais le jour où je ne ferai pas mes pâques, je me dirai que je suis descendu bien bas dans le chemin de la perfection. »

L'année suivante, il écrit encore à Joseph : « Dimanche, 18 mars 1869. PAQUES. — Je te mets le nom de la fête en gros caractères, afin que tu saches quel jour elle tombe cette année. Sinon, tu pourrais arriver au 30 septembre en te demandant par quel hasard tu n'en as pas entendu parler. Y a-t-il seulement un prêtre dans Gorée? »

Les preuves de la profonde et chrétienne affection qu'Emmanuel portait à ses parents se retrouvent à chaque page de sa correspondance. L'anniversaire de la mort de son père était une date qu'il n'avait garde d'oublier. Ce jour-là, il allait assister au saint sacrifice et demandait un certain nombre de messes. La longue maladie de sa mère fut pour lui l'occasion de montrer combien grande était pour elle sa filiale tendresse. Le 8 mars 1869, il écrit de Filescamps à Joseph : « Que c'est navrant! Nous voici donc, mon cher ami, à la veille de devenir orphelins. Voici le faisceau de notre famille à la veille d'être rompu. Dieu veuille qu'il puisse toujours rester uni, bien que les liens qui nous attachaient ensemble dans la personne de notre mère soient brisés! Oh! que l'on sent dans ces moments pénibles combien nous sommes peu de chose, comme tout ce que nous voyons, tout ce que nous éprouvons est changeant et périssable! Comme on s'apperçoit bien que tout ce qui nous entoure n'est pas le terme de nos aspirations et le but unique de notre existence! On sent à ces heures-là que de l'autre côté du grand passage il y a quelque chose, et que ce quelque chose doit être bien différent du monde où nous vivons.

« Quand on se trouve en proie à de pareilles douleurs, tout semble chanceler, disparaître, ou plutôt tout vous paraît mesquin, petit, tout ce qui fait le fonds commun de nos désirs habituels : grandeur, ambition, richesse, réputation.

« Je m'attends à passer ces jours-ci lieutenant; j'éprouvais une certaine anxiété en me demandant si, oui ou non, ce serait pour cette fois. Eh bien! je crois que maintenant cela ne me fait plus rien, et on me dirait : « On vient de vous rayer du « tableau, et vous passerez lieutenant dans trois « ans à l'ancienneté, » il me semble que je resterais complétement indifférent, et que je me dirais : Dans soixante ou quatre-vingts ans d'ici, un maréchal et moi nous ne vaudrons pas plus l'un que l'autre. — Mais je n'en finirais pas, mon Joseph, si je voulais te faire part des montagnes de réflexions qui s'emparent de moi à pareille heure.

« Quelle perte, mon cher, pour notre famille! car après tout, voilà le dernier lien qui nous unisse tous; et une fois rompu, chacun vire de son côté, et n'en conserve plus que suivant la plus ou moins grande mémoire du temps passé. »

Malgré les excellentes notes de ses chefs, Emmanuel dut attendre jusqu'au mois d'août 1869 le grade de lieutenant. En apprenant sa nomination, il écrit de Verdun à son frère Charles : « Encore six semaines et j'allais terminer ma cinquième année de grade. En résumé, ce n'est ni brillant ni bien remarquable. J'avais le numéro cinq à l'ancienneté, et ainsi je passe avant quatre autres. Si M. de Bismarck ne pousse pas à la roue, je ne serai pas maréchal de France avant l'âge de quatre-vingts ans, en supposant même le choix à chaque grade. » — L'année suivante, ses désirs belliqueux ne furent que trop bien exaucés.

Au moment de la déclaration de guerre contre la Prusse, le 63e de ligne se trouvait au camp de Châlons, et il reçut l'ordre de se rendre à Saint-Avold. Emmanuel se hâta d'aller se confesser au curé de Mourmelon-le-Grand, et il put avant le départ recevoir la sainte communion. Arrivé sur la frontière, il écrivit à sa belle-sœur, Mme la comtesse Charles de Beaurepaire : « Ma chère Pauline, je vous remercie bien de votre dernier mot; soyez certaine que le guerrier de l'armée de la Moselle ne vous oubliera pas facilement, et d'ailleurs il ne remplira que son devoir en restant toujours en communication avec Filescamps, qui est son grand quartier général. (Filescamps est le nom de l'habitation de la famille.) Nous sommes toujours sur la frontière, et notre division ne l'a pas encore franchie. On veut être entièrement prêt avant de pousser plus avant. La nuit dernière j'étais de grand'garde avec ma compagnie derrière un talus du chemin de fer situé à cinq cents mètres de la frontière. Nous étions chargés de le protéger contre les incursions malveillantes des Prussiens. La nuit tout entière s'est donc passée l'œil au guet, et en pareille circonstance nul n'est porté à dormir. Notre division n'a pas encore eu de coup de fusil; mais la 2me division a tous les jours quelque fusillade avec les avant-postes prussiens de Sarrebrück.

« Nous sommes définitivement 3me division du 2me corps de l'armée du Rhin. Ajoutez toujours, corps Frossard. C'est le nom du général qui commande notre corps d'armée. — Le quartier général est toujours à Saint-Avold (Moselle).

« Nous vivons constamment au jour le jour. Cependant ma popote commence à se monter. Mais je n'ai point de cuisinier. Apprenez-moi donc à cuire un morceau de bœuf dans son jus, et deux ou trois sauces qui n'exigent pas grand frais. Je regrette de ne pas avoir poussé plus à fond mes études culinaires quand j'étais à Filescamps. J'ai voulu travailler de suite dans le grand, atteindre la perfection des œufs à la neige, et je ne sais accommoder ni un foie de veau ni une cervelle.

« Me voilà fort embarrassé. Je vous mettrai au courant de mes progrès. — Mais, allez-vous me dire, vous ne pensez qu'à vous, grand égoïste, et encore à ce qu'il y a de moins distingué chez vous.

« La faute en est, si toutefois le reproche est fondé, au genre de vie que l'on pratique en campagne. On ne pense qu'à dormir, manger, boire et marcher, et tous les moments de la journée sont absorbés par ces soins divers. C'est si fort que l'on a souvent le plus grand mal à se rappeler et le jour de la semaine et le jour du mois. Mais, d'autre part, je proteste énergiquement contre un tel reproche. Vous avez su vous ménager une si grande place dans les souvenirs de certain lieutenant du 63me, qu'il n'y a pas de jour où sa mémoire ne vous rende visite. Alors, on se promène seul et solitaire devant la grand'garde le long d'une route, en arrière du camp, et là on vient vous rendre visite; on cause, on jase, on se pique, on fait la moue, et puis, quand on est sur le point de recueillir un sourire aimable, juste récompense d'une si longue visite, crac! une sonnerie se fait entendre, on appelle aux armes, ou c'est un bruit quelconque qui me réveille tout à coup, en me rappelant que je ne suis pas du tout, comme je me l'imaginais, dans le parc de Filescamps.

« Vous allez donc partir pour Bever ; vous aussi vous arborez le drapeau neutre. Je lis cependant, en parcourant les journaux, que, malgré tout, la Belgique ou plutôt les Belges nous suivent avec sympathie. Je compte sur votre influence pour développer ces bons sentiments, et si j'en juge par mon expérience, elle sera bientôt toute-puissante.

« Nous ignorons pour aujourd'hui quels seront les projets du lendemain. La croyance générale est cependant que nous resterons ici deux ou trois jours, après lesquels nous marcherons sur Sarrebrück.

« J'espère que la sainte Vierge nous protégera tous dans cette circonstance, comme elle l'a déjà fait si souvent dans d'autres. Comme il faut néanmoins être toujours prêt, vous saurez que chez le brave curé de Mourmelon, j'ai fait passer mon linge sale au blanc avant de quitter le camp. Maintenant les malles sont bouclées, et, s'il le faut, je suis prêt à prendre le billet du grand voyage sans train de retour. Quant à vous, comptez toujours sur mon amitié la plus profonde, et c'est parce que je ne doute pas de celle que vous voulez bien m'accorder que je vous embrasse en frère bien affectionné.

« EMMANUEL.

« Pardonnez dorénavant mes griffonnages, mais je n'ai plus d'autre table que mes genoux et la terre est mon seul fauteuil. »

Le 5 août, Emmanuel put encore se confesser et communier. Le lendemain, jour de la bataille de Forbach, il fut l'une des premières victimes; une balle le traversa de part en part en brisant l'épine dorsale. On le transporta d'abord dans l'église de Spiecheren, et bientôt une sœur de Berhern-les-Kerbach (Moselle) vint lui prodiguer ses soins avec une affection toute maternelle. Aussi, quand on parla de le séparer de son infirmière qui adoucissait ses souffrances par les consolations de la foi chrétienne, il refusa d'y consentir : « Si vous me quittez, ma sœur, je ne veux pas aller à Forbach; je veux rester ici. » Tout s'arrangea pour le mieux, et sa garde-malade vint s'installer auprès de lui à Forbach chez M. Sadler, notaire, qui avait transformé sa maison en ambulance. Tout ce que la charité la plus ingénieuse et la plus délicate peut suggérer fut vainement mis en œuvre pour arrêter les progrès du mal. Il ne savait comment remercier celle qui nuit et jour veillait près de son lit : « O ma sœur, lui disait-il, que ne faites-vous point pour moi ? » — Et comme la sœur, touchée de sa résignation et de sa piété, lui répondait que le soigner était un grand bonheur dont elle remerciait Dieu : « Et moi donc, ajouta Emmanuel, je lui dois encore plus de reconnaissance ! »

Dans la nuit du 11 au 12, vers minuit, on vint prévenir M. Sadler que le malade réclamait sa présence. On s'aperçut qu'il n'avait plus que quelques instants à vivre, et le prêtre averti se hâta d'accourir. Les blessés qui se trouvaient dans la maison furent transportés à bras ou sur des matelas tout autour du lit d'Emmanuel. Ce fut au milieu des larmes et des prières de ses compagnons d'armes qu'il reçut les derniers sacrements. Deux prêtres célébrèrent devant lui le saint sacrifice de la messe ; et vers trois heures du matin, tenant dans ses mains le crucifix qu'il pressait souvent contre ses lèvres, il rendit le dernier soupir. Tous les blessés se traînèrent vers sa couche pour embrasser leur lieutenant, et le lendemain les jeunes gens de Forbach transportaient au cimetière sa dépouille mortelle. Après la guerre, quand le corps fut exhumé pour être conduit dans le caveau de sa famille, toute la population de la petite ville l'accompagna jusqu'à la gare, couvrant de fleurs et de couronnes le cercueil de ce jeune officier mort en brave, en chrétien.

La sœur qui l'a soigné écrivit aux parents d'Emmanuel : « Il me disait qu'il n'avait plus ni père ni mère ; j'ai donc été sa mère et je le suis encore. Sa belle âme est au ciel, j'en suis convaincue. Combien j'aurais souhaité vous le rendre entièrement guéri ! Mais Dieu l'aimait encore plus que vous, et il a voulu l'avoir pour lui seul. »

PIERRE
DE BERGHES

PIERRE PRINCE DE BERGHES SAINT-WINOCK, né à Auteuil (Seine) le 7 juillet 1846, externe au lycée Bonaparte, élève de l'école Sainte-Geneviève du 10 octobre 1865 au 27 juillet 1866, entré à Saint-Cyr en 1866, sous-lieutenant au 7e de chasseurs, officier d'ordonnance du général Lebrun, blessé à Sedan le 1er septembre 1870 et mort à Bruxelles le 23 octobre de la même année.

En 1868, Pierre de Berghes sortit dans les premiers rangs de l'école de Saint-Cyr, où la distinction de ses manières, un caractère plein de douceur et de bienveillance, de brillantes qualités d'esprit et de cœur lui avaient acquis l'estime et l'affection de ses camarades. Il était sous-lieutenant avec son frère Ghislain au 7me de chasseurs, quand éclata la guerre contre la Prusse. Dans la crainte que leur régiment ne fût longtemps inactif, les deux jeunes officiers voulurent s'engager comme simples soldats dans l'un des escadrons qui partaient pour la frontière; mais leurs démarches furent inutiles, et nos premiers désastres vinrent trop tôt leur fournir l'occasion de prendre part au combat. Choisi comme officier d'ordonnance par le général Lebrun, Pierre accepta ce poste, où il espérait trouver plus de périls encore que d'honneur.

A grand regret il se sépara de son frère, pour lequel son affection était si tendre et si profonde qu'elle était partout remarquée et admirée. Pas une pensée, pas une joie, pas une préoccupation qui ne leur fussent communes, et il était devenu proverbial qu'on ne pouvait les voir l'un sans l'autre.

Après le désastre de Sedan, tandis que Ghislain, avec les débris de son escadron, se frayait un passage à travers les lignes prussiennes, et, à force d'audace et de bravoure, échappait à la honte de la capitulation, Pierre gisait sur le champ de bataille cruellement mutilé. Vers huit heures du matin, le jeune officier d'ordonnance suivait le général Lebrun au milieu des boulets et de la mitraille qui pleuvaient de toute part, lorsqu'un éclat d'obus vint briser sa jambe droite jusqu'au dessus du genou et tuer son cheval. Transporté dans l'ambulance la plus voisine, il s'empressa, avant l'amputation, de demander s'il pourrait revoir sa mère. Le chirurgien qui fit l'opération a raconté qu'il n'avait jamais rencontré autant de calme et de courage; aussi le proposa-t-il dans la soirée comme exemple aux nombreux blessés qui n'avaient point la même force d'âme.

Pierre, qui parlait fort bien l'allemand, s'adressa au chef des Johannites pour faire parvenir une lettre à sa mère, qu'il voulait avant tout rassurer sur la gravité de sa blessure. « L'amputation a dû être faite de suite; je vais bien du reste et ne souffre pas beaucoup... Ne vous tourmentez pas, ma pauvre mère, je pense bien à vous. » Mme la duchesse de Berghes s'empressa d'accourir et trouva son fils à Givonne. Quand Pierre la vit entrer dans sa triste chambre, ce fut alors pour lui comme une apparition du ciel, et, pendant qu'elle le pressait sur son cœur, toute au bonheur de le retrouver encore vivant, il lui disait : « Mère, vous savez, j'ai une jambe de moins ; je n'ai pas beaucoup souffert; il faut nous résigner. » D'une patience admirable, au milieu d'épreuves qui auraient abattu une âme moins virile, à chaque instant il témoignait de sa parfaite soumission à la volonté de Dieu. Lorsque la douleur devenait plus intense : « O mon Dieu, s'écriait-il, faites-moi souffrir, mais envoyez-moi la force de supporter mon mal. » Il s'oubliait lui-même pour ne songer qu'à son frère exposé à tous les hasards des combats. « Pourvu que Ghislain soit épargné, répétait-il souvent, je ne me plaindrai pas. » Jusqu'à son dernier soupir ce fut l'objet de ses prières, et il se consolait en pensant que sa pénible agonie et sa mort intercéderaient auprès de Dieu en faveur de son frère : « J'espère, disait-il peu de temps avant d'expirer, que Ghislain sera sauvé ; j'ai souffert pour tous mes amis. » Impuissante à soulager ses douleurs, sa mère lui exprimait parfois son regret de ne pouvoir sacrifier sa vie pour lui épargner la moindre souffrance. « Et moi, mère, répondait-il, je donnerais mon autre jambe pour vous conserver. »

Les fièvres pestilentielles qu'engendrent les champs de bataille régnaient à Givonne. Les médecins conseillèrent à madame la duchesse de Berghes de transporter son fils à Bruxelles, où l'attendait une touchante et généreuse hospitalité. La courte et glorieuse histoire de Pierre, bientôt connue, excita le plus vif intérêt parmi les premières familles du pays, et la reine des Belges lui fit transmettre les témoignages d'une sympathie qui devait le suivre encore au delà du tombeau.

Rien ne put arrêter les progrès de la fièvre, et le pauvre malade s'affaiblissait à vue d'œil. Pas un instant de repos, et, en dépit de ses cruelles souffrances, pas une plainte ne s'échappait de ses lèvres. Heureux d'avoir accompli son devoir, il disait au fidèle serviteur qui ne le quittait pas : « Au prix de ma jambe, je n'aurais pas voulu rester inactif durant cette campagne. » — Le 11 octobre pour la première fois l'affreuse opération de la ligature de l'artère devint indispensable, et il fallut la renouveler souvent. Pierre fit appeler un Père Rédemptoriste qui le confessa, et le lendemain avec grande piété il reçut la sainte communion. Les accidents chaque jour plus nombreux ne laissèrent bientôt aucun espoir ; mais ils soumettaient à de terribles épreuves l'héroïque patience du malade. « Mon Dieu, s'écriait-il à chaque instant, ayez pitié de moi ; donnez-moi la force de souffrir ! » Pierre attendit ainsi la mort avec une douceur et une sérénité inaltérables. Le 23 octobre, vers dix heures du soir, il expira entre les bras de sa mère, qui le couvrait de ses baisers et de ses larmes.

Quatre jours après, une assistance d'élite assistait aux funérailles de Pierre, et sur son cercueil des soldats français déposèrent une couronne de lauriers. Au jour anniversaire de sa mort, le 23 octobre 1871, sa dépouille mortelle était inhumée à Rânes (Orne), dans le caveau de la famille de Berghes. Cinquante prêtres, la population entière, les mobiles et les mobilisés du pays, un grand nombre d'amis de la famille s'étaient réunis pour honorer son souvenir; et M. le curé de Rânes, dans une allocution qui émut vivement l'auditoire, prononça l'éloge du jeune officier mort en combattant pour la défense de son pays.

GEORGES AUBRY

Georges Aubry, né à Paris le 1er janvier 1848, élève du collége de l'Immaculée-Conception à Vaugirard, puis de l'école Sainte-Geneviève du 10 octobre 1865 au 31 juillet 1868, élève de l'École polytechnique en 1868, lieutenant au 14e régiment d'artillerie, chevalier de la Légion d'honneur, mortellement blessé le 15 décembre près de Vendôme, mort à Vendôme le 21 décembre 1870.

Georges se rendait à Metz, au mois d'août 1870, pour entrer à l'école d'application, et deux jours après son arrivée la ville était complétement investie par l'armée prussienne. Comme ses camarades, il supporte avec courage les souffrances du siége et s'exerce à la manœuvre du canon; au bout de peu de temps, il était devenu un pointeur habile. Quand les Allemands entrèrent dans Metz, ils permirent aux élèves de l'école d'application d'aller où ils voudraient. Georges n'hésite pas un seul instant, et, n'écoutant que son devoir en présence de la France envahie, il court embrasser sa famille, alors à Bruxelles, et gagne l'armée la plus voisine qui se formait à Lille. Mais comme l'organisation traînait en longueur, impatient d'aller au feu aussi vite que possible, il se rend à Tours, demande du service au gouvernement de la défense nationale, et obtient d'être envoyé à Toulouse, où il est nommé lieutenant dans le 14e régiment d'artillerie.

Dix jours après il était sur la Loire et prenait part à ces brillants combats qui, un moment, semblèrent interrompre la série de nos désastres. Beaugency, Meung, Tavers, Vendôme, — cinq batailles en huit jours, — furent les témoins de la valeur de Georges, qui avait dit à son père en l'embrassant pour la dernière fois : « Je serai digne de vous et de ma mère. » A la tête de sa batterie, il montre un mépris du danger et un sang-froid qui excitent l'admiration de ses chefs.

Le 7 décembre il écrit de Beaugency à son père :

« Je n'ai pas eu le temps ce matin d'achever ma

lettre; la faute en est aux Prussiens, qui sont venus nous déranger. J'ai donc reçu le baptême du feu. Cela ne m'a pas produit trop d'effet; du reste nous n'avons été engagés que fort peu de temps, à la fin de la journée... Mon capitaine a été très-exposé. Ne recevant pas d'ordres, il s'est porté tout seul en avant de Foinard, où les Prussiens venaient de s'installer dans le clocher et dans les maisons, et de là tiraient sur nos troupes. Pour moi, il y avait une minute que j'avais fait changer mes pièces de place, quand des obus sont venus tomber juste à l'endroit que j'avais quitté... Nous avons eu parmi les mobiles un instant de panique. C'était navrant, et cette terreur sans cause m'a fait mal au cœur... Je vais prendre quelques instants de repos, au coin du feu, dans une ferme. Peut-être que dans quatre ou cinq heures d'ici il faudra tirer de nouveau le canon. »

Le lendemain, 8 décembre, eut lieu le combat de Tavers, et Georges dirigea le tir de ses pièces avec une rare précision; il eut son cheval tué sous lui, et le soir même il fut proposé pour la croix d'honneur. Le 9 décembre, nouveau combat où se distingue encore le jeune lieutenant, et pour la seconde fois on le présente avec plus d'insistance pour la décoration.

Le 10 décembre au soir, après une quatrième bataille, le commandant Keim annonce aux officiers qu'il vient d'être nommé chef d'état-major de l'artillerie du 16me corps; mais « avant de quitter ma batterie, dit-il, je vais faire un rapport spécial sur la belle conduite de mon jeune et vaillant camarade, le lieutenant Aubry. Esclave du devoir, admirable au feu, il donne à tous, officiers et soldats, le meilleur exemple. » A la suite de ce rapport, Georges fut décoré avec la mention suivante : « Jeune officier d'un rare sang-froid, a très-bien dirigé le tir de sa section composée de jeunes soldats, dans les journées des 7, 8 et 9 décembre. » Lorsque la nomination officielle arriva, Georges venait de mourir, et cette croix d'honneur si bien méritée fut déposée sur un cercueil.

Pour mieux faire apprécier les qualités militaires de notre brave lieutenant, nous citerons la lettre écrite après la mort de Georges par M. le commandant Keim à M. Aubry, maire de Meudon et membre de la chambre de commerce de Paris.

« Monsieur, toutes vos lettres m'ont été remises avant-hier, hier et aujourd'hui ; et c'est tout attristé, bien peiné par la perte douloureuse que nous avons faite, que je viens m'entretenir avec vous de votre cher fils, mon bien cher camarade et ami.

« J'étais loin, Monsieur, de m'attendre à la triste nouvelle que vos deux dernières lettres sont venues m'apporter. Je comptais, au contraire, pouvoir faire prendre des renseignements à Vendôme sur notre pauvre abandonné, et déjà je me faisais un vif plaisir de lui envoyer la lettre d'avis lui annonçant sa nomination de chevalier de la Légion d'honneur; je voulais y joindre ma décoration pour le récompenser de sa belle et franche conduite au feu pendant qu'il était mon lieutenant, et pour lui donner une preuve de plus de la bonne amitié que je lui avais vouée; amitié doublée de toute l'estime qu'un chef doit à un bon et brave jeune homme comme l'était notre pauvre Georges.

« Je comprends, Monsieur, tout le chagrin que vous devez éprouver par celui que j'ai ressenti en recevant la fatale nouvelle; vous perdez un fils chéri, moi je perds un bon ami que j'aurais été heureux de retrouver pendant le reste de ma carrière, un enfant aimant et joyeux qui s'était attaché de tout cœur à son capitaine, lequel, soit dit en passant, était bien heureux de se voir choyé et aimé, et qui faisait ce qu'il pouvait pour prouver son affection à son jeune ami.

« Oui, Monsieur, votre fils était un bon et brave

soldat. J'étais capitaine instructeur, au 14e d'artillerie, lorsqu'il y est arrivé, à sa sortie de Metz. Son zèle, son aptitude, me l'ont bien vite fait distinguer au milieu de ses nombreux camarades, désignés comme lui pour l'armée; aussi, dès que j'ai su que le ministre de la guerre voulait bien me relever de mes fonctions pour m'envoyer commander une batterie à l'armée, j'ai insisté auprès du major pour que notre jeune homme me soit donné; il y avait déjà sympathie entre nous, la vie de campagne est venue nous rapprocher; quelques jours après, votre bon enfant était devenu l'ami de celui qu'il se plaisait à appeler *Mein Lieber capitaine.*

« Au combat en avant de Beaugency, notre Georges avait si bien dirigé ses pièces, il avait montré un si grand calme au feu, que je m'étais fait un devoir de le présenter pour chevalier. Deux jours après, à la bataille de Tavers, ma batterie fut sérieusement engagée, mon jeune lieutenant emporta sa deuxième proposition. Enfin, à ce malheureux combat devant Vendôme, sa conduite énergique fut remarquée *de tous*. Je n'étais plus avec lui, vous le savez; mais, quand sa troisième proposition arriva chaleureusement appuyée, je fis valoir à l'état-major ses deux propositions antérieures, et cette décoration, *noblement gagnée*, fut demandée et accordée.

« Soyez donc fier de votre fils, Monsieur ; c'était un *brave*. Il avait bien commencé cette carrière, dans laquelle il aurait bien certainement réussi, car il avait pour cela les qualités voulues : garçon de cœur, travailleur, dévoué à son métier, à ses chefs, il aurait pu arriver à une position brillante. Dieu ne l'a pas voulu, il faut nous résigner, tout en pleurant le brave enfant qu'il a enlevé trop tôt à notre affection.

« J'ai été, Monsieur, pendant un mois, l'ami, le confident de votre enfant ; à ce double titre, j'ai pu l'apprécier ; ne soyez donc point étonné des éloges que je lui donne. Vous êtes venu bien souvent au milieu de nos conversations intimes ; nous nous promettions, en des jours plus heureux, de nous retrouver à Paris. Je me faisais, à l'avance, un vrai plaisir de faire votre connaissance ; le malheur qui vous frappe n'arrêtera pas, je l'espère et si Dieu le permet, le projet que nous avions formé avec votre fils. J'accepte donc avec plaisir l'offre que vous me faites. Après la guerre, je compte rejoindre ma femme à Toulouse ; de là, nous irons reprendre mes deux jeunes enfants que j'ai été obligé de laisser dans le Pas-de-Calais ; bien certainement, en passant à Paris, je me ferai un devoir d'aller serrer la main du père du pauvre enfant que je n'oublierai jamais.

« J'ose espérer, Monsieur, que vous voudrez bien excuser cette longue lettre. Je me suis laissé entraîner par mes souvenirs; puis, je l'avoue, je suis bien heureux de pouvoir faire l'éloge de mon pauvre ami; c'est la seule consolation qu'il me soit permis de vous offrir. Je le fais avec bonheur, car c'est le devoir de votre tout dévoué,

« J. KEIM,

« chef d'état-major de l'artillerie du 16e corps.
« Laval, 5 février 1871. »

Le 15 décembre, Georges avait installé ses trois pièces de canon sur une hauteur, à deux kilomètres de Vendôme. Les obus pleuvaient autour de lui sans l'émouvoir; un caisson saute, son second cheval est tué, sa capote est transpercée, et au milieu de la panique générale, tandis que les mobiles s'enfuient, il encourage ses soldats à tenir ferme. Vers cinq heures, un obus tombe sur un canon, tue roide le pointeur et blesse mortellement Georges à la jambe. On s'empresse autour de lui pour le transporter dans une ambulance; mais il s'y refuse, déclare qu'il quittera sa batterie le dernier et sur le dernier attelage, et se fait placer sur un tas de pierres, d'où il peut encore commander le tir.

Quand il est bien assuré que ses chers canons ne tomberont pas au pouvoir de l'ennemi, il se laisse conduire au hameau du Temple, dans une maison abandonnée. L'aide-major se présente pour faire un premier pansement. « Avant tout, lui dit-il, allez me chercher un prêtre. » M. Caille, curé de la Trinité à Vendôme, s'empresse de venir et entend sa confession. Calme et tout heureux d'avoir pu remplir son devoir de chrétien, il se laisse mettre l'appareil par l'aide-major.

Peu de temps après, il est transporté dans un quartier de cavalerie, où il reste seul, abandonné sans secours pendant quatorze heures, trop faible pour étancher le sang qui s'échappe avec la vie de sa blessure. Le lendemain, M. l'abbé Rouillé le découvre enfin et le fait transporter à l'ambulance de Mme veuve Motheron, femme d'un grand cœur, puis à celle du lycée, où il subit avec résignation et courage une amputation trop tardive pour pouvoir être utile. La simplicité et l'élévation de ses sentiments chrétiens excitaient l'admiration des blessés qui l'entouraient, d'autant plus qu'ils avaient été les témoins de son héroïque bravoure sur le champ de bataille.

Durant ses derniers jours, il n'a plus qu'une seule pensée, celle de Dieu et de ses chers parents, et sur son lit de souffrance il leur écrit un dernier adieu. Mais sa lettre pourra-t-elle traverser les lignes ennemies ? La Providence vint à son aide. Près de lui, un officier allemand, le comte de Lütichau, se mourait. « Donnez-moi votre lettre, dit-il à Georges ; elle parviendra avec la mienne, soyez-en sûr ; car, moi aussi, j'ai à saluer des parents que je ne reverrai plus. » Et ces deux braves soldats qui, la veille, s'efforçaient de s'entre-tuer, se tendirent une main amie.

Le mal fit en peu d'heures d'effrayants progrès, et notre cher blessé expira le 21 décembre 1870, après avoir reçu les derniers sacrements de la sainte Église. Ame vaillante et loyale, ennemie du moindre mensonge, honnête dans toute la force du mot, enthousiaste pour le noble métier des armes, Georges Aubry appartient à cette génération d'élite qui seule peut relever notre pays de ses ruines par la virilité du caractère, l'habitude d'un travail sérieux et la fermeté des convictions religieuses.

ÉDOUARD
DOMET DE MONT

EDOUARD DOMET DE MONT, né à Arbois (Jura) le 28 août 1851, élève du petit séminaire de Vaux, puis de l'école Sainte-Geneviève du 23 octobre 1868 au 12 juillet 1870, sous-lieutenant au 87e régiment de marche, chevalier de la Légion d'honneur, blessé à la prise des buttes Montmartre le 23 mai, mort à Paris le 5 juin 1871.

EDOUARD nous quitta au mois de juillet 1870, après des examens qui lui donnaient l'espoir d'entrer à Saint-Cyr avec un bon numéro. Quand survinrent nos premiers désastres, voyant qu'aucune disposition n'était prise par rapport aux admissibles, trop plein d'honneur pour profiter de l'exemption que lui donnait son âge, il s'engagea dans le corps des mobilisés d'Arbois. Sa mère, veuve depuis longtemps, se voyait privée de ses deux fils : l'aîné, Raoul, faisait partie de l'armée de la Loire, où de sous-lieutenant il est devenu capitaine. Pour toute recommandation, elle dit à son cher Édouard : « Souviens-toi, mon enfant, que ton arrière-grand-père a été fait chevalier de Saint-Louis sur le champ de bataille d'Hastenbeck. » Le jeune soldat se montra digne de son aïeul. Il écrivait de Montpellier, où il s'était engagé dans le 84e de ligne, en attendant son brevet de lieutenant : « Quoique en ma qualité d'admis à Saint-Cyr, je sois exempt des corvées, je demande parfois à en faire, afin d'apprendre ce que je devrai commander plus tard. Je suis les cours et me mets en état de répondre parfaitement. En un mot, je tâche de me faire remarquer par ma bonne conduite. »

Au commencement de novembre parut le décret qui nommait sous-lieutenants les admissibles à Saint-Cyr. Édouard quitta les mobilisés pour entrer au 84e, puis au 3e de ligne ; il passa plus tard au 87e de marche. Durant la guerre contre la Prusse, il ne prit part qu'à un petit engagement en avant de Châtellerault.

La révolution du 18 mars et le second siége de

Paris lui fournirent bientôt l'occasion de se signaler. Sa brillante conduite dans les combats d'avant-poste le désignait au choix de ses chefs pour les entreprises les plus difficiles. A Neuilly, il fut chargé d'une reconnaissance si périlleuse qu'à son départ le commandant du bataillon croyait lui adresser un dernier adieu. Calme et résolu, il s'acquitta de sa mission avec la plus grande intelligence et un plein succès. On le porta sur la liste des propositions pour la croix d'honneur; elle devait arriver trop tard pour être placée sur sa poitrine.

Le 23 mai, nos braves soldats montaient à l'assaut des buttes Montmartre, lorsque Édouard tomba mortellement blessé; un éclat d'obus avait brisé l'os de la cuisse droite sur une largeur de dix centimètres. Après deux heures d'inutiles recherches, on parvint enfin à lui trouver une place à l'hôpital Beaujon. Aussitôt il demande si l'amputation est nécessaire, et, sur la réponse affirmative du chirurgien, il dit avec un grand sang-froid : « Avant tout je veux me confesser et écrire à ma mère. » Pauvre mère! elle ne reçut la fatale nouvelle qu'au bout de huit jours; et, après un voyage difficile, quand elle put embrasser son enfant, celui-ci s'empressa de la consoler. « Je vais bien, lui disait-il; ne te tourmente pas; mais je voudrais sortir d'ici. » — L'hôpital était rempli d'insurgés. Plein de résignation, il a souffert en vrai chrétien, sans avoir jamais maudit ses meurtriers, ni proféré une seule plainte. Avant l'arrivée de sa mère, il s'était déjà confessé deux fois et avait reçu la sainte communion le jour de la Pentecôte.

Transporté dans un vaste appartement de la rue de Berry, il s'y trouva beaucoup mieux. Hélas! l'espoir fut de courte durée, et le 5 juin, à trois heures du matin, il rendait pieusement son âme à Dieu, après avoir dit au prêtre qui l'assistait: « Tout le monde n'a point le bonheur de mourir dans les bras de sa mère! »

Trois jours après, au milieu du deuil de toute la population d'Arbois, les mobilisés assistaient à l'inhumation des dépouilles mortelles de leur compagnon d'armes; et sur la tombe de notre cher Édouard, M. Pacendier, inspecteur général de 1re classe des ponts et chaussées, se fit l'interprète de la douleur commune. « Adieu, jeune ami, les portes du ciel te seront largement ouvertes pour recevoir le bonheur éternel que tu as si bien mérité; et Dieu tiendra compte à la patrie saignante et à ta famille éplorée, qui t'aimait si tendrement, d'une perte aussi cruelle et aussi inconsolable. »

JEAN DE BELLEVUE

JEAN DE BELLEVUE, né le 4 avril 1850 au château de Marguerie, près Beauvais ; élève du collége de Vaugirard, puis de l'école Sainte-Geneviève du 11 octobre 1864 au 20 décembre 1865, et du 10 octobre 1866 au 8 juillet 1867 ; sergent des zouaves pontificaux, blessé à la bataille de Loigny, et mort le 3 décembre 1870.

JEAN se préparait à l'école de Saint-Cyr, lorsque les récits de la glorieuse journée de Mentana lui inspirèrent le désir de consacrer sa vie au service du souverain pontife. Sa mère et le Père Olivaint qui le dirigeait virent dans son dessein les signes d'une vocation sérieuse ; et le 3 décembre 1867, après avoir reçu la sainte communion dans notre chapelle de la rue de Sèvres, il partit pour Rome. Dix mois plus tard, Mme la marquise de Bellevue, qui ne pouvait rester plus longtemps séparée de son fils, vint le rejoindre. Ce fut pour Jean une grande consolation. Son amour pour elle était si tendre et si respectueux qu'il excitait l'admiration de ses compagnons d'armes. Entrait-elle dans sa chambre, il se hâtait de se lever et attendait qu'elle lui permît de s'asseoir et de reprendre son travail. Tout enfant, il lui écrivait de Vaugirard : « Je vais vous dire pourquoi vous allez mieux; c'est parce que lundi j'ai commencé une neuvaine à ma manière, qui consiste à dire tous les jours, soit à la messe, soit au dortoir, un chapelet entier pour vous, outre les deux dizaines qu'on dit à l'étude du soir. »

Son dévouement jusqu'au dernier soupir montre assez combien grande était l'affection qu'il portait au Saint-Père. Dans l'été de 1869, épuisé par les fatigues et la chaleur, d'après les conseils des médecins il dut quitter Rome, et il se rendit auprès de Naples dans la famille de son cousin M. de la F***. Durant le trajet, il se trouve seul dans le wagon avec deux messieurs, qui bientôt font une amère critique du gouvernement de Pie IX. « Messieurs, leur dit Jean d'une voix ferme, je regrette de ne pas porter aujourd'hui mon uniforme ; mais vous comprendrez, je l'espère, que je ne puis laisser parler de cette sorte devant moi du souverain que je sers et que je serai toujours heureux de défendre. Je suis zouave pontifical. » D'abord surpris de cette brusque réprimande, les deux voyageurs se tinrent pour avertis, et même ils se montrèrent pleins de déférence pour leur jeune compagnon.

Durant l'année 1870, Dieu sembla préparer Jean au glorieux sacrifice qui devait couronner sa vie ; il devint plus sérieux et plus chrétien, multiplia ses aumônes, et à ses prières habituelles de chaque jour il ajouta une lecture de piété. Au moment de l'invasion piémontaise, il se trouvait à Civita-Vecchia, et, après s'être confessé, il écrit à sa mère, le 15 septembre : « Si je succombe, je mourrai en chrétien et en défenseur du Saint-Siége ; j'espère que mes fautes me seront pardonnées. »

Le même jour il fit son testament, dont nous transcrivons ici les premières et les dernières lignes : « Au nom du Père, du Fils et du Saint-Esprit. Je demande pardon à Dieu de toutes les fautes que j'ai pu commettre. Je prie les personnes que j'aurais offensées de me pardonner, comme je pardonne à celles qui auraient pu me blesser. Je prie ma mère de me donner une dernière bénédiction, en la suppliant d'oublier tous les tracas que je lui ai donnés... Ceci fait au moment où une balle piémontaise peut me donner la mort, sur les remparts de Civita-Vecchia, en défendant notre saint-père le Pape, qui, je l'espère, triomphera de tous ses ennemis. »

Après la prise de Civita-Vecchia par les Piémontais, comme ses compagnons d'armes, Jean fut envoyé à Orbitello, et après bien des souffrances et des humiliations il put enfin s'embarquer sur le vaisseau français *l'Orénoque*. Dès son arrivée à Tours, il apprend qu'un bataillon de zouaves pontificaux allait marcher à l'ennemi; aussitôt il sollicite l'honneur de remplacer un jeune homme malade, et, après avoir obtenu la permission de sa mère, il se met en marche vers Orléans et prend part le 11 octobre au brillant combat de Cercottes. Au milieu des acclamations qui accueillirent les soldats du pape à leur retour, l'attitude martiale de Jean et sa figure enfantine attirèrent les regards de la foule, et il fut salué par les cris de : Vive le petit sergent! Son bataillon fut ensuite envoyé au Mans et logé dans notre collége de Sainte-Croix; il ne savait comment exprimer toute sa reconnaissance pour les faibles services que purent lui rendre ses anciens maîtres. Ce ne fut pas un temps de repos ; chaque jour, durant sept heures et demie, il fallait exercer les recrues, sans compter les autres exigences du service.

Le 9 novembre Jean quitta le Mans avec son bataillon pour se rendre à Châteaudun, puis à une lieue de la ville, au camp de Marboué. Le curé de ce village écrivait à Mme la marquise de Bellevue : « J'ai bien connu votre fils. Doué d'une admirable sensibilité, sans cesse il parlait de vous, et des larmes brillaient dans ses yeux quand il racontait avec quelle tendresse vous l'aimiez. Il se plaisait surtout à dire que sa mère le suivait toujours à distance, que vous n'étiez jamais loin de lui, et que ces deux grandes choses, la piété filiale et les exigences de la vie militaire, marchaient ainsi de pair sans s'entraver. Il avait de tristes pressentiments : « Je n'en reviendrai pas, j'y mourrai, » répétait-il souvent. »

Ces sombres présages devaient bientôt se réaliser ; et le 2 décembre, en combattant sous les plis de la bannière du Cœur de Jésus, Jean tomba mortellement blessé dans cette charge célèbre de Loigny où succombèrent tant de nobles victimes. Après la bataille, les Prussiens le transportèrent dans la ferme voisine de Villours, et il fut déposé sous un escalier : Dieu et les anges furent les seuls témoins de sa cruelle agonie. En vain demanda-t-il un prêtre; le paysan auquel il s'adressa, affolé de terreur, se hâta de fuir. Quatre mois plus tard, après bien des recherches, sa mère put enfin découvrir une chaîne à laquelle était suspendue la médaille d'or qu'il avait reçue d'elle dans son enfance. Le docteur Herr, chirurgien des volontaires de l'Ouest, disait à Mme la marquise de Bellevue : « Vous n'avez rien à craindre pour le salut de votre fils. Quelques jours avant sa mort, je l'ai entendu faire devant les officiers une profession de foi religieuse qui ne laissait aucun doute sur les dispositions de son âme. Quand un jeune homme de vingt ans parle ainsi devant ses chefs, et avec cette simplicité courageuse, on ne peut avoir pour lui que de l'admiration, et non de l'inquiétude. »

EDGARD DE SAISSET

EDGARD DE SAISSET, né à Paris le 17 mai 1846, élève de Sainte-Geneviève du 8 octobre 1861 au 9 juillet 1863, admis à l'école navale du Borda en 1863, aspirant de 2e classe en 1865, aspirant de 1re classe en 1866, enseigne de vaisseau en 1868, lieutenant de vaisseau le 11 janvier 1871, tué durant le siége de Paris au fort de Montrouge le 16 janvier 1871.

EDGARD avait passé cinq ans à la mer, lorsqu'il vint à Paris le 10 septembre 1870, huit jours avant l'investissement de la capitale. Il fut placé sous les ordres de l'amiral Pothuau, et prit part à la défense du fort de Montrouge avec nos braves marins. Dire que parmi eux il acquit bientôt un renom de courage, n'est-ce point faire de lui le plus magnifique éloge? Fier de son père, dont la conduite héroïque durant le siége de Paris excitait l'admiration des plus braves, il se proposa d'être digne de lui, et durant quatre mois il tint en face de l'ennemi d'une main vaillante le drapeau de la patrie, qu'il devait teindre de son sang. Plein de mépris pour le danger, sans cesse attentif aux périls des autres et oublieux de lui-même, il n'avait qu'une seule préoccupation, le salut de son pays.

Après le combat du plateau d'Avron, M. de Saisset fut nommé vice-amiral; Edgard lui écrivit aussitôt pour le féliciter.

« Monsieur et cher vice-amiral de mon cœur, père adoré,... te voici donc en partie récompensé comme tu le mérites. Mais, si tu fais des choses admirables, il n'en est pas moins vrai que ton pauvre fils végète dans l'oisiveté, et que c'est toujours son vieux papa qui souffre et se fatigue au premier rang. Je voudrais, pour mon repos, te savoir rentré dans tes forts. Et puis,... oh! que je voudrais voir mon pays, ma pauvre France joyeuse, nos armées victorieuses! Puissions-nous triompher enfin des hordes d'Attila! Pauvre France! tu lui avais donné ta vie, mon père aimé; Dieu a écouté nos prières, il a refusé ton sacrifice, je l'en bénis du fond de mon cœur. Mais je pleure sur mes pauvres amis morts au champ d'honneur : Duquesne, Verschmider, commandant Desprez, de Grancey ! Oh ! que Dieu éprouve la pauvre France ! Qui donc la vengera ? Si elle doit succomber, que Dieu reprenne son serviteur ; je ne veux pas lui survivre. »

Dans cette admirable lettre d'Edgard, son âme, à la fois si affecteuse et si forte, se révèle tout entière avec ses sentiments d'honneur et ce fier patriotisme qui préfère la mort aux hontes de la défaite. Sa prière ne fut que trop exaucée, et Dieu allait lui épargner la douleur d'être le témoin de nos derniers désastres. Sa brillante conduite durant les premiers jours du bombardement lui valut d'être nommé, le 11 janvier, lieutenant de vaisseau. Ce même jour il écrivait à sa mère :

« Continue, mère, de prier pour moi, pour mes matelots. Ils sont si beaux au feu qu'on se sent pris d'héroïsme à leurs côtés ! Tes saintes prières m'entourent d'une auréole ; mes hommes m'appellent, je vole auprès d'eux, et le danger s'éloigne. Je continue à remercier Dieu et à avoir confiance.

« Je ne fais que mon devoir, sans forfanterie, mais bravement. Aujourd'hui, je peux me dire brave, mais sans imprudence. Je mûris sous le feu : cela est beau, cela élève l'âme. Je deviens, ce me semble, un brave garçon, complet. Vive la France! Honneur au cœur qu'elle donne à ses enfants! Je n'ose avouer que cette vie de dangers me ravit, je suis trop jeune pour le dire; on pourrait croire à de l'orgueil. Et même à toi, mère, je ne voudrais pas me vanter, mais..., quand nous serons débloqués, je te ferai tout raconter par mes seconds maîtres.

« Ce soir, je prends possession de la plus belle batterie, la plus périlleuse; c'est le poste d'honneur. Elle a déjà eu quatre tués et douze blessés. Bah! ma peau est blindée! Vive la France! A bas Bismarck et ses canons Krupp!

« Tes prières et la sainte Vierge m'ont préservé. »

Après la nomination d'Edgard au grade de lieutenant, M. Bécourt, curé de Bonne-Nouvelle et depuis massacré sous la Commune, lui disait dans une lettre : « Vous souvient-il, Edgard, de cette parole : Que sert à l'homme de gagner l'univers entier, s'il vient à perdre son âme? » — Le jeune officier s'empressa de lui répondre : « Oui, monsieur le curé, il m'en souvient, et aussi de cette autre parole : *Potius mori quam fœdari.* »

Le 14 janvier, Edgard écrit à M. Layrle, ancien

conseiller d'État et ami de son père, qui l'avait félicité de son avancement : « Je vous remercie du fond du cœur de votre bienveillant souvenir. J'espère me rendre digne de la distinction qui m'a été accordée, bien que je n'aie fait que mon strict devoir. Tous ici nous sommes unis dans une même pensée : aider de toutes nos forces et de toutes nos aptitudes à la délivrance de notre malheureux pays. »

Le 16 janvier, vers neuf heures et demie du soir, un obus prussien vint frapper à son poste de combat notre cher Edgard. Dieu, nous l'espérons, l'a visité à ce suprême moment par sa grâce; car, si soudaine que soit la mort, elle laisse place à un acte instantané de repentir et d'amour qui assure le salut.

Le P. de Bengy, qui, après avoir souvent affronté les balles prussiennes, devait tomber sous celles de la Commune, se hâta d'offrir ses consolations de prêtre à Mme l'amirale de Saisset : « Votre fils que j'aimais beaucoup n'a certainement pas été au péril avec une conscience souillée; il me l'avait solennellement promis, et les Pères dominicains d'Arcueil l'ont sans doute entendu. Edgard, faisant allusion à son scapulaire, me disait : « Vous m'avez « mis une corde au cou, je ne l'ai jamais quittée.

« Mon *souvenez-vous* m'aidera à bien mourir, et je « donnerai ma vie sans regrets pour mon pays. »

Sa grande dévotion pour la sainte Vierge était bien connue de ses anciens maîtres et de ses camarades; sans aucun respect humain, il s'en faisait honneur. Un jour il disait à sa mère : « Ne vous faites pas illusion; votre fils n'est point un saint Louis de Gonzague. Quand on parle mal des prêtres ou du bon Dieu, je ne dis rien; mais si on injurie en ma présence la sainte Vierge, oh! alors, je ne puis le tolérer; car elle est pour moi la maman des mamans. » Aussi, il invoquait son secours avec la plus grande confiance au moment des examens et dans les circonstances critiques de la vie, assuré d'obtenir aide et protection de sa puissante Mère du ciel. En souvenir de cette dévotion spéciale d'Edgard, Mme l'amirale de Saisset a voulu que l'acte de consécration de son fils à la sainte Vierge, avec un cœur en vermeil, fût suspendu au pied de la statue de notre chapelle, don de l'une de nos promotions de Saint-Cyr.

Les obsèques d'Edgard eurent lieu à la Madeleine le 18 janvier, au milieu d'un grand concours de militaires de tous grades et de toutes armes, qui étaient venus donner à cette mort prématurée un suprême témoignage de sympathie. Un autre martyr de la Commune, M. Deguerry, prononça quelques mots d'éloge et de consolation, et après la cérémonie funèbre il écrivit à la pauvre mère la lettre suivante : « Madame, il n'est pas un cœur qui n'ait été vivement affligé à la nouvelle de la terrible mort de votre fils unique. En voyant l'attitude d'accablement, sous le poids de la douleur profonde, de l'amiral son si digne père, qui l'avait formé par ses beaux exemples et ses lumineux conseils à l'accomplissement du devoir avant tout et toujours, je me suis senti le besoin de faire entendre quelques paroles de notre foi, seule capable de consoler une douleur de la nature et de l'étendue de la vôtre. J'y étais excité aussi par la présence d'un grand nombre d'officiers de tout grade de la marine et par celle de beaucoup de matelots et de soldats, témoignant tous par leur recueillement triste et religieux à quel point ils estimaient et aimaient ce jeune et vaillant frère d'armes et combien ils regrettaient sa perte. C'est par ignorance, Madame, que j'ai manqué de dire, à la fin de mes quelques paroles, que l'âme de votre fils avait pour trouver grâce devant Dieu, avec le mérite de son holocauste au salut de la patrie, la vertu et la prière d'une sainte mère. »

A peine le général Trochu avait-il appris la

mort du jeune lieutenant qu'il s'empressa d'envoyer à son père la dépêche suivante :

17 janvier 1871, 8 h. 55 minutes.

Le gouverneur de Paris au vice-amiral Saisset, au fort de Noisy-le-Sec.

« Très-digne et malheureux ami, je remplis auprès de vous, avec un cœur profondément attristé, mon devoir de commandant en chef en vous annonçant que votre fils est mort devant l'ennemi.

« C'est un bien cruel sacrifice, et je le fais avec vous.

« Adieu; vous et moi rejoindrons un jour ou l'autre ce regretté jeune homme; il faut que nous y soyons préparés.

« Supportez cette affreuse douleur avec le courage que je vous sais.

« TROCHU. »

Après cette lettre digne d'un ami, d'un soldat et d'un chrétien, nous citerons encore les belles paroles d'adieu prononcées sur la tombe d'Edgard par M. le vice-amiral Touchard.

« Encore un deuil, encore une mort ajoutée à

toutes ces morts glorieuses, à ce long martyrologe de la défense de Paris!

« Chaque jour, officiers et matelots, matelots et officiers, tombent côte à côte, unis par la mort comme ils le sont dans la vie, par une étroite solidarité de péril et d'honneur; ils tombent, et la patrie reconnaissante recueille leurs noms pour les garder, pour les honorer dans l'histoire de cette lutte suprême.

« Adieu, jeune et généreuse victime d'une cause juste et sainte! Dieu a des miséricordes infinies pour les défenseurs du pays qui tombent sur le champ de bataille. Déjà il vous a recueilli dans son sein. Implorez-le à l'heure présente, implorez sa bonté et sa justice pour le triomphe de la cause que vous avez vaillamment défendue.

« Messieurs,

« En présence du cercueil qui renferme tant de jeunesse et d'espérances anéanties d'un seul coup, mon cœur est saisi d'une indicible tristesse; mais il s'en dégage en même temps ce cri d'énergique espoir et d'ardent patriotisme : Dieu sauve la France! »

RAOUL DE KREUZNACH

Raoul Bohrer comte de Kreuznach, né à Lyon le 24 juillet 1851, élève de l'école Sainte-Geneviève du 13 octobre 1868 au 8 juillet 1869, reçu le 36e à l'école de Saint-Cyr en 1870, engagé volontaire au 1er de ligne et au 136e de marche, puis dans les francs-tireurs militaires de la Seine, tué à Bougival le 21 octobre 1870.

Raoul ressentit plus que tout autre les bienfaits de l'éducation fortement chrétienne qu'il avait reçue au sein de sa famille. Son caractère ardent l'eût exposé à bien des périls, mais sa foi vive et profonde le maintint fidèle à ses devoirs jusqu'au dernier soupir. Durant son séjour à l'école Sainte-

Geneviève, il ne manquait point à chaque jour de sortie d'aller en pèlerinage à Notre-Dame des Victoires. Après avoir obtenu les diplômes de bachelier ès lettres et de bachelier ès sciences, il se présenta au concours de Saint-Cyr et fut reçu avec le numéro 36e.

La nouvelle de notre première défaite à Wissembourg lui parvint en Suisse, et aussitôt il écrit à son père et à sa mère : « Je reviens. Permettez-moi de ne pas attendre la rentrée de Saint-Cyr qui n'aura lieu qu'en octobre. D'ici là que d'événements peuvent survenir ! Laissez-moi m'engager, je vous en supplie, et je vous promets de vous dédommager de toutes les peines que j'ai pu vous donner jusqu'à ce jour. »

Arrivé à Lyon, il trouva le peuple surexcité par nos désastres. Les maisons religieuses, surtout celles qui sont situées dans les faubourgs, étaient menacées ; et pour les protéger contre le pillage, Raoul vint s'offrir des premiers. Il se constitua gardien de nuit au monastère des Pères Dominicains, heureux de servir à la fois la cause de l'ordre et celle de Dieu.

Dès son retour dans sa famille, il s'était engagé dans le 1er de ligne qui se trouvait alors en face de l'ennemi ; mais ce régiment, décimé par nos premiers désastres, fut incorporé dans le 136me de marche destiné à la défense de Paris. Avant son départ, Raoul alla trouver un jeune prêtre qui sollicitait un poste d'aumônier, et pour lequel il avait beaucoup d'estime et d'affection. « Mon père, lui dit-il, tâchez donc de rejoindre le corps du général Lamirault; j'en ferai partie. J'irai tous les jours me confesser, et du moins, comme cela, je serai toujours prêt. »

De Paris, où il se trouva bientôt enfermé par le blocus, Raoul écrivait à sa mère : « Je n'ai pas quitté les miens pour vivre de la vie de caserne. Ce qu'on y voit et ce qu'on y entend suffirait à dégoûter du mal. Soyez donc bien tranquille, chère maman; je n'abuse pas de mon indépendance et je n'ai pas une seule grosse faute à me reprocher; vous savez ce que j'entends par là! »

A son grand regret, il n'avait pu prendre part aux premiers engagements qui eurent lieu autour de la capitale. Fatigué de cette inaction, il obtint enfin, après de nombreuses démarches, la permission de s'engager parmi les francs-tireurs militaires de la Seine.

Le 21 octobre au matin, son nouveau bataillon est désigné pour aller au delà du Mont-Valérien reconnaître les ouvrages de l'ennemi. Entraîné pluloin que le gros du détachement, Raoul, avec un petit nombre de soldats de toutes armes suit le commandant Jacquot qui chasse les Prussiens de Rueil et les poursuit jusqu'à Bougival. L'ennemi, caché dans les vignes qui avoisinent la Malmaison, laisse s'approcher cette poignée de braves et les fusille à bout portant. Au moment où Raoul essaye de franchir une brèche faite à la muraille, il tombe mortellement blessé.

Une demi-heure après l'action, un aumônier qui traversait le théâtre du combat entend une voix qui implorait son secours, et il aperçoit un jeune soldat, le front percé d'une balle, tout baigné dans son sang, les mains jointes dans l'attitude de la prière. « Monsieur l'abbé, s'écrie Raoul, c'est Dieu qui vous envoie ! Je vais mourir, voyez, j'ai perdu tout mon sang ! Je voudrais me réconcilier. Je n'ai pas grand'chose à me reprocher, je me suis confessé et j'ai communié il y a deux ou trois jours à Notre-Dame des Victoires... Dites à ma famille que je meurs en chrétien et en brave. Vous le voyez, je suis tombé au premier rang. Dites bien à mes parents que ma dernière pensée est pour eux ! » — Comme l'aumônier s'éloignait après l'avoir absous, il le rappelle : « Quelle est donc ma pénitence ? » dit-il ; puis il commence un signe de croix, mais il ne peut l'achever. — Non loin de là était tombé le commandant Jacquot; avant d'expirer, il désigna le jeune franc-tireur pour être porté à l'ordre du jour.

Le lendemain matin un père capucin qui accompagnait les ambulances ne rencontra plus qu'un cadavre dépouillé de tout ce qui pouvait exciter la convoitise. Sur le corps de Raoul de Kreuznach il ne trouva que le nom du vaillant soldat tué à l'ennemi et les témoignages de sa dévotion envers la sainte Vierge, un scapulaire, des médailles et un chapelet.

MAURICE DU BOURG

MAURICE DU BOURG, né à Laval le 6 juillet 1839, élève de l'école Saint-François-Xavier (Vannes) de 1851 à 1856, puis de l'école Sainte-Geneviève du 6 octobre 1856 au 16 juillet 1859, capitaine au 1er bataillon des zouaves pontificaux, chevalier de l'ordre de Pie IX, décoré de la médaille d'or de Castelfidardo et de la croix de Mentana, tué à la bataille du Mans le 11 janvier 1871.

MAURICE du Bourg a eu l'insigne honneur de partager toutes les luttes et toutes les gloires de cette milice d'élite qui, durant dix années, protégea le trône du Saint-Père. Accouru le premier de tous à l'appel de Pie IX, il demeura jusqu'au dernier jour fidèle à son drapeau ; et quand s'évanouit tout espoir de résister à l'armée sacrilége du Piémont, il ne quitta Rome avec son noble régiment que pour courir à d'autres périls. Intrépide soldat du Saint-Siége et de la France, il fut encore meilleur chrétien; et les faits d'armes qui ont illustré sa vie nous semblent moins dignes d'éloge que sa piété et sa vertu.

A l'école Saint-François Xavier de Vannes, où il fit ses premières études, sa conduite fut toujours digne des convictions religieuses qu'il avait puisées au sein d'une famille où les plus beaux exemples de foi et de dévouement avaient entouré son enfance. Après avoir consulté sa mère et ses maîtres, Maurice se résolut à embrasser l'état militaire; et pour se préparer à Saint-Cyr, il vint au mois d'octobre 1856 à l'école Sainte-Geneviève, où il devait passer trois années. Son amour du devoir et son heureux caractère lui conquirent l'estime et l'affection de ses condisciples. Grâce à sa tendre dévotion envers la sainte Vierge, il conserva toujours cette pureté du cœur qui est la gloire et la force d'un jeune homme; et dès lors il donnait de grandes espérances que l'avenir n'a point démenties.

Nous ne voulons point dire qu'il n'ait jamais mérité de réprimandes; mais du moins il savait les accepter humblement et en tirer profit; et ses condisciples se rappellent encore avec quelle noble générosité il demanda pardon en public d'une faute commise. Peut-être poussait-il parfois sa franchise d'allures jusqu'au sans-gêne ; et on avait quelque peine à lui faire prendre ces habitudes d'ordre extérieur dont il ne comprenait pas assez les avantages. Mais de nombreuses qualités compensaient si bien ces défauts de moindre importance que maîtres et condisciples avaient pour lui la plus haute estime.

Le succès de ses examens semblait assuré, quand au mois de juillet 1859 une maladie sérieuse l'empêcha de prendre part au concours. On obtint du ministère un délai; et après sa guérison il subit les épreuves ordinaires. Déclaré admissible, par suite du chiffre moins considérable de la promotion de cette année il ne fut point admis, et on s'arrêta à un ou deux numéros avant celui que Maurice avait obtenu. La Providence, qui le destinait à une plus noble mission, ne permit pas qu'il entrât à Saint-Cyr. Cette glorieuse destinée qui l'attendait fut prédite à Mme du Bourg par une sainte femme, Mme de Vaubernier, sœur de notre bien-aimé Père Ducoudray, mère d'un zouave tué sur le même champ de bataille que Maurice et morte le 15 septembre 1870. « Consolez-vous, lui dit-elle avec un accent prophétique qui produisit sur Mme du Bourg une profonde impression, consolez-vous si Dieu a envoyé à votre enfant cette maladie ; il le réserve pour d'autres combats. »

De retour à Laval, Maurice, qui redoutait l'oisiveté comme le plus grand des périls pour un jeune homme, se livra tout entier à l'étude et aux œuvres charitables de la société de Saint-Vincent de Paul, dont il fut l'un des membres les plus assidus. Durant l'hiver, le patronage des Apprentis occupa presque tous ses instants; après avoir visité les pauvres, chaque soir il faisait à ses jeunes auditeurs un cours de mathématiques, et les dimanches il les surveillait et partageait leurs jeux, sacrifiant de grand cœur son temps et ses plaisirs à ses chers protégés, tout à tous comme il était tout à Dieu.

Telle était l'existence si bien remplie de Maurice quand survinrent les évenements d'Italie. Spoliateur des Romagnes, grâce à notre sang répandu sur les champs de bataille de Magenta et de Solférino, le Piémont, certain de la complicité du gouvernement impérial, convoitait les autres provinces du Saint-Siége. A la nouvelle de ce vol audacieux, un cri d'indignation se fit entendre dans le monde catholique , et l'élite des jeunes gens chrétiens voulut joindre aux courageuses protestations de l'épiscopat celle des armes. La Moricière avait répondu à l'envoyé du souverain pontife par ces simples paroles : « Le Pape me demande, il faut obéir; » et à sa suite un grand nombre de volontaires quittèrent leurs foyers pour voler à la défense du Saint-Père. L'appel adressé à toutes les âmes généreuses devait être entendu de Maurice; aussi fut-il l'un des trois premiers qui s'engagèrent pour cette croisade de 1860.

Au commencement d'avril il apprend que MM. d'Aigneaux et Lapène, ses anciens condisciples à l'école Sainte-Geneviève, font leurs préparatifs de départ. Le jour même, sa décision est prise; il quitte son pays, toutes les joies d'une riche existence, dit adieu à sa pieuse mère à la fois heureuse et triste de la résolution de son enfant. Accompagné de ses deux amis, il se hâte de se rendre à Rome, avec l'espérance de se battre et, s'il le faut, de mourir pour défendre les droits du vicaire de Jésus-Christ.

Comme le corps des zouaves n'était pas encore constitué, il s'engage au 1er régiment étranger, et immédiatement il part pour la frontière avec le général de Pimodan, qui venait d'apporter à Pie IX le secours d'un courage et d'un dévouement à toute épreuve. Une troupe de quatre cents révolutionnaires conduite par Zambianchi, chef de brigands dont les crimes avaient souillé Rome en 1848, venait d'envahir les États de l'Église; soixante soldats pontificaux les culbutèrent, tuèrent une partie des garibaldiens tandis que les survivants prenaient honteusement la fuite. Cette brillante affaire, nommée *le combat des Grottes*, fut l'heureux début de la petite armée du Saint-Siége; mais les volontaires, qui se trouvaient à quatre lieues de là, ne prirent point part à ce premier engagement.

De nouvelles recrues arrivaient chaque jour à Rome; et bientôt fut formé ce bataillon franco-belge, qui devait montrer au monde ce que valent des chrétiens et des hommes de cœur, et ajouter une page si glorieuse à l'histoire de la France et à celle de l'Église. Du mois de mai au mois de septembre, le temps se passa en préparatifs de défense; il fallut équiper, instruire, organiser à la hâte ces jeunes gens pleins de bonne volonté, mais novices pour la plupart dans le métier des armes. Maurice supporta gaiement les fatigues de cette rude vie, et comme il s'était proposé en venant à Rome de servir Dieu dans la personne de son vicaire, il s'acquittait avec un zèle tout religieux de ses devoirs.

D'un caractère vif et plein de feu, il ne pouvait tolérer l'inconduite de quelques soldats qui par bonheur quittèrent bientôt le régiment. Il écrit de

Narni le 13 juillet à un prêtre de Laval : « Je suis dégoûté de vivre avec ces êtres-là qui me font horreur toute la journée; j'ai déjà deux fois manqué me faire mettre à la salle de police pour deux soufflets que j'ai donnés à deux d'entre eux qui blasphémaient devant moi. Il n'y a rien dont j'aie plus d'horreur que des blasphèmes... Vous me trouverez peut-être un peu misanthrope; mais, grâce à Dieu, les principes que vous et maman m'avez inculqués sont si chrétiens que je me mets quelquefois pour cela dans des colères épouvantables. J'espère que le bon Dieu me le pardonnera; car c'est en quelque sorte pour lui que je le fais. »

L'invasion piémontaise vient enfin fournir à Maurice l'occasion si impatiemment attendue de combattre les ennemis du Saint-Siége. Comme ses compagnons, il se dispose à la lutte en recevant la sainte Eucharistie, sachant bien que communier c'est recevoir la force et ce courage surhumain qui brave l'insulte aussi bien que la mitraille. Mais pour faire mieux connaître ses sentiments, nous n'avons qu'à citer la lettre qu'il écrivit à Mme de Lippe, mère de l'un des martyrs de Castelfidardo :

« Pardonnez-moi d'avoir été si longtemps sans répondre à votre lettre; mais je n'ai pas eu encore un instant pour vous parler de mon bon ami

Léopold de Lippe, maintenant martyr de sa foi comme il s'y attendait. Car le matin, au commencement même de la bataille, placé tout près de moi, il me disait : « Je désire mourir aujourd'hui. Voici « mon adresse ; si tu t'en tires, toi, tu écriras à ma « mère... » Pour ce qui le concerne, depuis sa dernière lettre, sa vie était un peu celle de nous tous, bien qu'il nous servît d'exemple. Comme vous le savez, nous partîmes du camp le 12 septembre, et tous les jours nous faisions des marches de dix à douze lieues ; ce qui n'empêchait pas ce brave garçon de porter constamment son sac, au lieu de faire comme beaucoup d'autres, qui mettaient le leur sur les voitures. Le soir, nous arrivions *éreintés ;* j'avais parfois la fièvre, et comme, en ma qualité de caporal de semaine, j'avais beaucoup à faire, il me remplaçait et m'aidait dans ma besogne... Vous me demandez s'il a communié la veille de la bataille, voici ce que je peux dire à ce sujet. Nous nous trouvions toujours ensemble à la sainte table, sans cependant nous être jamais donné le mot. Je ne crois pas qu'aucun soldat de la colonne de Pimodan ait pu communier le jour ou la veille de la bataille ; car, ainsi que beaucoup d'autres, j'en ai cherché vainement les moyens. Mais, trois ou quatre jours auparavant, nous avions pu le faire à

Macerata. Voilà tout ce que je sais de votre enfant, mon bon ami, Léopold de Lippe. J'ajouterai que, le jour de la bataille, nous avons combattu côte à côte, désirant tous les deux être aussi réunis dans le séjour des bienheureux. Il paraît qu'il était plus digne que moi du martyre, que sa vie tout entière de complaisance et de charité pour ses camarades lui avait si bien mérité; il a obtenu cette grâce que je n'ai pu avoir. Je l'ai vu tomber près de moi, frappé d'une balle à la tête; je l'ai relevé, mais il était déjà avec les anges. J'ai embrassé pour la dernière fois son pauvre corps tout sanglant, et j'ai été obligé de le laisser pour continuer à me battre. »

Maurice en effet alla se battre, et avec un tel courage qu'il mérita d'être signalé même parmi les héros qui l'entouraient. Calme et résigné, sans penser au nombre des assaillants, avec ses compagnons d'armes il rejeta jusqu'au dernier instant comme un déshonneur la pensée de se rendre, ne demandant au Ciel qu'à partager le sort bienheureux des saintes victimes qui gisaient sur le sol autour de lui. Pour raviver ses forces, souvent il tournait ses regards vers le dôme de Notre-Dame de Lorette; mais il eut beau affronter la mort, elle respecta celui que Dieu destinait à d'autres luttes pour rendre son sacrifice plus méritoire et sa récompense plus belle. Quand la petite armée pontificale eut été écrasée et détruite, retiré dans la ferme des Crocettes avec vingt-trois Français, durant deux heures, il continue à défendre ce dernier poste au milieu des projectiles de toute sorte. Enfin, l'incendie rend toute résistance impossible; et lorsqu'il cessa de combattre, ses mains étaient ensanglantées par les baïonnettes ennemies; une balle l'avait légèrement blessé au talon. Le lendemain de cette bataille, aussi glorieuse pour les troupes du Saint-Siége que déshonorante pour les Piémontais, il écrivait à sa mère : « Je puis vous dire comme François Ier : tout est perdu, fors l'honneur. Vous pouvez être fière de votre fils, comme le commandant est fier de nous. Notre-Dame de Lorette, sous les yeux de qui nous nous battions, m'a puissamment protégé. Je n'ai que des égratignures, et j'en ai réellement honte. Ce qui me console, c'est que, mes camarades le savent bien, ce n'est pas ma faute si je n'ai pas été tué... Je renonce pour jamais à la France, à revoir ma pauvre mère et tous mes amis, plutôt que de voir la cause du Saint-Père perdue. J'espérais que nous serions tués ou vainqueurs; mais prisonniers, jamais! »

Ce nouveau sacrifice était de tous le plus cruel pour son âme chevaleresque; Dieu le demandait, il l'accepta avec une patience toute chrétienne ; et comme il était demeuré le front haut au milieu de la mitraille, il ne le courba point en face de ses vainqueurs.

Maurice avait perdu ses bas et ses souliers au commencement de l'action en traversant une rivière guéable ; après être resté nu-pieds durant le combat, il put enfin enlever les chaussures d'un cadavre piémontais. C'est ainsi qu'il fit la route d'Osimo jusqu'à Chambéry, sans linge, sans argent, partout accueilli par les huées de la populace. Mais ces insultes ne purent troubler sa sérénité surhumaine. Il aurait répondu comme l'un de ces héroïques jeunes gens que l'on plaignait d'avoir reçu tant d'outrages : « Oh ! nous ne faisions pas attention à tout cela ; nous sommes chrétiens. »

De retour à Laval le 15 octobre, Maurice put embrasser sa mère et passer quelque temps au sein de sa famille. Tandis que tous se réjouissaient de le revoir et le félicitaient d'avoir échappé à de si grands périls, seul il regrettait de survivre à ceux qui avaient conquis la palme des martyrs, en donnant à la cause de Dieu le témoignage de leur sang. « Jamais, disait-il sans cesse, je ne trouverai une aussi belle occasion de mourir. »

Aussi son repos fut de courte durée. Ayant

appris que le reste du patrimoine de Saint-Pierre était menacé d'une nouvelle invasion, dans la crainte qu'un seul combat fût livré sans qu'il pût y prendre part, le 26 décembre, après avoir dit adieu à son grand-père qu'il ne devait plus revoir ici-bas, il se mit en route pour l'Italie. Au moment du départ, sa mère fit quelques instances pour le retenir. « Je veux partir, répondit-il avec sa simplicité ordinaire, je veux me dévouer. Si le Saint-Père ne veut pas de moi, eh bien! j'irai offrir mes services au roi de Naples. »

Peu de temps après son arrivée à Rome, où il se rendit avec son frère Roger, plus jeune que lui, Maurice reçut les galons de sergent et, comme blessé, la médaille émaillée de Castelfidardo. L'année suivante, sans avoir jamais sollicité un pareil honneur, il fut nommé chevalier de Pie IX, de toutes les récompenses la plus ambitionnée par les soldats pontificaux. Dans les engagements avec les bandes garibaldiennes à Ponte-Correze, sa courageuse conduite prouva une fois de plus combien il était digne de la décoration décernée à son mérite et à sa valeur, *virtuti et merito*. Mais son dévouement au Saint-Siége devait être soumis à une rude épreuve, qui lui fit regretter les périls et les fatigues des expéditions militaires.

Durant quatre années, le Piémont parut se contenter des vols qu'il avait commis, et, avec un respect hypocrite, protéger ce qui restait des États du Saint-Siége. Pour consommer la spoliation de son auguste victime, il attendait une heure plus propice; et, durant cette trêve forcée, les zouaves se virent condamnés à la vie de garnison. On sait combien cette existence inactive est fatale à grand nombre de jeunes gens qui n'ont aucun goût pour les occupations utiles et les études sérieuses. Les meilleurs jours se passent à ne rien faire, et au milieu du désœuvrement apparaissent bientôt les vices qui forment le hideux cortége de l'oisiveté. Maurice sut échapper à tous ces dangers, et, après avoir rempli en conscience ses devoirs de soldat, il consacrait le reste du temps à secourir les pauvres. Le bataillon des zouaves le regarde comme l'un des principaux fondateurs de sa conférence de Saint-Vincent de Paul. Ami tendre et dévoué, il aimait à rendre service à ses camarades, et toujours, dans les circonstances difficiles, on était assuré de trouver auprès de lui une parole d'encouragement et un bon conseil. Quand les exigences du service ou les œuvres de charité lui laissaient quelques instants libres, retiré dans sa chambre avec un ami, ils s'occupait de mathématiques ou lisait des livres instructifs.

Les pratiques de piété avaient une grande part dans sa vie, et nous le trouvons aussi chrétien loin des périls de la guerre que sur les champs de bataille. Toujours fidèle à ses devoirs religieux, sans ostentation comme sans respect humain, souvent il s'approchait de la sainte table. « J'ai besoin, disait-il, de force et de soutien; que deviendrais-je sans la sainte communion ? » Aussi allait-il toutes les semaines, et quelquefois plus souvent, se purifier au tribunal de la pénitence et recevoir la sainte Eucharistie.

Ces jours-là, il avait grand soin d'éviter tout ce qui aurait pu le distraire. « Le P. Daniel, écrit-il à sa mère le 26 décembre 1863, avait obtenu la permission de dire pour nous la messe de minuit. La petite église était pleine de zouaves, et presque tous ont communié. Je devais aller réveillonner avec sept ou huit autres; mais la plupart d'entre eux n'avaient pas communié, et j'ai craint en me lançant dans ce cercle la trop grande dissipation. Aussi, je me suis tenu tranquillement chez moi avec Paul, et nous avons réveillonné au coin du feu avec du pain, du miel et du café noir. » Chaque fois que le service n'y mettait point obstacle, il assistait au saint sacrifice de la messe. De plus, dans la journée il aimait à faire une visite au saint-sacrement, afin de prier pour l'Église et pour les zouaves pontificaux.

Ses allures simples et franches lui donnant accès partout, il savait en profiter pour dire de bonnes paroles, encourager les uns et consoler les autres. Sans le plus léger respect humain, et dans l'espoir de faire du bien à quelque camarade, parfois il disait tout haut dans un groupe : « Je vais chez monsieur l'aumônier; » ou plus simplement encore : « Je vais me confesser; qui m'accompagne? »

Dans sa correspondance et dans les notes rédigées par quelques-uns de ses amis, nous trouvons des preuves nombreuses que son zèle n'était point sans résultats. Il écrit à sa mère le 6 novembre 1864: « Mercredi, j'étais de garde depuis huit heures du matin; je comptais vous écrire pendant ce temps-là, mais j'avais pour caporal un enfant, comme nous en avons plusieurs ici; ils ont besoin pour marcher droit qu'on les mène en lisière... J'ai voulu le pousser jusqu'au bout, car depuis quelques mois il avait abandonné la confession. Je n'avais pu réussir pour le jour de la Toussaint; mais le soir même je l'ai emmené à confesse, et mercredi, fête des morts, il s'approchait avec moi de la sainte table. Vous comprenez qu'après cela, bien que je ne doive ce succès qu'à ma Madone de Vicovaro devant laquelle brûle toujours un lampion dans ma chambre, — s'en moquera qui voudra, — je ne pouvais pas le quitter et je suis resté tout le temps à causer avec lui. Du reste, dès qu'il a un moment libre, il vient toujours le passer avec moi. Tous les soirs, il attend que je sois rentré, quelquefois jusqu'à dix heures, et nous allons dire ensemble notre chapelet. Je vous assure que je suis très-heureux avec lui, et tous les jours je remercie ma Madone en la priant de bien vouloir continuer à se servir de mon intermédiaire pour faire quelque bien.

« Je trouve qu'ici, avec cette diable de vie de garnison, nous faisons souvent plus de mal qu'autre chose, surtout moi qui ne sais point résister parfois à une mauvaise plaisanterie. Du moins, pour dix individus auxquels on fait du mal par légèreté et sans le vouloir, si on pouvait seulement faire du bien à un seul ? J'espère que le bon Dieu y verrait un peu de bonne volonté. Nous devons, ce me semble, mener ici la vie d'apôtres, du moins dans notre petite sphère. Que de fois, après Marie que vous m'avez appris à aimer, je vous remercie dans le fond du cœur et devant Dieu des principes que vous m'avez inculqués. Si j'ai quelque orgueil, ce n'est pas de ce que je puis faire ou dire, mais bien d'avoir une mère comme celle que Dieu m'a donnée. Après cela, comment ne pas vous aimer, ma chère maman ; je suis votre fils à un double titre, suivant la nature et suivant la grâce. »

Nos appréciations sur le caractère et la vertu de Maurice, bien qu'elles soient fondées sur les plus sérieux témoignages, pourraient peut-être sembler exagérées à ceux qui ne l'ont point connu d'une manière intime. Quelques apparences, il est vrai, lui étaient défavorables ; et parfois, pour qui se contentait d'un examen superficiel, la beauté de cette âme si pure et si fortement chrétienne se trouvait voilée par des défauts purement extérieurs. D'une bravoure qui allait sur le champ de bataille jusqu'à la témérité, en certaines occasions il subissait l'influence d'une nature nerveuse et trop facilement excitable. Avait-il, par une brusquerie involontaire, blessé quelqu'un de ses camarades : il s'empressait aussitôt de faire des excuses avec une simplicité qui lui conquérait plus d'affection et plus d'estime. Dans la conversation, sa verve gauloise n'était point toujours assez sévère sur le choix des mots, et pourtant une parole licencieuse lui faisait horreur ; il imposait immédiatement silence ou bien se retirait.

Ami profondément dévoué, il ne reculait devant

aucun sacrifice, et pour ne point compromettre un camarade, il n'hésitait point à prendre sur lui le poids d'une fâcheuse affaire. Une fois entre autres, ayant promis de ne point révéler un fait très-préjudiciable à un zouave, afin d'être fidèle à sa promesse, il alla jusqu'à se laisser accuser lui-même. Ses amis durent, malgré lui, faire connaître la vérité, pour l'empêcher de subir les graves conséquences de cet acte vraiment héroïque.

Sa dévotion envers la sainte Vierge était celle d'un enfant qui aime passionnément sa mère. A Rome, près de son lit se trouvait une petite statue, au pied de laquelle jour et nuit brûlait une lampe, que, durant ses absences, sa propriétaire était chargée d'entretenir. Comme il habitait non loin de l'église de Saint-Augustin, chaque jour il allait rendre visite à la célèbre Madone que l'on y vénère. Aussi attribuait-il à sa puissante protectrice toutes les grâces qu'il avait reçues, et sa confiance envers elle n'avait point de bornes.

« Je m'étais couché fatigué, écrivait-il à sa mère, et j'avais oublié de dire mon chapelet que j'ai l'habitude de réciter tous les jours. Durant mon sommeil cette omission me préoccupait. J'ai voulu chercher mon chapelet, et ne le trouvant pas, j'ai allumé ma bougie. Alors, dans mon lit j'ai vu un scorpion; aux mois de juillet et d'août leur morsure ici est mortelle. Je me suis mis à genoux pour remercier celle qui m'avait si bien protégé. »

Il ne pouvait point trouver de termes assez énergiques pour exprimer la force et la tendresse de son affection pour Marie. « Je ne sais pas dire, écrivait-il encore à sa mère, combien je l'aime et ce que je pourrais faire pour celle qui fait tant pour moi ! » Et dans une autre lettre du 3 mai 1865 : « J'ai orné la madone de ma chambre avec toutes les roses artificielles qui m'avaient servi d'amusement dans les foires des environs ; c'est un moyen de sanctifier le passé. En retournant en France, je l'emporterai et je l'illuminerai dans ma chambre comme ici. Puis, je vous la laisserai avec tout son entourage, lorsque je retournerai au bataillon ; ce sera à vous d'en avoir soin. Je trouve cette coutume italienne d'avoir une madone avec un luminaire trop belle et trop touchante pour ne point la conserver. »

Il profita de son séjour en Italie pour visiter les pèlerinages les plus célèbres, et sa ferveur fut récompensée, surtout à Vicovaro, de grâces extraordinaires. Plein de zèle pour l'honneur de Marie, il ne pouvait souffrir qu'on l'insultât en sa présence. Un jour, nous raconte l'un de ses camarades, nous étions trois ou quatre dans une salle quand vint à passer dans la rue un homme qui se permit de blasphémer à haute voix le nom de l'immaculée Mère de Dieu. Maurice, saisi d'une sainte colère, se précipite vers la porte, cherchant des yeux ce misérable. On n'eut que le temps de l'arrêter; sinon, je ne sais à quelle violence il ne se serait point livré, tant son indignation était profonde.

Il avait le plus grand désir de venir en aide aux saintes âmes encore détenues dans le purgatoire, et chaque jour, outre un grand nombre d'autres bonnes œuvres faites à leur intention, il offrait pour elles une dizaine de chapelet. « Si tu savais, disait-il à l'un de ses amis intimes, comme je tiens à cette dizaine; je sais que j'aurai beaucoup à expier après ma mort, mais les âmes que j'aurai délivrées prieront pour moi. » Afin de les secourir d'une manière plus efficace, même quand il ne serait plus en ce monde, il écrivit l'acte suivant.

« *In nomine Patris, et Filii, et Spiritus sancti. Amen.*

« Moi, Maurice du Bourg, après y avoir longtemps réfléchi, et en présence de ma madone de Vicovaro en qui j'ai toute confiance, déclare que je désire, toujours soumis à la sainte volonté de Dieu :

« 1° Que toutes les indulgences que je pourrai

gagner soient appliquées aux âmes du purgatoire ;

« 2° Que tous les mérites que je pourrai avoir leur soient également appliqués ;

« 3° Que toutes les prières ou messes que l'on pourra faire dire pour moi servent aussi à leur soulagement ;

« 4° Que toutes les prières ou messes que l'on dira après ma mort servent aussi à leur soulagement :

« Espérant toujours de la bonté divine que ces âmes, pour lesquelles je veux me dévouer complétement, me serviront à leur tour de médiatrices auprès de Dieu et de sa sainte Mère, pour m'épargner les longues souffrances que m'auront méritées mes péchés.

« Et je désire que ceux qui ouvriront ce papier après ma mort n'en fassent pas moins dire toutes les prières et les messes qu'ils auraient fait dire sans cela.

« En foi de quoi je signe ce papier, après en avoir donné connaissance à mon confesseur seul.

« Maurice du Bourg.

« Fait à Frascati, à la suite de mes réflexions sur la mort de..., le 27 janvier 1865. »

Dans presque toutes ses lettres Maurice nous

révèle son grand amour pour les âmes du purgatoire. Il avait envoyé à sa mère un petit livre sur cette sainte dévotion avec un petit chapelet, et il la presse souvent de répandre autour d'elle cette pieuse pratique. « C'est ma dévotion, écrit-il le 4 janvier 1867; j'ai toujours récité ce chapelet, même l'hiver dernier, quand je passais la nuit dans la montagne. Il me semble que ces bonnes âmes écartent de moi tous les dangers, non-seulement ceux du corps, mais encore ceux de l'âme. J'aurais bien voulu en faire connaître la pratique; vous qui connaissez beaucoup de monde à Laval, tâchez de la répandre; elle est appelée à faire beaucoup de bien. Ceux qui n'ont pas le temps de réciter le chapelet ordinaire pourraient réciter celui-ci, qui est très-court. Par là, on se rend utile aux âmes qui ne peuvent plus s'aider elles-mêmes, quelquefois à des personnes bien aimées. Ne soyons pas égoïstes; pensons aux autres avant de songer à nous. »

Dans ces dernières paroles se trouve résumée la belle vie que nous racontons; l'amour de son devoir et l'oubli de soi-même, tels étaient les nobles mobiles qui dirigèrent Maurice dans la plupart de ses actions.

On voit quelle était sa fidélité à la grâce de Dieu, qui, après l'avoir appelé à la défense de son vicaire, le rendait de plus en plus digne de sa sainte mission. Les âmes moins fortement trempées que la sienne se fatiguaient d'attendre l'arme au bras un insaisissable ennemi, et plusieurs de ses compagnons regagnaient leurs foyers; mais lui, patient autant que brave, ne pouvait se résoudre à quitter son drapeau; et, au prix des plus grands sacrifices, il s'était décidé à demeurer ferme à son poste, tant que son épée pourrait être utile au souverain pontife. Dans un voyage qu'il fit à Laval, sa mère lui exprimait tout le bonheur qu'elle aurait à le voir habiter près d'elle : « Je ne quitterai Rome, lui répondit-il, que lorsque tout sera fini. Ne vous en plaignez pas, ma mère; c'est la conséquence des bons principes dans lesquels vous nous avez élevés dès notre enfance. »

Les catholiques ne sauraient assez louer ce corps de braves qui, depuis Castelfidardo jusqu'à la prise de Rome, ont monté la garde autour du trône du Saint-Père, insultés par les lâches et les égoïstes qui ne peuvent rien comprendre au courage et au dévouement, sans qu'aucune épreuve pût lasser leur constance et triompher de leur vertu. Durant onze années, ces vrais soldats chrétiens, types de fidélité et d'honneur, veillèrent auprès du tombeau des saints apôtres, bravant les langueurs de l'ennui et de la fièvre, usant leurs forces dans une guerre d'escarmouches, endurant avec dilatation de cœur de cruels mécomptes, et, disons-le, parfois aussi de dures humiliations. Mais quand ils sentaient leur courage faiblir ou le sang bouillonner dans leurs veines, un cri de : Vive Pie IX ! s'échappait de leurs lèvres ; le souvenir du pontife confié à leur garde suffisait pour cicatriser les blessures faites à leur fierté et adoucir tous leurs chagrins. Oui, c'est l'image toujours présente de leur père bien-aimé qui les a rendus si vaillants et si fidèles, sublimes de foi, d'abnégation et de charité, patients dans les épreuves, invincibles aux attaques de toutes les séductions, pleins de constance au milieu d'obscurs labeurs et de veilles prolongées, sans peur sous la perpétuelle menace de la trahison, et sans défaillance quand tout semblait perdu ; c'est elle qui excitait leur ardeur dans le combat, elle surtout qui consolait leur agonie et apparaissait à leurs regards mourants pour entr'ouvrir devant eux les portes du ciel.

Les faits que nous racontons prouvent assez que tels furent les sentiments de Maurice jusqu'à son dernier soupir. Aussi le Saint-Père avait-il pour ce soldat si dévoué la plus tendre affection. Sa mère eut le bonheur d'être admise avec lui à une audience particulière. Pie IX mit son bras autour du cou de Maurice, en disant : « Ah! le voilà mon vieux capitaine! » — Bien d'autres témoignages de bienveillance lui furent prodigués, chaque fois qu'il fut reçu par le souverain pontife. La nouvelle de sa mort fit verser à Rome plus d'une larme; et le Pape, oubliant les grandes épreuves qu'il supporte si noblement, fit parvenir à Mme du Bourg l'expression de ses regrets pour la perte d'un serviteur aussi fidèle de l'Église et du Saint-Siége.

Du mois de décembre 1865 jusqu'en novembre 1866, il demeura toute une année dans les montagnes, occupé à poursuivre les brigands qui infestaient les frontières. Dès trois heures du matin on devait être sur pied; et comme il fallait suppléer au nombre par la rapidité des mouvements, une grande partie du jour se passait en marches forcées à travers des sentiers presque impraticables. Si grand était son désir de se dévouer que, loin de se plaindre de ces fatigues excessives, il aurait voulu pouvoir s'imposer de plus rudes sacrifices. La deuxième compagnie, à laquelle il appartenait alors, eut peut-être la plus large part des privations de cette campagne. Elle était partie de Velletri, au moment où Maurice débarquait à Civita-Vecchia, de retour d'un voyage dans sa famille. A cette nouvelle, il ne peut se consoler d'un contre-temps aussi fâcheux. « Je crois que je vais devenir fou, écrit-il à sa mère le 8 novembre 1865 ; je me promène dans Rome sans savoir où donner de la tête... On retient ma feuille de route, sous prétexte d'emmener demain des recrues à Velletri ; je n'aurai pas rejoint avant dimanche soir, et je suis persuadé que le coup sera fait à ce moment ; j'arriverai trop tard. Une fois en route, je ne bouge plus d'avec ma compagnie, et je ne remets plus les pieds dans Rome que pour partir en congé quand tout sera fini. Vous comprenez qu'avec tout ce remue-ménage, adieu l'audience que j'allais avoir, adieu toutes les commissions : mon devoir avant tout. Cependant ne vous effrayez pas trop ; je puis vous assurer d'avance que, dans cette lutte contre les brigands, le bataillon ne perdra presque point d'hommes, et vous savez qu'à cause de vous je suis spécialement protégé. Priez seulement pour que je sois toujours digne de faire mon devoir et afin que je ne manque aucune occasion. Ce matin j'ai encore communié à cette intention ; vous voyez donc que je me tiens toujours prêt. Ainsi ne vous inquiétez pas. »

Maurice put bientôt rejoindre ses compagnons d'armes, et il eut sa glorieuse part dans les périls et dans les fatigues de cette année 1866, de toutes celles qu'il passa parmi les zouaves la plus pénible pour lui. Malgré la fièvre qui parfois le dévorait, les pieds souvent écorchés par les longues marches de jour et de nuit, jamais il ne voulut consentir à quitter le bataillon, tant qu'il y avait à combattre un ennemi du Saint-Siége.

L'un de ses camarades dans cette rude expédition nous a fait connaître quelques traits de son inépuisable charité. « A peine, écrit-il, nous laissait-on respirer un jour, deux jours au plus. Maurice, qui pensait à tous les autres avant de songer à lui, profitait de ces moments de repos si courts et si nécessaires, pour aller visiter dans les détachements voisins ceux de ses amis qu'il savait malades. Je me souviens de l'avoir accompagné dans une de ses courses charitables, qu'il me proposa au retour d'une expédition de cinq jours dans la montagne, et le lendemain nous devions repartir. Il s'agissait de courir durant les vingt-quatre heures de répit jusqu'à Sezze, petite ville sur le bord des marais Pontins, située à six grandes lieues de notre cantonnement. Un frère d'armes bien-aimé et bien digne de l'être se mourait à Sezze d'une fièvre typhoïde. En dépit de la chaleur et de son excessive fatigue, Maurice voulait, coûte que coûte, lui serrer encore une fois la main, prier près de lui et le consoler. La visite fit un très-grand bien à notre malade. Il en fut si touché qu'il sembla revivre, et un mieux inespéré se déclara (1).

« Que de fois je l'ai vu près des malades, au chevet des mourants, remplir ce rôle d'ange consolateur! Combien en a-t-il ainsi assistés dans le dernier combat! Souvent on le voyait dans les hôpitaux, soignant avec le même dévouement les soldats et les pauvres que la charité y avait recueillis. Aussi brave et aussi oublieux de lui-même au milieu des épidémies qu'au plus fort de la mêlée, il était partout où il y avait quelque péril à courir ou quelque souffrance à soulager.

« Non content de prodiguer ses témoignages d'affection pour le Saint-Père, il voulait le faire

(1) Ce zouave, devenu religieux de la Compagnie de Jésus, n'a point oublié la tendre charité de Maurice. « Je ne sais, écrit-il, toutes les industries qu'il inventait pour me procurer le moindre soulagement. Déjà ceux de ma compagnie avaient épuisé toutes les ressources que le zèle le plus dévoué peut inspirer en pareilles circonstances, et cependant Maurice cherchait toujours de nouvelles inventions. Sa prière était continuelle. Je le vois encore au pied de mon lit, le visage triste, les yeux fixés sur moi, et semblant me dire : » Ah ! si je pouvais te guérir ! » Je renonce à décrire les qualités d'un cœur si aimant. Dieu seul sait tous les trésors qu'il avait déposés dans cette belle âme. »

aimer. Dans ce but, quand il passait dans une ville, il s'efforçait de gagner l'estime et l'affection des principaux habitants, leur parlait avec chaleur du gouvernement si doux et si paternel de Pie IX, de ses incomparables avantages que leur enviaient à juste titre les catholiques des autres pays. Ses exemples venaient à l'appui de ses paroles; et quand on voyait ce soldat modèle prier souvent dans les églises, visiter les malades, secourir les pauvres, on ne pouvait s'empêcher d'aimer celui qui inspirait de si purs et de si nobles dévouements.

« Il avait la plus tendre sollicitude pour tout ce qui pouvait contribuer à la gloire de Dieu et de la sainte Vierge. J'ai connu un pauvre enfant de dix-sept ans que Maurice savait vicieux et qu'il entreprit de convertir. Durant de longs mois sa patience ne se lassa jamais; il réussit enfin, et cette conquête fut l'une des plus douces joies de sa vie.

« Parmi ceux qui l'ont connu, et par là même aimé, il en est peu qui ne lui soient point redevables de quelque service ou d'un bon conseil. On peut dire qu'il ne laissait échapper aucune occasion de faire du bien. Ses blessures le dispensaient de porter le sac, mais il n'usa jamais de ce privilége qu'en faveur de ses camarades. Dès le commencement de l'étape, il prenait le sac de quelque soldat fiévreux et s'emparait du fusil et des cartouches d'un autre. Il semblait que la souffrance lui revînt de droit, quand il pouvait soulager l'un de ses frères d'armes. »

Au mois d'août 1867, le choléra vint ravager la petite ville d'Albano; et grand nombre d'habitants, épouvantés par la rigueur du fléau, s'enfuirent de leurs demeures, abandonnant cadavres et malades. Alors arriva un détachement de quarante-deux hommes commandé par un lieutenant belge, M. de Résimont. A son grand regret, Maurice fut contraint de rester à Rome; mais quand le service lui laissait un jour libre, il s'empressait d'accourir au secours de ses camarades, qui montrèrent en cette occasion tout ce que la charité chétienne peut inspirer de dévouement et d'héroïsme. Dans ses lettres que nous allons résumer il raconte à sa mère les faits les plus touchants dont il a été le témoin; nous compléterons son récit par d'autres témoignages.

Avec le mépris que les zouaves pontificaux ont pour la mort, ils entraient dans les maisons abandonnées, où grand nombre de cadavres gisaient sans sépulture depuis deux et trois jours. Ce qui excitait surtout l'admiration, c'est l'esprit de foi qui les animait. D'abord agenouillés au pied de la couche où reposait le défunt, ils récitaient pour lui les prières ordinaires, puis prenaient le corps avec grand respect, le transportaient sur leurs épaules jusqu'au char funèbre et l'accompagnaient ensuite, tristes et recueillis, jusqu'au cimetière. L'un d'eux, Flamand de naissance, ne voulut pas, durant quatre jours, abandonner le char mortuaire; il craignait, disait-il, que d'autres moins religieux n'accomplissent pas avec assez de piété ce saint devoir. Quand il y avait une nouvelle victime, les parents éperdus remettaient la clef de leur maison au premier zouave qu'ils rencontraient, et, après lui avoir indiqué le chemin, s'efforçaient de fuir le fléau.

Un jour, M. de Charette arrive au cimetière à onze heures et demie: le soleil était brûlant. « Avez-vous déjeuné, demanda-t-il à ceux qui travaillaient. — Oh! non, mon colonel, on nous apporte toujours des morts; il faut bien que nous nous préparions à les ensevelir aussitôt. » Trois d'entre eux succombèrent à ces fatigues et à ces privations excessives; le sort de ces martyrs de la charité fit plus d'un jaloux.

Quand un nouveau cas était signalé, le lieutenant disait à ceux qui étaient encore libres : « Voici un nouveau cholérique! qui veut aller le soigner? » Et tous cherchaient à gagner les bonnes grâces de leur lieutenant pour être envoyés à ce poste d'honneur. Celui qui avait la préférence se transformait en infirmier; il ne quittait plus le malade confié à sa garde, lui rendait tous les services, allait chercher un prêtre, récitait au chevet du moribond les prières des agonisants, et, après son dernier soupir, l'ensevelissait de ses mains et le transportait au cimetière. Ne trouvant personne pour le remplacer, l'un d'eux ne put consentir à délaisser son malade et resta dix-huit heures sans manger.

« Impossible, écrit Maurice, de comprendre tout l'intérêt que l'on porte à ces pauvres gens. Nous avons trouvé dans une cave deux zouaves à genoux auprès d'un cholérique qui venait d'expirer. *Ils pleuraient à chaudes larmes*, comme s'ils avaient perdu leur frère. Aussi quelle joie lorsqu'ils ont guéri l'un de ces malheureux; ils l'accablent de leurs caresses. Les italianissimes sont émerveillés, et ils disent : « Que ferons-nous sur un champ de bataille contre des soldats qui ont un tel mépris de la mort? »

Le cardinal Altieri, évêque d'Albano, qui paya de la vie son dévouement pour le salut de ses ouailles, écrivait au pape la veille de sa mort :

« Les anges seraient descendus des cieux pour soigner mes diocésains, qu'ils ne l'auraient pas fait avec plus de charité et avec plus de zèle. » Puis peu d'instants avant d'expirer, il fit venir le lieutenant de Résimont et quelques zouaves auprès de son lit : « Je vais mourir, leur dit-il; je vous recommande mon peuple, continuez à le soigner. Au ciel, je prierai Dieu pour vous. »

Huit jours après la mort du cardinal, comme le nombre des cas diminuait de jour en jour, un ordre vint de Rome interdisant aux soldats de visiter les malades. Cette défense fut pour eux un coup de foudre, et, dans la crainte de les voir succomber à la tentation, il fallut exiger de chacun d'eux sa parole d'honneur qu'il obéirait au commandement du Saint-Père. Ne pouvant plus secourir de leurs mains les familles qu'ils avaient adoptées, ils remirent au délégat une liste des pauvres les plus nécessiteux avec une aumône assez abondante. « Puisqu'il ne nous est plus permis, lui dirent-ils, de soigner nos malades, nous tâcherons du moins de les aider de notre porte-monnaie. »

« Ces braves, écrivait M. l'abbé Daniel, puisaient leur dévouement à la véritable et unique source, dans la foi, dans la pureté de la conscience et dans la fréquentation des sacrements. Quand j'arrivai à Albano, le premier soir, il me fallut les revoir tous les uns après les autres. Le lendemain matin, de bonne heure, ils m'entouraient à la sainte messe, et je leur distribuai la sainte communion, ce vrai principe de la générosité chrétienne. »

Quand Maurice ne pouvait point se rendre à Albano, il se dédommageait en visitant les cholériques dans les hôpitaux de Rome. « Je vais chaque jour, écrit-il à sa mère le 28 août 1867, voir les malades; j'ai donné aux sœurs ce remède d'un docteur belge dont je me suis servi à Albano chaque fois que j'y suis allé et qui a produit de très-bons résultats. Au milieu de ce mauvais air, je me porte très-bien, et je ne crains pas de toucher les malades quand cela est nécessaire; plein d'espoir en la Providence, je n'ai pas peur. Je suis convaincu que la charité écarte le choléra. »

Le 1er janvier 1867, Maurice avait été nommé sous-lieutenant. Quelques mois après, une nouvelle occasion de se signaler lui fut offerte. Garibaldi, assuré d'être soutenu par le gouvernement du Piémont, allait de ville en ville haranguant la populace et l'exhortant à marcher avec lui à la conquête de Rome. De toutes parts s'organisaient des comités pour enrôler des volontaires, leur distribuer des armes et des chemises rouges. Les soldats et les officiers de l'armée régulière obtenaient sans peine des congés illimités pour prendre part à l'invasion du territoire pontifical.

Vers la fin de septembre, quand les hostilités commencèrent, Maurice se trouvait à Rome; et tandis que les troupes pontificales inauguraient la série des brillants faits d'armes qui ont immortalisé cette campagne, un ordre de ses chefs le condamna quelque temps à une cruelle inaction. Ses vœux furent enfin exaucés, et sa compagnie fut envoyée à Nérola, où les envahisseurs avaient hissé le drapeau piémontais. Les zouaves entrèrent dans la ville, poussant l'épée dans les reins les garibaldiens en déroute. Quelques-uns des ennemis se retournèrent pour faire feu sur Maurice; mais l'un de ses sergents le renversa à terre et le préserva d'une mort certaine. Quelque temps après, il fut nommé lieutenant.

Au milieu des bruits contradictoires qui circulaient en France, on comprend sans peine quelles étaient les inquiétudes de sa mère. Pour la rassurer, Maurice lui écrit : « A l'époque du choléra, j'ai vécu avec plus de cent malades, les frictionnant chaque jour, et j'exposais alors bien plus ma vie que je ne puis le faire maintenant. Eh bien, la Providence m'a soutenu jusqu'au bout et je n'ai pas été malade.

Pourquoi donc m'abandonnerait-elle aujourd'hui ? Les âmes du purgatoire auxquelles je suis tout dévoué m'entourent et écartent de moi tous les périls. On est bien fort, je vous l'assure, quand on est plein de confiance. Pourquoi donc craindriez-vous pour moi ? Supposons que je sois tué, ce qui n'arrivera pas, vous me sauriez plus heureux ; pourquoi pleureriez-vous mon martyre ? La foi en Dieu est une belle chose ; ayez-la donc complète, et ne vous inquiétez point si je n'écris pas tous les jours. »

On sait quel fut, à la bataille de Mentana, l'héroïsme des zouaves ; témoins de leur irrésistible élan et de leur audace, nos soldats, bons juges en pareille matière, les ont acclamés par des bravos enthousiastes. Dans cette journée où, par une exception assez rare à notre époque, le droit devait triompher de la force, Maurice fut brave jusqu'à la témérité. Sa compagnie était composée de recrues qui lui semblèrent hésiter un instant ; pour leur donner l'exemple, seul, complétement à découvert, il se place au milieu de la route et croise les bras sur sa poitrine. Au même instant, un zouave qui s'était placé devant lui est blessé. « Vengeons-le, » s'écrie Maurice ; et ses jeunes soldats, électrisés par la bravoure de leur lieutenant, s'élancent au combat avec un entrain admirable. Quelque temps après, on forma de nouvelles compagnies, et le 16 décembre il fut nommé capitaine.

Sa joie d'avoir pris part à la bataille fut d'autant plus grande qu'il avait été sur le point d'aller en France pour quelque temps, peu de jours avant le commencement de la campagne. « Comme j'ai eu de la chance, écrit-il à sa mère, de ne point profiter de mon congé ! Comme je me serais mordu les doigts, et vous aussi, en apprenant que toutes ces belles choses se faisaient sans moi ! Je puis me rendre le témoignage d'avoir bien gagné la croix de Pie IX que j'ai reçue après Castelfidardo. Dans ces deux combats j'ai été aussi tranquille qu'à l'exercice. Au premier coup de fusil, un signe de croix, une recommandation aux âmes du purgatoire, une pensée à ma chère maman et à ma famille : puis en avant ! Je ne pensais pas plus aux balles que si j'avais été sur un champ de manœuvres. Je cherchais seulement le côté faible de mes hommes pour les raffermir, les encourager de la parole ou du geste, ne m'exposant que lorsqu'il était nécessaire d'enlever mes soldats. Je vous assure que je n'aurais pas cédé ma place ! »

Depuis quelque temps la fièvre minait ses forces, et à la suite des fatigues de la dernière campagne, la maladie fit des progrès qui inspirèrent de sérieuses inquiétudes. Maurice ne pouvait se décider à quitter Rome; mais l'énergie de son caractère et sa force d'âme ne suffisaient pas pour le guérir, et, malgré ses répugnances, il fut contraint de demander un congé. Durant les quatre mois passés à Laval, sa santé gravement atteinte l'obligea presque toujours à garder le lit.

A peine put-il se lever que sa famille dut consentir à son départ; encore souffrant, il se hâta d'aller rejoindre sa chère compagnie. Pour lui, l'accomplissement du devoir passait avant tout, et les affections les plus légitimes ne pouvaient l'en détourner. A l'époque du mariage de son plus jeune frère, comme il était l'aîné, sa famille désirait vivement sa présence; mais, dans la crainte que son absence ne fût nuisible à ses soldats, il résista à toutes les sollicitations et offrit généreusement à Dieu le nouveau sacrifice que lui imposait son dévouement au souverain pontife. Il attendit jusqu'au mois de février 1870, pour demander un nouveau congé.

A cette époque, Maurice alla passer quelques jours chez l'un de ses anciens compagnons d'armes, glorieusement blessé à Castelfidardo. « Jamais nous n'oublierons, écrit M. Tresvaux du Fraval, la semaine que son amitié consentit à nous consacrer. Il vint avec l'un de ses cousins, Charles du Bourg, comme lui âme d'élite, pieux et aimable jeune homme, doué de toutes les qualités physiques et morales. Hélas! quelques mois plus tard il partait aussi, comme volontaire, à la tête d'une compagnie de mobiles. Au premier combat, il recevait trois blessures graves, tombait aux mains de l'ennemi, et, après quelques jours d'atroces souffrances, il mourait comme on meurt dans sa famille, pieux, calme, et tout résigné à la sainte volonté de Dieu. — Combien cette semaine nous a laissé de souvenirs à la fois doux et tristes! Nous nous rappelons encore l'éloge que nous faisaient d'eux les personnes qui ont pu les voir. Polis et aimables avec tous, charitables pour les pauvres, respectueux envers les prêtres, ils savaient s'attirer tous les cœurs. Le matin, quand nous allions les réveiller pour une course lointaine, nous les trouvions à genoux auprès de leurs lits, consacrant à Dieu leurs premières pensées. Lorsque le sentiment du devoir est ainsi gravé dans les âmes, il produit les héros et les martyrs. »

A peine la guerre fut-elle déclarée à la Prusse, que Maurice partit pour Rome, sans attendre un ordre de son colonel. Inutile de raconter ici la déloyauté du gouvernement italien, qui profitait de nos revers pour insulter à l'honneur de la France et satisfaire ses convoitises sacriléges. Sous le prétexte hypocrite de maintenir la tranquillité dans les États du Saint-Siége, ceux qui avaient été nos alliés au temps de la victoire devenaient nos ennemis quand la fortune des armes nous était contraire. On sait quelle fut la conduite des zouaves dans cette triste journée du 20 septembre; après une résistance héroïque, sur le point d'être écrasés par le grand nombre des assaillants, ils ne rendirent leurs armes que sur l'ordre de Pie IX. Maurice, prisonnier pour la seconde fois, dut subir toutes les vilenies des gens sans aveu que l'armée italienne traînait à sa suite; on essaya de lui arracher ses décorations, on lui cracha au visage; mais rien ne put émouvoir son âme trop fière pour ressentir de pareilles insultes, et trop chrétienne pour ne pas s'en réjouir. Il pensait au divin Maître si digne de nos adorations, honni et souffleté pour nous servir d'exemple.

D'ailleurs, de plus graves préoccupations ne lui permettaient point de songer à l'ignoble conduite de cette horde de misérables. Quels déchirements pour ce zouave si fidèle, quand pour la dernière fois il reçut la bénédiction de Père bien-aimé auquel il avait consacré sa jeunesse, son sang, toutes ses forces et tout son cœur! Après avoir maintes fois affronté la mort et pris part à tous les combats depuis onze années, quels étaient les résultats de tant d'efforts, de dévouements et de sacrifices? Il quittait Rome, humilié et vaincu, et la force brutale l'entraînait loin de Pie IX prisonnier, dépouillé de ses États, trahi et laissé sans défenseurs à la merci de ses geôliers! Mais ce douloureux spectacle ne l'empêchait point d'espérer contre toute espérance; profondément chrétien, il savait que les défaites et les humiliations de la papauté, comme celles du Calvaire, assurent son succès, et qu'en définitive *la victoire qui triomphe du monde c'est notre foi*. Avec ses frères d'armes il s'embarqua sur la frégate française *l'Orénoque*, et les zouaves pontificaux s'éloignèrent des rivages de l'Italie, en attendant de meilleurs jours.

A peine débarqué à Toulon, le colonel de Charette s'empressa d'aller offrir au gouvernement de Tours sa vaillante épée. Après quelques jours de retard, on voulut bien accepter ses services; mais aucune subvention ne fut accordée pour l'équipement du nouveau corps franc nommé *Légion des volontaires de l'Ouest*.

Les zouaves qui depuis une semaine se trouvaient à Tarascon furent appelés à Tours par dépêche télégraphique; et bientôt trois compagnies formées à la hâte partirent pour Orléans, le 9 octobre, sous les ordres de MM. Le Gouidec de Traissan, Zacharie du Reau et Maurice du Bourg. Le 11 octobre les soldats du Pape faisaient leur brillant début dans l'armée française à Cercottes et protégeaient la retraite de nos troupes contraintes d'évacuer Orléans. Le général bavarois von der Thann, étonné de cette résistance, crut que trois régiments de zouaves venant d'Afrique se trouvaient dans la forêt; or, ces trois régiments étaient les trois compagnies de pontificaux, et chacune d'elles comptait à peine soixante hommes. Dans ce combat, Maurice fut exposé aux plus grands périls; un Prussien tira sur lui à bout portant sans l'atteindre.

Après huit jours de marche, les zouaves arrivèrent le 17 octobre au Mans, où de nombreuses recrues venaient chaque jour renforcer la nouvelle légion. Maurice se rendit à Laval pour embrasser sa mère, et, malgré l'épuisement de ses forces, il s'empressa de retourner à son poste pour organiser ses nouveaux soldats et les exercer au maniement des armes.

Un jour il se trouvait à table d'hôte avec plusieurs officiers de différents corps. L'un d'eux, probablement l'une de ces créatures de Gambetta qui ont humilié la France par leur ineptie et leur lâcheté, lui demande à haute voix si les zouaves se confessent. « Oui certes, répond-il ; il y a même entre vous et nous cette différence que nous nous confessons et nous nous battons, tandis que vous, vous ne vous confessez pas, mais vous ne vous battez pas non plus. » Le provocateur ne répliqua point.

Avec le 1er bataillon, auquel appartenait sa compagnie, il fut envoyé à Châteaudun ; mais sa fatigue était si grande qu'en arrivant il tomba évanoui. La fièvre ne lui laissait pas un instant de repos ; et bientôt une pleurésie se déclara. Malgré ses supplications, le colonel de Charette lui donna l'ordre de revenir au Mans. Inconsolable de quitter sa compagnie à la veille d'une bataille, il disait avec un accent de profonde tristesse à l'un de nos Pères : « Dire qu'en ce moment ils se battent peut-être, et je ne suis point là ! » Le 2 décembre eut lieu le combat de Loigny, et pour la première fois Maurice n'avait pas pu aller au feu avec ses frères d'armes.

A peine pouvait-il se tenir debout qu'il rejoignit son bataillon à Poitiers, puis revint au Mans vers la fin de décembre. Sa famille, qui le vit à cette époque, fut effrayée de son état d'amaigrissement et de souffrance; une toux continuelle déchirait sa poitrine, et son extinction de voix était telle qu'il éprouvait une grande difficulté pour se faire entendre. Mais la souffrance ne pouvait rien sur cette âme si virile et si chrétienne. Le 2 janvier, il apprend qu'une bataille est imminente; aussitôt il embrasse sa mère, qu'il ne devait plus revoir ici-bas, et repart pour le Mans. « Le bon Dieu, disait-il, m'a jusqu'ici tellement protégé que j'espère avant peu revenir sain et sauf; du reste, que sa sainte volonté s'accomplisse! »

Le 3 janvier, sa compagnie quittait le collége de Notre-Dame de Sainte-Croix du Mans. Hélas! plusieurs devaient y revenir deux ou trois jours plus tard, mais pour être déposés dans la chapelle funéraire jusqu'à ce qu'il fût permis à leurs familles de recueillir leurs chères dépouilles. Au moment du départ, la sollicitude paternelle de Maurice lui fit tout prévoir, examinant si chacun avait bien ce qui était nécessaire. Arrivé à Yvré-l'Evêque, il alla d'abord camper au château des Arches; puis, par un de ces contre-ordres fréquents dans ces jours de désarroi, à sa grande satisfaction, on l'envoya occuper avec quelques autres compagnies l'église d'Yvré. Malgré une extinction de voix et sa grande faiblesse, il refuse l'offre bienveillante de ses amis qui veulent le remplacer dans les fonctions d'officier de semaine, dont il se trouvait chargé ce jour-là. Après avoir consacré une partie de la nuit à donner des ordres, il essaye de prendre un peu de repos sur les dalles de l'église, ayant pour tout matelas un peu de paille humide.

A quatre heures du matin il était debout, veillant au bien-être de ses soldats avec toute la tendresse d'une mère, tandis que les zouaves et leurs officiers se préparaient au combat par la confession. Dans l'après-midi son bataillon fut envoyé en reconnaissance sur la route de Saint-Calais, et durant deux heures il fallut rester au milieu des sapins, dans la neige jusqu'à mi-jambe. Tant de fatigues achevaient d'épuiser ses forces.

Au retour, il trouve l'église d'Yvré transformée en ambulance, et son bataillon dut s'installer dans une petite maison sur les bords de l'Huisne. Après avoir établi ses soldats le moins mal possible, loin de prendre un repos nécessaire, il va visiter les blessés à l'église et chez les sœurs de Saint-Vincent de Paul. Cinq semaines plus tard, le caporal de Maurice, qui nous a transmis ces renseignements, revint à Yvré, et y rencontra un jeune mobile de Laval encore étendu sur son lit de douleur. Comme on parlait de ceux qui avaient succombé dans la bataille, le malade raconta comment il avait été abandonné par ses camarades et recueilli par les zouaves. Puis il ajouta : « Oh ! comme il était bon, votre capitaine ! Il vint me visiter la veille de sa mort, me consola, promit de me faire soigner, d'écrire à mes parents ; et toutefois je ne le connaissais point. »

Après cette visite de charité, Maurice revint à son cantonnement. Ses soldats étaient entassés dans un grenier où se trouvait une grande quantité de fruits. Comme ils n'avaient mangé qu'une mauvaise soupe faite à la hâte, plusieurs pensèrent qu'après tant de fatigues ils pouvaient bien prendre quelques pommes. Mais la délicatesse de conscience du capitaine ne put tolérer cette légère infraction à la discipline. « Ces fruits ne nous appartiennent point, » dit-il, et il menaça de punir quiconque y toucherait.

Le 11 janvier, se livrait la bataille du Mans qui devait nous être si fatale. Suivant sa pieuse coutume, Maurice s'était préparé par la réception de la sainte Eucharistie. Dès quatre heures du matin, il vint lui-même réveiller ceux qui devaient faire le café pour la compagnie. La neige tombait à gros flocons, et les soldats avaient quelque peine à allumer le feu ; il les encourage, les aide, sans tenir compte du triste état de sa santé, et témoigne sa peine de les voir tant souffrir. Quand tout fut prêt, il prend avec eux dans une gamelle un peu de café, et par son entrain il les exhorte à faire noblement leur devoir. Si nos troupes avaient toujours eu des chefs pareils, n'est-il pas permis de croire qu'elles auraient été invincibles ?

A peine le jour fut-il venu, il s'occupa de ceux dont les forces trahissaient le courage, et malgré leurs protestations, il les contraignit de partir ; un officier épuisé par la fièvre ramena au Mans cette escouade de malades. Plus souffrant que tant d'autres, Maurice n'aurait-il pas dû prendre un peu de repos ? Depuis plusieurs jours, ses amis, effrayés de son excessive faiblesse, le conjuraient de s'éloigner. Ils renouvelèrent encore leurs instances, le prièrent d'aller au moins consulter le docteur ; mais tout fut inutile. Le bruit de la fusillade se rapprochait de plus en plus, et il n'était point dans les habitudes de Maurice de quitter sa compagnie en pareille circonstance. Vers le milieu du jour, comme ses zouaves n'avaient rien pris depuis le matin, il appelle son caporal d'ordinaire : « Je ne veux point, dit-il, qu'ils se battent ainsi presque à jeun ; va leur acheter du vin rouge. Il en reste encore dans le bourg; tu le feras chauffer et ils y mettront du biscuit. — Mais, mon capitaine, je ne sais pas si j'ai assez d'argent? » Maurice répondit en lui donnant deux pièces d'or. Une demi-heure après, le caporal vint lui offrir un verre de vin chaud. « Tous les hommes en ont-ils ? — Dans tous les cas, mon capitaine, il y en aura toujours pour vous. — Non, reprit Maurice, mes soldats d'abord; j'irai après. » Quand tous eurent bu, alors seulement il accepta un verre de vin; et il fit distribuer ce qui restait aux zouaves des autres compagnies. — Nous n'avons pas hésité à raconter ces faits, de si minime importance qu'il puissent paraître; mieux que tout ce que nous aurions pu dire, ils montrent ce qu'était Maurice au milieu de ses soldats, attentif aux moindres détails, compatissant à toutes les souffrances, oublieux de lui-même et généreux jusqu'à l'héroïsme.

Au moment où son bataillon allait être engagé, Maurice rencontre un de ses amis, capitaine des mobiles de la Vienne, et lui fait part de ses tristes pressentiments. « Pour être prêt, lui dit l'officier de mobiles, je me suis confessé ce matin. — Et moi aussi, répondit-il, sans cela je ne me battrais pas aussi bien. »

Dans cette journée les zouaves pontificaux s'illustrèrent par des prodiges de valeur. Bien que la plupart de ces jeunes gens, arrivés depuis peu au bataillon, fussent encore inexpérimentés, guidés par les vétérans de Rome, ils combattirent avec l'entrain et la solidité des plus vieilles troupes. Maurice, qui depuis longtemps avait acquis le renom de brave parmi les plus braves, affronta la mort avec son intrépidité habituelle. A force d'énergie, il obligeait son corps épuisé à obéir aux élans de son âme vaillante; sa voix était si faible qu'il fut obligé de faire transmettre ses ordres par un sous-officier.

Vers trois heures du soir, les puissantes colonnes des Prussiens s'étaient emparées du plateau d'Auvours et s'y établissaient avec une redoutable artillerie: coûte que coûte, il fallait le reprendre. Le général Gougeard vint aux zouaves: « Allons, messieurs, dit-il, en avant pour Dieu et la patrie! Le salut de l'armée l'exige. » Maurice avec ses compagnons gravit les pentes sous le feu de l'ennemi et parvient sur le sommet du plateau. Au moment où se livrait une lutte acharnée et corps à corps, tout à coup de sa poitrine s'échappe ce cri: « Mon Dieu! » et il tombe affaissé sur lui-même: une balle l'avait frappé au milieu du front. Ses soldats se précipitent sur le corps inanimé de leur capitaine, et l'enlèvent du milieu de la mêlée.

Ses anciens maîtres reçurent avec un religieux respect, dans leur chapelle de Notre-Dame de Sainte-Croix, les dépouilles mortelles de celui qui a laissé de si précieux souvenirs au collége de Saint-François-Xavier de Vannes, et à l'école Sainte-Geneviève. Le R. P. Recteur de notre collége du Mans écrivit à sa mère une lettre dont nous citerons ici quelques extraits :

« Madame,

« ..... Durant ce long séjour des zouaves pontificaux à Sainte-Croix, j'ai été souvent en rapports avec votre fils, et j'ai eu le bonheur de connaître intimement son cœur, si brave, si angélique; cette expression ne m'a pas échappé, elle rend seule toute ma pensée; car lorsqu'il a cessé de battre, soyez certaine, Madame, qu'il était uni à Dieu, et qu'il est allé continuer au ciel avec les anges les actes d'amour qu'il faisait sur la terre. Permettez-moi de vous en donner la preuve.

« La nuit de Noël, Maurice vint me trouver, m'amenant un officier de chasseurs d'Afrique; je les confessai tous deux, et quand votre fils se releva du prie-Dieu, je le vois encore me prenant la main, pour me confier ses grandes inquiétudes. Savez-vous, Madame, ce qu'elles étaient ? Il se reprochait de ne pouvoir empêcher ses soldats d'offenser Dieu. « A Rome, me disait-il, c'était plus facile, la disci-« pline militaire m'aidait à défendre le blasphème. « Mais depuis que nous sommes en France, j'entends « des soldats de ma compagnie jurer, des recrues « surtout; quelquefois aussi, dans le rang, en marche, « ils chantent des chansons légères. Je leur ai bien « imposé silence une fois ou l'autre, mais je ne l'ai « pas toujours fait, et je crains bien que ce ne soit « par respect humain. Qu'en pensez-vous ? » Voilà, Madame, les grandes fautes de ce soldat qui avait onze années de service et de liberté. Le noble enfant ! Il ne me disait pas qu'on citait sa compagnie comme le modèle de toutes; mais je savais qu'il passait pour le meilleur des capitaines, et qu'il n'y avait qu'une voix sur son compte parmi les zouaves comme parmi les officiers. Tous les jours, je le voyais exact à venir au collége, c'est-à-dire à la caserne, et que de fois n'y est-il pas arrivé, après sa bronchite, par la neige et la gelée, souffrant d'une extinction de voix presque complète, le cou tout enveloppé, pâle, faible, et ne se croyant pas dispensé d'assister à l'exercice, lors même qu'il n'en pouvait prononcer le commandement. Il a été tué avec cette maladie qui lui laissait à peine les forces nécessaires, mais l'amour du devoir et la piété les lui rendaient, et il croyait plaire à Dieu, comme à vous, Madame, et servir véritablement sa patrie, en s'oubliant pour elle et pour ses hommes qu'il aimait avec l'affection d'un frère. Ferme et juste, il en était chéri ; sa bonté était proverbiale au régiment, comme partout où il a passé. Les personnes qui l'ont logé ou connu, à Poitiers et ici, l'appelaient « le Bon ».

« Vous avez su déjà, Madame, à moins que les occasions dont je me suis servi n'aient manqué, que le corps de votre Maurice enfermé dans un double cercueil par les soins de M. le comte de la Villebrune, repose sur les dalles de notre petite chapelle, avec ceux de MM. de Feligonde, Fockedey, de Bernard du Port, des capitaines de Bellevue, Belon, du sergent de Vaubernier, et de plusieurs autres zouaves tués autour de lui. Quand l'ennemi nous laissera le passage libre, vous pourrez faire prendre cette chère dépouille. J'espère auparavant pouvoir vous envoyer le sabre de Maurice, qui a pu être conservé, grâce à la présence d'esprit d'un de ses camarades. Lorsque les Prussiens firent afficher : « peine de mort pour quiconque garderait une arme chez lui, » j'ai demandé à tous les officiers blessés de vouloir bien livrer leurs épées ; ils préférèrent les briser. Dix jours après, la première effervescence étant apaisée, le lieutenant Benoît, un bon ami de Maurice, qui est ici couché blessé d'une balle dans la poitrine, tira de son lit le sabre de votre fils, qu'il avait tenu tout ce temps caché entre ses draps. Un juge de la ville est allé demander hier au commandant la permission de garder pour sa mère l'épée d'un officier tué. Le Prussien voulut savoir qui l'avait, et après avoir répondu que « l'on n'avait pas le droit de garder cette arme depuis quinze jours, » il consentit à la laisser, sous condition qu'elle resterait en vue sur un meuble dans ma chambre, avec son billet d'autorisation. Elle me donne occasion de parler des zouaves pontificaux aux officiers prussiens qui viennent chez moi. Je suis bien heureux, madame, que la seule épée qui ait échappé à l'ennemi, dans notre grande ambulance, soit celle de votre fils. J'ai aussi son uniforme complet, glorieusement inondé de sang ! Les ennemis l'avaient déjà privé de ses décorations, mais j'ai remis à madame la comtesse de la Villebrune ce que vous savez qu'il portait au cou, attaché à une chaînette, diverses médailles et une croix.

« Voilà, Madame, tout ce qui vous reste désormais du fils que Dieu vous avait donné; c'est du moins tout ce qu'en garderont vos yeux et vos mains; votre cœur conserve plus et mieux, le souvenir de vertus héroïques pratiquées durant toute la jeunesse, malgré la liberté et les occasions, l'assurance d'avoir rendu au bon Dieu l'âme que sa main vous avait confiée, pure comme vous l'en avez reçue, la certitude qu'elle vit à jamais dans le bonheur, en attendant celui de vous accueillir et de jouir de votre présence, dont le devoir et le sacrifice l'avaient privé sur la terre.

« Si les pertes des chrétiens sont, comme toutes les autres, irréparables, certes il serait faux de dire qu'elles sont sans consolations, et je ne sais si une mort peut en offrir plus que celle de votre noble enfant.

« Pour moi, je n'oublierai jamais l'impression de recueillement et de foi qui saisissait tous les visiteurs lorsque, en entrant dans notre parloir le lendemain de la bataille, on venait voir Maurice. Il était étendu sur le parquet, entre le capitaine de Bellevue et le zouave Fockedey, un trou de balle au milieu du front un peu au-dessus du sourcil gauche, la barbe toute rougie de sang, la bouche à demi ouverte et souriante, son uniforme propre et bien en ordre; en s'agenouillant à ses pieds, tous ceux qui l'avaient connu pleuraient, mais ils étaient plus tentés de se recommander à sa protection que de prier pour lui, et moi, madame, qui l'avais vu si intimement, plus que tout autre, je cédais à ce sentiment.

« Veuillez agréer, Madame, la sincère assurance de ma profonde sympathie, et l'expression de mes plus respectueux hommages. »

Les dépouilles mortelles de Maurice purent enfin être transportées à Laval pour être inhumées dans le caveau de famille. Le 16 février, Monseigneur, entouré du chapitre et d'un nombreux clergé, célébrait à la cathédrale le service funèbre; et la vaste église pouvait à peine contenir la foule nombreuse qui voulait rendre un dernier hommage au brave défenseur de la France et du Saint-Siége. Près du cercueil de Maurice était placé celui d'un compatriote et d'un compagnon d'armes, neveu du P. Ducoudray, M. Joseph de Vaubernier, tué aussi à la bataille du Mans. Dans l'assistance qui remplissait la nef, on remarquait les généraux de Charette et de Colon, Mgr Daniel aumônier des zouaves avec la plupart des officiers du régiment. Parmi les Pères de la compagnie de Jésus qui assistaient aux funérailles, se trouvait le P. de Bengy; trois mois plus tard il devait trouver à la rue Haxo une mort non moins glorieuse que celle du champ de bataille. Sur le splendide catafalque dressé à l'entrée du chœur, étaient inscrits les noms des batailles auxquelles les deux zouaves avaient pris part en Italie et en France.

Rien ne fut aussi touchant que la douleur des camarades de Maurice; après avoir affronté les mêmes périls, ils enviaient sa fin glorieuse et ne se lassaient point de redire l'éloge de celui que M. Jacquemont, dans la *Campagne des zouaves pontificaux*, nomme « le plus ancien soldat du régiment et l'un des meilleurs d'entre nous ».

ANDRÉ DE SUFFREN

André de Suffren, né à Béziers Hérault), élève du collége de l'Immaculée-Conception à Vaugirard, puis de l'école Sainte-Geneviève du 14 octobre 1862 au 16 juillet 1865, admis à l'école de Saint-Cyr en 1865, sous-lieutenant au 47e de ligne en 1867, tué à la bataille de Reichshoffen le 6 août 1870, à l'âge de vingt-cinq ans.

Malgré les plus actives recherches, la famille d'André n'a pu se procurer aucun détail sur sa fin glorieuse. Durant cinq mois, Mme de Suffren fut ballottée cruellement entre la confiance et la crainte. Parfois de trompeuses nouvelles faisaient luire un rayon d'espoir qui s'évanouissait bientôt, jusqu'à ce qu'enfin aucun doute ne fût plus possible. André était mort en brave et en chrétien le 6 août, à la bataille de Reichshoffen, digne de ses aïeux dont le nom occupe une place illustre dans l'histoire de notre marine. Témoins de sa vaillance, ses compagnons d'armes, au retour de la captivité, ont pu rendre témoignage du courage qu'il déploya jusqu'au moment où il fut frappé. Son frère Auguste a retrouvé le corps d'André, et il repose aujourd'hui dans le caveau de famille.

Ceux qui l'ont intimement connu savaient que son âme pleine de vertu et d'honneur était prête à paraître devant Dieu. Fidèle aux pratiques de la vie chrétienne, il avait eu le bonheur trop rare de ne pas dévier du droit chemin. Aussi alla-t-il au combat sans crainte du péril, n'ayant qu'une seule inquiétude, celle du violent chagrin que sa mort pourrait causer à une mère tendrement aimée. Au moment du départ pour la frontière, il lui écrivait de Chambéry : « Dieu ne voudra point, je l'espère, vous envoyer de nouvelles épreuves, surtout par moi qui vous aime tant et voudrais tant vous voir heureuse. Je reviendrai, soyez-en sûre ; j'ai toute confiance dans la protection de Dieu, ce qui ne m'a pas empêché de mettre tout en règle en allant hier communier avec ma sœur. » Un triste pressentiment envahit alors le cœur de Mme de Suffren ; son fils était prêt, et quelques jours plus tard Dieu devait le lui ravir.

RENÉ DE FROMONT

René de Fromont de Bouaille, né à Alençon le 7 décembre 1849, élève de l'école Sainte-Geneviève du 9 octobre 1866 au 16 juillet 1868, reçu à l'école de Saint-Cyr en 1869, sous-lieutenant au 121e de ligne, tué au combat de Villiers le 2 décembre 1870.

Doué d'un cœur généreux et plein d'amour pour sa mère, René eut à lutter dès son enfance contre les saillies d'une nature ardente qu'il était difficile d'assouplir au joug de la règle. Aussi son éducation fut-elle laborieuse, et vers la fin de 1868, la vivacité et l'emportement d'un caractère rebelle aux moindres réprimandes l'entraînèrent à un acte d'insubordination, dont les suites furent pour

Mme de Fromont la cause d'un violent chagrin. Il promit de se convertir et tint parole. Dès lors sa conduite fut tout autre, et, grâce à d'énergiques efforts, d'insoumis il devint obéissant et docile, comme au temps de son enfance. Nous avons une lettre de cette époque qui montre combien grande fut toujours son affection pour sa mère. A l'âge de quatorze ans, il avait été envoyé au petit séminaire de Paris; et dès les premiers jours de son arrivée il écrit à Mme de Fromont :

« Je t'en prie, ma bonne mère, viens le plus tôt possible; tu ne peux pas imaginer comme cela me ferait du bien de me voir encore dans tes bras comme le jour de mon départ et de pouvoir communier avec toi dans cette petite chapelle de la Miséricorde, comme nous le faisions dimanche dernier. Mon oncle Charles a dit que tu viendrais peut-être dans trois semaines, mais il me serait impossible d'attendre tout ce temps; il n'y a que huit jours que je ne t'ai vue et ce temps me semble huit siècles. Malheureusement quand tu viendras, tu ne pourras peut-être me voir qu'au parloir! Tâche de passer un mercredi à Paris, je pourrai peut-être sortir et, si tu veux, nous n'irons pas nous promener dans Paris, nous resterons enfermés dans une chambre d'hôtel, où nous pourrons nous embrasser et pleurer tout à notre aise et parler de mon pauvre père. Que de fois, ma bonne mère, lorsque je suis en récréation, appuyé contre un mur, il m'arrive de me surprendre une larme dans les yeux; ou bien lorsque je suis au dortoir, au lieu de dormir, je pense à toutes ces belles promenades que je faisais avec papa, ou à ce jeudi où toi et moi nous avions le bonheur de lui aider à prendre son bain, et malheureusement nous n'aurons plus ce bonheur. Si tu savais comme le cœur me battra lorsque je descendrai la rue Saint-Blaise en omnibus; je ne pourrai m'empêcher de pleurer quand je reverrai ce Mieuxée, qu'il avait fait bâtir, ces arbres qu'il avait plantés, ces terrassements qu'il avait fait faire, cette route d'Alençon à Mieuxée que j'ai faite avec lui il y a trois semaines et cette même route que j'ai faite avec lui il y a quinze jours, non avec lui vivant, mais avec lui mort. Ah! ma bonne mère, comme ces pensées, si tristes qu'elles soient, me soulageraient le cœur, si je n'étais pas en étude où j'ai peur qu'on me voie pleurer. Ma bonne mère, comme j'aime à t'écrire! malheureusement je n'ai pas souvent le temps. Tu vois que j'en profite le mieux possible; bientôt il va falloir que ma lettre finisse; car le coup de cloche qui va nous appeler à la messe va bientôt être donné.

« Adieu donc, ma pauvre mère, viens bientôt embrasser ton fils qui a un chagrin que toi seule, en le serrant dans tes bras, tu pourras arrêter pour quelques jours et qui n'aura plus de peine que lorsqu'il sera avec toi à Alençon ou à Mieuxée pour n'en plus bouger jamais. »

René était depuis un an élève de l'école de Saint-Cyr quand éclata la guerre contre la Prusse. Avant de quitter sa famille, il reçut le scapulaire, s'approcha du tribunal de la pénitence, accompagna sa mère à la sainte table, et avec un religieux respect il écouta les suprêmes recommandations de celle qui désirait avant tout voir son fils vivre et mourir en chrétien. Puis, il partit plein d'entrain, tout heureux de faire ses premières armes, après avoir donné sa parole d'honneur qu'il irait immédiatement se confesser quand une affaire importante serait prévue.

Le régiment de René fut bientôt enfermé dans Paris. Après la désastreuse bataille de Châtillon, 19 septembre 1870, le 3me bataillon, dont il faisait partie, dut battre isolément en retraite de Fontenay-aux-Roses jusqu'à la ligne des forts. « Durant cette opération, dit l'historique du 121me de ligne, MM. Brechin, adjudant-major, et de Fromont de Bouaille, sous-lieutenant, tué depuis à Champigny, se firent remarquer par leur sang-froid, leur calme et leur fermeté. » L'annonce de nos désastres et le spectacle d'une populace sans foi et sans mœurs produisait en lui une vive impression; l'expérience avait mûri en peu de jours son caractère, et, tout préoccupé des malheurs de la France, il ne songeait plus qu'à faire noblement son devoir. « Après ce que nous avons vu, disait-il, nous ne saurions être gais et insouciants comme par le passé. » Pour consoler sa mère et lui montrer qu'il est fidèle aux promesses faites au moment du départ, il lui rend compte de ses pratiques chrétiennes. « Je n'ai pas pu aller à la messe dimanche, écrivait-il; mais le soir je suis entré dans une église pour faire ma prière. » — « Je suis allé hier me confesser; tranquillise-toi, ma chère maman, j'ai mes médailles et mon scapulaire. »

A la lecture de ses lettres, où il parlait toujours du bon Dieu et de la sainte Vierge, Mme de Fromont était à la fois réjouie et surprise par la nouveauté de ce langage auquel il ne l'avait point habituée. Elle savait combien étaient profondes et sincères les convictions religieuses de René; mais pour la première fois elle trouvait dans sa correspondance un accent de foi et de piété qui indiquait une complète transformation dans l'âme de son fils. Ce changement mystérieux n'était-il pas une preuve que Dieu préparait son enfant à la mort, et qu'elle devait se disposer elle-même au plus cruel des sacrifices ? En vain essayait-elle de bannir ces sombres pressentiments qui l'assiégeaient nuit et jour ; c'était bien le signe du Ciel qui d'avance annonçait la fatale nouvelle.

Le 2 décembre, au combat de Villiers, une balle traversait René de part en part, au moment où il s'élançait au secours de son lieutenant. Après la bataille, M. Henri de Malherbe, son ami et son ancien camarade à l'école Sainte-Geneviève, fit ensevelir le corps à Vincennes de manière qu'il pût être plus tard facilement reconnu.

Quand la défaite de la Commune eut rendu libre l'accès de Paris, sa mère vint chercher ce qui restait ici-bas de son enfant ; mais avant tout elle voulait s'assurer que René avait été fidèle jusqu'au dernier jour à ce qu'il lui avait promis. Ce projet était d'une exécution bien difficile, et on regardait comme insensée son espérance de découvrir le prêtre qui avait dû entendre la dernière confession de son fils. Mais rien ne peut l'arrêter, il lui semble que le Ciel ne doit pas lui refuser cette dernière consolation, de toutes la plus précieuse.

De grand matin elle commence ses recherches

tout autour de Vincennes. Pleine de confiance en Dieu et portant avec elle la photographie de René, elle interroge les prêtres des environs. Tous prennent en pitié la douleur de cette pauvre mère et s'efforcent de la consoler. A ses questions presque toujours on répond sans lui laisser aucun espoir : « Les aumôniers étaient si nombreux, plusieurs ne sont plus à Paris, et nous avons entendu tant de confessions !... D'ailleurs beaucoup de ces jeunes gens venaient dans la soirée, et il nous serait impossible de les reconnaître... Inutile de continuer une enquête si pénible; vous ne pouvez pas arriver à la certitude, et puisque une assurance formelle ne peut pas vous être donnée, vous auriez tort de ne point compter sur la miséricorde de Dieu. »

Mme de Fromont ne se laissa point décourager. Après avoir parcouru tout le pays, vers cinq heures et demie du soir, elle se rend chez le curé du vieux Vincennes. Celui-ci l'accueille avec la plus grande bienveillance; mais elle reçoit de lui et de ses vicaires qu'il interroge devant elle, la réponse que déjà tant de fois elle avait entendue. L'insuccès de tant de démarches l'avait un peu déconcertée; mais, avant de quitter le presbytère, elle supplie René, s'il est au ciel, de la consoler en lui faisant découvrir le prêtre qui a entendu sa dernière confession.

Au même instant le curé lui dit : « Je regrette de ne pouvoir vous donner aucun renseignement; car, madame, vous n'êtes point de l'Orne? — Mais si, monsieur le curé. — Eh bien, votre fils est le seul dont j'ai conservé le souvenir; il était déjà nuit quand il entra dans ma chambre. Monsieur le curé, me dit-il en arrivant, je viens me confesser, parce que j'ai donné ma parole d'honneur à ma mère que je le ferais la veille de toutes les batailles. Il ajouta qu'il était d'Alençon, et comme je suis de la Mayenne, je lui fis observer que nous étions presque compatriotes; cette circonstance a gravé son souvenir dans ma mémoire. »

Comment exprimer la joie de cette mère si chrétienne, uniquement préoccupée du salut éternel de son enfant? Dieu a exaucé sa prière et lui a donné la meilleure des consolations, puisqu'elle a tout lieu d'espérer que René est au ciel.

ANTOINE DE RODELLEC

Antoine de Rodellec du Porzic, né le 11 janvier 1843 à Saint Pol-de-Léon (Finistère), élève du collége de Saint-Pol-de-Léon, puis de l'école Sainte-Geneviève du 4 octobre 1859 au 5 juillet 1861, admis à l'école Saint-Cyr en 1861, sous-lieutenant au 10e chasseurs en 1868, puis au 4e de chasseurs d'Afrique en 1867; lieutenant en 1867, tué le 15 avril 1870, sur les bords de l'Oued-Guir, à deux cents lieues environ au sud de Mascara.

Antoine joignait à une grande indépendance de caractère une rare modestie, le respect de l'autorité et un profond amour pour sa famille. Élevé dès sa plus tendre enfance dans les sentiments d'une solide piété, il se montra jusqu'à la mort digne de ses parents, qui voulaient avant tout en faire un chrétien. Aucun fait saillant dans cette vie si courte, et la seule action d'éclat que nous ayons à raconter est sa fin glorieuse.

Nous ne pouvons point citer les nombreuses lettres où ses chefs et ses amis témoignent de l'estime que leur inspiraient le mérite et la vertu de notre cher Antoine ; du moins nous sera-t-il permis de les résumer en quelques mots, puisque toutes sont unanimes à signaler en lui les mêmes qualités. Esprit réfléchi, âme forte, il possédait encore jeune l'énergie et le calme d'un homme de guerre déjà complet; sa volonté persévérante ne s'éloignait jamais du but. L'amour du devoir et un haut sentiment de l'honneur lui faisaient oser tout ce qu'il croyait pouvoir.

Un jeune homme aussi bien doué devait aisément conquérir la sympathie de ses camarades; aussi sa mort a-t-elle été un véritable deuil pour tous ceux qui l'avaient connu. L'un d'eux, qui vécut avec lui dans l'intimité à l'école Sainte-Geneviève, à Saint-Cyr et à l'école de Saumur, écrivait au frère d'Antoine (1) : « De Rodellec était pour moi un de ces

(1) Le frère aîné d'Antoine, entré à l'école navale en 1847, était devenu, jeune encore, lieutenant de vaisseau pour fait de guerre à la prise de Saïgon (Cochinchine). Puis, il fut nommé chevalier de la Légion d'honneur et d'Isabelle-la-

rares amis sur le dévouement desquels on peut compter, et sa mort laisse dans mon cœur un bien grand vide. Je n'ai jamais rencontré d'âme plus élevée, de nature plus loyale et plus droite, de cœur plus généreux et plus dévoué. Aussi, Monsieur, étais-je fier de l'amitié qu'il avait pour moi. »

Un autre officier écrivait en apprenant la mort d'Antoine : « Je devrais être satisfait, puisque je suis porté pour la croix; mais ce bonheur est trop troublé par la perte d'un jeune lieutenant, M. de Rodellec. C'était un Breton, et il avait toutes les qualités de son pays. »

Sa foi de fervent catholique s'indignait surtout contre les attentats sacriléges du gouvernement italien, et il ne pouvait comprendre l'indigne conduite de ceux qui en secret étaient les complices des spoliateurs. « Où donc est cet honneur français, écrivait-il, qui nous a faits maîtres et souverains de l'Algérie? Je m'abîme en ces réflexions; c'est que

Catholique. Il avait donné sa démission en 1863. Quand éclata la guerre contre la Prusse, il s'empressa de reprendre du service, fut nommé chef d'escadron d'artillerie dans la mobilisée au 21e corps, et fut tué le 17 décembre 1870 au combat de Droué (Loir-et-Cher), après avoir contribué pour une large part à faire repousser l'ennemi dans cette journée. A huit mois de distance les deux frères succombaient, victimes de leur dévouement et de leur courage.

je suis jaloux de l'honneur de mon pays, et je voudrais le voir occuper la place qui lui est due. N'allons-nous pas en finir avec les ennemis de l'Église et marcher le front haut? »

Antoine obtint un congé en 1869 et vint passer les derniers mois de l'année dans sa famille; elle put s'assurer qu'il était toujours fidèle à ses pratiques religieuses. D'une dévotion filiale pour la Mère de Dieu, il ne quitta jamais le scapulaire, ce précieux habit de la sainte Vierge qui est pour le mourant un suprême espoir de salut. « Je suis bon chrétien, » disait-il à sa sœur religieuse du Sacré-Cœur; et ce simple mot était bien le résumé de sa vie.

Avant son départ pour l'Afrique, il alla se confesser et voulut assister avec ses parents à une messe qu'il avait lui-même demandée. L'un de ses anciens camarades, avec lequel il passa sa dernière soirée à Paris, écrivait plus tard à M. de Rodellec : « Ah ! Monsieur, c'était bien le véritable ami, religieux comme le sont peu de jeunes gens. Je me rappelle encore les bons conseils qu'il me donna dans cette soirée, me disant qu'il conservait toujours les bons principes qui lui avaient été inculqués dans sa famille. »

A son retour en Afrique, Antoine apprit avec

grande joie que le 4me chasseurs était désigné pour une expédition dans le Sud. Le régiment qui avait pris une glorieuse part aux combats d'Afrique et à la guerre de Crimée avait été compris dans des réductions de l'armée. Réorganisé en 1867, il attendait avec impatience l'occasion de recevoir le baptême du feu. En mars 1870 il quittait Mascara, et après un mois de marche il arrivait à deux cents lieues vers le sud, sur les bords de l'Oued-Guyr.

Le 15 avril, jour du vendredi-saint, la colonne expéditionnaire rencontra la tribu marocaine des Douai-Ménia. Le terrain était coupé d'une multitude de canaux profonds et escarpés. Antoine avec son peloton commence un feu très-vif contre un groupe d'ennemis, fort de quatre-vingts cavaliers et de quatre cents fantassins. Soutenu à droite et à gauche par d'autres détachements, il avance avec lenteur, faisant éprouver à ses adversaires des pertes sérieuses, quand il se trouve subitement en face d'une rivière presque infranchissable. N'écoutant que son courage, il y entre à cheval, persuadé que son exemple va entraîner à sa suite les tirailleurs. Malheureusement une partie des chevaux ne put franchir l'obstacle. Antoine traverse le large torrent qui menace de l'engloutir, parvient enfin à la rive opposée, et se précipite sur un parti de cavaliers qui venait à sa rencontre et au milieu desquels flottait un étendard. Déjà il s'était emparé du drapeau et l'agitait au-dessus de sa tête, quand il fut enveloppé et mortellement frappé. Les cavaliers qui l'avaient suivi commencèrent une lutte héroïque, et sept de ces braves furent tués en protégeant son cadavre. Quand les autres chasseurs eurent passé le torrent, ils ne purent que recueillir les dépouilles d'Antoine et protéger les débris de son peloton. On put rapporter à son père la bride et le harnachement du cheval ; la lutte avait été si vive, qu'ils étaient tout tailladés de coups de yatagan (1).

Le 17 avril, M. le colonel de Quélen écrivit à M. de Rodellec : « Comme colonel du 4me chasseurs et ami de monsieur votre fils, j'ai une bien douloureuse mission à remplir.

« Le régiment parti en expédition depuis un mois a rencontré avant-hier des tribus marocaines qui occupaient une position formidable. Les escadrons ayant été appelés à donner ont subi des pertes considérables, et votre pauvre enfant a trouvé dans ce combat acharné une mort glorieuse pour un soldat.

(1) Ces détails sont contenus dans une lettre de M. le sous-lieutenant Rivoire, qui combattait aux côtés d'Antoine.

« Je sais, monsieur, qu'il n'y a pas de consolation à votre douleur; la religion seule peut mettre un peu de baume dans le cœur d'un père si cruellement éprouvé. C'est le vendredi-saint, vers une heure, que votre fils a succombé; et votre vieille foi de Breton vous rappellera que ce jour même, à pareille heure, le Christ montait au Calvaire. Je ne saurais vous dire toutes les larmes que cette mort a fait verser aux chefs, aux camarades et aux chasseurs du lieutenant de Rodellec si aimé de tous. »

Grand nombre de lettres d'officiers, entre autres du lieutenant-colonel du régiment d'Antoine, expriment de la manière la plus touchante les vifs regrets inspirés par sa belle mort. Le lendemain du combat, le colonel de Quélen « voulant payer un dernier et juste tribut d'admiration » au lieutenant de Rodellec et aux sept chasseurs tués près de lui, mit leurs noms à l'ordre du régiment. Après avoir félicité ses soldats de leur courage, il ajoute : « Nous avons malheureusement payé cher ce baptême du feu. L'un des plus brillants entre les brillants officiers du régiment a payé de sa vie son dévouement et son intrépidité... Conservez toujours, comme une sainte tradition, le souvenir des exemples de bravoure et d'abnégation qui vous ont été donnés par vos camarades. » Le colonel de

Quélen fit de plus reproduire la photographie d'Antoine pour en distribuer un exemplaire à chaque homme de son escadron.

De retour de leur expédition, les officiers du régiment firent célébrer à Mascara, le 27 mai, un service funèbre pour le repos de l'âme du lieutenant de Rodellec et des sept braves chasseurs tombés à ses côtés. Le général de Colomb et toute la garnison voulut assister à la cérémonie. « Quand, au moment de l'élévation, écrit un ami d'Antoine, les trompettes ont sonné en sourdine la marche de deuil, l'on voyait les larmes couler lentement sur toutes ces figures brûlées par le soleil d'Afrique. Cette oraison funèbre vaut toutes les autres. »

Vers la même époque, nos anciens élèves étaient réunis pour célébrer la fête de notre bien-aimé Père Ducoudray. Répondant à un toast où l'on avait fait allusion à l'héroïque mort d'Antoine, il excita les applaudissements prolongés des nombreux convives en faisant l'éloge de cet officier vaillant et chrétien dont l'école Sainte-Geneviève est fière à juste titre.

JOSEPH BAIN

JOSEPH BAIN DE LA COQUERIE, né au château de la Cigogne, près Poitiers, le 13 mars 1849, élève du collége Saint-Joseph de Poitiers, de l'école Sainte-Geneviève du 12 octobre 1864 au 28 juillet 1866, puis du collége Stanislas, sergent-major des mobiles de Montmorillon, tué à la bataille du Mans le 11 janvier 1871.

APRÈS avoir fait ses premières études à notre collége de Poitiers, Joseph vint à l'école Sainte-Geneviève pour se préparer à la marine; il échoua à son examen, revint externe à notre collége de Poitiers, où il fut reçu bachelier ès sciences. D'un caractère doux et affectueux, il se faisait aimer par sa condescendance et son esprit de conciliation. Mais le métier des armes avait pour lui peu d'attraits, et, après y avoir renoncé, il était sur le point d'entrer dans une carrière administrative quand survint la guerre contre la Prusse. Nommé sergent-major dans la compagnie des mobiles de Montmorillon commandée par son cousin germain, il quitta Poitiers vers la fin de novembre, bien convaincu qu'il ne reviendrait pas, mais décidé à se battre quand même avec courage. Son beau-frère, M. de la Hitolle, capitaine d'artillerie, avait reçu trois blessures à Reichshoffen et la famille de Joseph ne pouvait se défendre de tristes pressentiments.

A la suite du désastre d'Orléans, sa compagnie s'éloigna de Châteaurenault à marches forcées. Durant le voyage il écrit à ses parents : « J'arrive à l'instant très-fatigué de l'étape que nous venons de faire, mais j'irai bien encore. Nous verrons probablement le feu d'ici à quelques jours ; je ferai bien mon devoir si je ne suis pas trop émotionné par la fusillade. C'est peut-être la dernière fois que je vous écris ; mais à la grâce de Dieu ! J'espère en sa miséricorde au moment où il m'appellera à lui.

« Je vous embrasse tous bien fort, et je vous demande de redoubler vos prières afin d'arrêter la rigueur de la justice de Dieu. Je vous demande bien pardon de tous les torts que j'ai pu avoir envers vous tous et envers tous ceux avec qui j'ai eu des relations.

« Adieu, mes chers parents... Je vous assure que je suis très-fâché d'être séparé de vous. J'aurais voulu vous témoigner tous mes regrets de n'avoir pas toujours été ce que j'aurais dû être à votre égard. Adieu... ou plutôt, au revoir. Votre fils qui vous aime bien. »

Le 31 décembre il répondait à une lettre de sa famille : « Nous sommes très-bien installés pour le moment et logés dans deux fermes aux environs d'Arnage, avec défense d'aller au Mans. Nous étions ces jours-ci dans les bois, et quand nos gourbis furent presque confortables, on nous les fit quitter pour aller dans des fermes à cinq cents mètres de là. Depuis Tours, il ne m'est parvenu aucune lettre de vous. J'ai souffert, mais je n'en suis pas mort; je n'en mourrai même pas, je l'espère. Je n'ai besoin de rien, sauf d'un coin au foyer paternel, que vous ne pouvez malheureusement pas m'envoyer. Adieu, cher père; je vous embrasse tous et vous souhaite une bonne année. Que de places vides demain au déjeuner de famille de ma grand'mère ! »

Le 11 janvier 1871, jour de la bataille du Mans, Joseph, prévoyant que l'affaire serait chaude, partit dès l'aube avec l'ordonnance de son cousin, et ils firent deux kilomètres pour aller se confesser à l'aumônier du bataillon du Gers. Au retour il disait à son compagnon : « Allons, Victor, nous voici prêts à faire notre devoir; » et bientôt les balles commencèrent à siffler. Les mobilisés de sa compagnie qui suivirent leur capitaine furent placés en tirailleurs dans un bois de sapins, au bas du plateau d'Auvours, et ils répondirent de leur mieux au feu de l'ennemi. Malgré ses craintes de n'être pas assez brave au moment du péril, Joseph durant toute la journée s'était noblement conduit. Nos troupes, écrasées par le nombre, allaient battre en retraite, lorsque vers quatre heures et demie du soir une balle vint le frapper au cœur; la mort fut presque instantanée et à peine un faible cri s'échappa-t-il de ses lèvres.

Nous pouvons regretter, mais non pas plaindre, celui qui paraît devant Dieu aussi bien préparé, après avoir reçu l'absolution de ses fautes. A la gloire qui entoure le soldat tombé sur le champ de bataille, s'ajoute alors une consolation meilleure, celle de savoir qu'il a fait en chrétien le sacrifice de sa vie.

GEORGES BARBEREUX

GEORGES BARBEREUX, né à Pontarlier (Doubs) le 7 mai 1842, élève du collége de la compagnie de Jésus à Dôle, à l'institution Sainte-Marie de Caen, puis à l'école Sainte-Geneviève du 14 octobre 1859 au 21 août 1861, admis à l'école de Saint-Cyr en 1861, sous-lieutenant au 99e de ligne en 1863, lieutenant en 1868, blessé à la bataille de Sedan, mort à Bruxelles le 15 octobre 1870.

GEORGES se destinait à l'École polytechnique; mais sa santé le contraignit à renoncer à ce projet, et en 1861 il entrait à Saint-Cyr. Son extrême modestie le portait à se tenir à l'écart, et ses amis seuls pouvaient apprécier les qualités sérieuses de cette âme droite et loyale. Après sa sortie de Saint-Cyr, loin de se laisser aller au désœuvrement, il ne profita des loisirs de la vie de garnison que pour se livrer à ses études favorites. Le travail, qu'il avait toujours aimé, devint pour lui un délicieux passe-temps. Dans une conférence de la rue Royale où se réunissaient plusieurs jeunes gens instruits et de grande distinction, son aptitude spéciale pour les lettres se fit promptement remarquer, et la société fit imprimer à ses frais quelques-uns de ses travaux.

Malgré sa timidité, qui le portait à une grande réserve dans le choix de ses amis, Georges savait être ferme à l'occasion quand il s'agissait de l'accomplissement d'un devoir. En maintes circonstances il prouva que le respect humain ne le ferait jamais dévier de la ligne de conduite que lui traçait sa conscience. Un jour où il se rendait au collége dont il suivait les cours comme externe — il avait alors seize ans, — son chapelet tomba à terre. Un passant s'en empare, et s'écrie d'un ton moqueur : « Qui donc osera s'avouer propriétaire de ce chapelet ? » Georges a reconnu le sien et n'hésite pas un instant. « Il est à moi, dit-il, et je m'en fais gloire. » Aussitôt quelques jeunes étourdis, qui tenaient à honneur de faire profession d'impiété, l'accablent de quolibets et d'insultes. L'attitude fière et dédaigneuse de Georges leur impose enfin silence : « Vous n'êtes que des lâches, leur dit-il, et vous ne m'ôterez point le courage de mes convictions. » Un prêtre, témoin du fait, vint le raconter à ses parents.

La monotonie et l'oisiveté de la vie de garnison lui furent d'autant plus pénibles que parfois il se trouvait en relations nécessaires avec des camarades dont les principes étaient en complet désaccord avec les siens. Il fit donc des démarches pour aller au Mexique; mais, au moment où son désir allait être réalisé, le 99e de ligne revint en France. Il se consola par l'étude, et ses travaux militaires le firent mettre plusieurs fois à l'ordre du jour dans les inspections générales; aussi fut-il nommé au hoix lieutenant en 1868.

Les enfants de troupe de son régiment lui inspiraient une si grande compassion qu'il demanda à s'en occuper d'une manière toute spéciale. Il parlait à sa sœur en pleurant de ces pauvres orphelins, et toutes les ressources dont il pouvait disposer furent employées à leur venir en aide. L'un d'eux, descendant d'une grande famille, désirait vivement aller voir sa mère, réduite à la misère et veuve depuis la campagne d'Italie. Georges emprunte cent francs et les donne à son petit protégé: ce fut la seule dette qu'il contracta durant sa vie. M. Barbereux voulut connaître l'emploi de ce premier emprunt, et malgré sa répugnance à dévoiler cette bonne action, Georges se vit contraint de tout avouer.

Lorsque éclata la guerre contre la Prusse, le régiment de Georges se trouvait à Marseille, et on lui donna l'ordre de se rendre sur nos frontières du Rhin. Après le désastre de Reichshoffen il écrivait à ses parents : « La Providence m'a épargné cette fois; je demande pour l'avenir courage et confiance en Dieu. » Une cruelle blessure devait bientôt porter le deuil dans sa famille; sur le champ de bataille de Sedan une balle lui traversa la poitrine. Georges gisait au milieu des morts et des mourants, lorsqu'il aperçut parmi les aumôniers l'un de ses anciens camarades de l'école Sainte-Geneviève, devenu prêtre de la Compagnie de Jésus. Dans une pareille épreuve, ce lui fut une grande consolation de trouver un père et un ami pour se réconcilier avec Dieu. Quand il eut été transporté dans une ambulance, sa première pensée fut pour ses chers parents. Le soir même il leur faisait écrire une lettre qu'ils ne devaient recevoir qu'au bout d'un mois; son unique but était de calmer leurs mortelles inquiétudes, s'oubliant lui-même pour ne songer qu'à la douleur des autres. Après bien des difficultés, ils purent enfin arriver jusqu'à

Sedan, et, sur l'ordre des médecins, pour mettre le pauvre blessé à l'abri des exhalaisons malsaines qui viciaient l'atmosphère, on le conduisit à Bruxelles.

Toutes ces précautions devaient être inutiles, et le mal, qui fit en peu de jours d'effrayants progrès, ne laissa plus bientôt aucun espoir. Georges ne s'illusionnait point sur son état, et il fit prier le supérieur des pères jésuites de venir le préparer à sa mort. Comme sa visite se faisait attendre, le curé de Sainte-Marie entendit sa confession et lui administra les derniers sacrements. Plein de joie, notre cher mourant pria dès lors avec plus de ferveur; sa patience et sa résignation, déjà si admirables, s'accrurent encore. « Que la volonté de Dieu soit faite! » répétait-il à chaque instant. Une seule pensée venait parfois le troubler : il regrettait de ne plus revoir sa sœur. Quand sa mère, épuisée de fatigue, le quittait pour prendre un peu de repos, il se faisait réciter des prières en latin par la religieuse qui le veillait : « Ma Sœur, lui disait-il, cela me rappelle mon temps de la rue des Postes. »

Le 15 octobre, quelques minutes avant sa mort, Mme Barbereux cherchait encore à lui donner un espoir qu'elle n'avait plus. « Ma pauvre mère, répondit Georges, n'ayez plus aucune espérance;

ce n'est pas la volonté du bon Dieu. Mais ne me quittez pas; embrassez-moi, cela me donnera du courage. » Puis il dit qu'il avait sommeil, demanda le crucifix, et, sans souffrances, s'endormit paisiblement dans le Seigneur.

LOUIS

DE L'ESTOURBEILLON

Louis vicomte DE L'ESTOURBEILLON, né au Croizic (Loire-Inférieure) le 15 mars 1848, élève du petit séminaire de Guérande et du collége des Couëts, puis de l'école Sainte-Geneviève du 9 octobre 1866 au 13 novembre 1868, zouave pontifical, tué à la prise de Rome le 20 septembre 1870.

Après avoir terminé ses études, Louis revint dans sa famille et sollicita la permission de s'engager dans l'armée pontificale. Depuis l'âge de dix-sept ans, son grand désir était de se dévouer au service du Saint-Siége. Il enviait le sort des héroïques jeunes gens qui avaient combattu à Castelfidardo et à Mentana, et sa foi sincère et profonde s'indignait de voir le Père commun des fidèles abandonné par les nations catholiques aux convoitises sacriléges du gouvernement de Florence. Quand ses parents virent que sa vocation était sérieuse et mûrement réfléchie, ils accordèrent le consentement demandé, et le 2 février 1870 il partait pour Rome.

Dès son arrivée, Louis, qui ne voulait pas être un soldat de parade et mener une vie oisive, recherche avec impatience l'occasion de faire ses premières armes. « Il y a quelques jours, écrivait-il, nous avons cru à une invasion des Italiens; nos sacs étaient prêts; je me suis hâté d'aller à confesse. J'étais heureux et fier d'aller combattre et peut-être verser mon sang pour la cause de l'Église. » Au mois d'août, sa pensée se reporte douloureusement vers son pays, que l'armée prussienne envahissait après nos premiers désastres. « J'apprends avec peine les revers de la France, et je crains que Dieu ne veuille venger sur elle l'abandon du Saint-Siége; mais, quelque chose qui advienne, je serai toujours le soldat dévoué de Pie IX. » Son amour filial pour l'auguste Pontife lui faisait désirer, comme la plus enviable de toutes les joies, de recevoir sa paternelle bénédiction. « Le Saint-Père, dit-il dans une de ses lettres, allait sortir de l'église pour se rendre à pied au Vatican; je me suis empressé d'accourir ainsi que quelques autres; nous nous sommes mis à genoux à son approche, et il nous a bénis. Il paraît si bon que je me sentais transporté, ainsi que mes camarades, d'un zèle plus grand encore pour sa défense. » Dieu le préparait ainsi au sanglant sacrifice qui allait bientôt s'accomplir; du reste, mainte fois il avait offert sa vie d'un cœur joyeux pour le triomphe de la sainte Église. « Je vous prie, écrivait-il à sa tante, le 3 septembre, de vouloir bien continuer vos prières pour mon frère Henry et pour moi; tous les deux nous sommes armés pour une belle cause. Mon frère est prêt à verser son sang pour sa patrie, et moi je suis décidé à braver la mort pour ma religion. » Dix-sept jours après, il devait tomber sur les remparts de Rome, victime de sa foi et de son dévouement.

Le désastre de Sedan avait été accueilli comme un triomphe par les révolutionnaires italiens, et ils applaudissaient à la chute du gouvernement impérial qui avait fait si longtemps cause commune avec eux. Une armée de soixante-dix mille hommes vint occuper le patrimoine de Saint-Pierre, et le 18 septembre elle se trouvait sous les murs de Rome. Dix fois moins nombreux, les soldats pontificaux, indignés de la lâche agression des envahisseurs, résolurent de se faire tuer plutôt que de se rendre. Le 20 septembre, quand les batteries italiennes ouvrirent le feu, ils étaient à leur poste faisant un suprême effort pour repousser la multitude des assaillants, décidés à rester jusqu'au dernier soupir fidèles à leur drapeau et à leur serment. Lorsque plusieurs eurent succombé et que la brèche fut ouverte, sur l'ordre de Pie IX, qui ne voulait point laisser massacrer ses fidèles défenseurs, le drapeau blanc fut arboré. Quel cruel moment pour ces braves qui se voyaient ravir l'occasion d'une sainte mort !

Ce hideux spectacle de l'insolence des vainqueurs fut épargné à Louis. Le matin même de l'attaque il s'était préparé au combat par la confession, et la sainte eucharistie vint purifier encore cette victime destinée à l'honneur du martyre. Placé derrière les créneaux des murailles, il trouvait que son tir n'était pas assez précis. Pour mieux voir les Italiens et les viser avec plus de facilité, il monte sur le rempart avec une audacieuse intrépidité, et, se tenant complétement à découvert, il continuait à faire le coup de feu, quand une balle vint le frapper en plein front. Le sergent Hue s'élance pour le recueillir entre ses bras, et Louis, baigné dans son sang, est transporté à la villa Ludovisi, où le Père de Gerlache fut lui donner une dernière absolution et recevoir son dernier soupir. A la faveur de la nuit, l'aumônier des zouaves plaça le corps dans une voiture et le transporta à l'hôpital du Saint-Esprit pour qu'il pût être inhumé avec ses frères d'armes dans le cimetière Saint-Laurent. M. de l'Estourbeillon nous a annoncé en ces termes la fin glorieuse de son fils : « Mon Louis est mort, comme beaucoup des siens, pour son Dieu et pour sa foi. »

HENRI NOUAUX

HENRI NOUAUX, né le 15 juin 1847 à Beaumont-sur-Sarthe, élève du collége d'Argentan, puis de l'école Sainte-Geneviève du 10 octobre 1865 au 21 avril 1867, admis à Saint-Cyr en 1867, sous-lieutenant au 8e bataillon de chasseurs à pied en 1869, tué à la bataille de Reichshoffen le 6 août 1870.

LE 20 juillet 1870, au moment où son bataillon partait pour la frontière du Rhin, Henri écrivait : « Je me suis préparé à entrer en campagne en faisant une confession générale et en recevant la sainte communion. Je pars donc le cœur content, n'ayant qu'une seule inquiétude, ma mère! Je compte bien que le bon Dieu nous fera la grâce de lui accorder les forces nécessaires pour supporter cette épreuve. » — « J'espère en votre courage, écrivait-il à sa mère le 21 ; mon départ ne doit nullement vous effrayer, puisque je remplis mon devoir de citoyen, de soldat et de chrétien. J'ai fait une confession générale de tous mes péchés et demain je recevrai la sainte communion. Vous pouvez donc me voir partir sans crainte et avoir confiance dans le bon Dieu. Je suis protégé dans le ciel par celui qui nous a tant aimés ici-bas. »

Henri parle ici de son père, mort le 26 mars 1869, jour du vendredi-saint, à six heures du soir. La santé de M. Nouaux, affaiblie par le travail, avait été l'objet des préoccupations de son fils. Il était médecin, et les nombreux voyages que nécessitait la visite des malades épuisaient de plus en plus ses forces. « Ces courses, écrivait Henri, lui font trop de mal, et l'argent qu'il gagne ainsi coûte en vérité trop cher pour que ses enfants, auxquels il le destine, puissent en profiter... Vous avez assez, et même trop travaillé, mon cher papa; reposez-vous maintenant et tâchez de vous guérir. Nous serions tous si heureux, si nous vous savions bien portant! » — Par malheur, ces conseils de l'affection filiale ne furent point suivis, et M. Nouaux expirait bientôt après, victime de son dévouement pour sa famille. Avant de mourir, il remit à Henri le crucifix qu'il tenait entre ses mains, en lui disant : « Mon fils, ne l'oubliez pas ! »

Cette belle mort, digne couronnement d'une vie chrétienne, laissa dans l'âme d'Henri d'ineffaçables impressions. Pour consoler sa mère, il redoubla d'affection pour elle et s'efforça de remplacer auprès de ses deux petits frères celui qu'ils avaient perdu. Cet amour de la famille fut l'un des traits saillants de son caractère, et afin d'adoucir le coup cruel qui venait de frapper Mme Nouaux, il lui prodiguait les témoignages de sa piété filiale.

Le crucifix qui avait reçu le dernier soupir de de son père ne le quitta plus. Dans la lettre que nous avons déjà citée il disait encore à sa mère : « J'emporte mon crucifix, mon chapelet et mon *Imitation;* avec cela je suis fort, et j'espère, dans quelques mois, aller jouir avec vous du repos de la campagne. Du courage! papa veillera sur nous tous; il obtiendra pour son Henri la grâce de se conduire en brave soldat du Christ, et il sera le soutien et le consolateur de sa bonne mère. Adieu; votre Henri qui vous embrasse de tout son cœur. »

Quelques jours après il se rendait à Lyon, où il fit un pèlerinage à Notre-Dame de Fourvières pour se mettre sous la protection de la sainte Vierge. Sa dernière lettre, écrite au crayon, est datée de Niederbronn, 4 août; en tête se trouvent, surmontées d'une croix, ces trois initiales : J. M. J., pieux usage de son père qu'Henri avait adopté depuis le commencement de la guerre. « Ce soir, dit-il, je pars avec ma compagnie pour être de grand'garde. ... Je dors si bien qu'on est obligé de me secouer pour me réveiller. Priez bien pour moi; je ne vous oublierai point. » Quelques jours plus tard, Mme Nouaux apprenait la mort de son fils; longtemps après, elle put obtenir quelques renseignements, et, par suite de circonstances vraiment providentielles, le crucifix, le chapelet et l'*Imitation* d'Henri lui furent rendus, précieux dépôt qui rappelle un double deuil.

Le 25 juin 1871, M. le lieutenant Malpel, dans une lettre datée de Toulouse, donnait à la pauvre mère quelques détails sur la mort de son fils. « Je remonterai, si vous le voulez bien, jusqu'à notre séjour au camp de Strasbourg. Henri venait de recevoir de vous une lettre dont il me lut certains passages, les larmes aux yeux. Vous lui disiez que vous redoutiez un grand malheur et que vous étiez résolue à tout quitter pour accourir à son secours, s'il était blessé. Henri, dont le caractère était d'ordinaire si gai, faisait tous ses efforts pour dissimuler la tristesse qui l'envahissait. Frappé d'un triste pressentiment, bien que très-résolu à faire noblement son devoir, il laissait entrevoir dans ses paroles une conviction intime de sa fin prochaine. A Strasbourg il nous fallut acheter une foule d'objets pour compléter notre équipement de campagne. Combien de fois ne m'a-t-il point dit : « Ce sera pour vous, mon lieutenant; » il me donnait ce nom depuis le premier combat. Ce souvenir s'est présenté bien des fois à mon esprit, non sans grande amertume.

« Le 3 août nous avons quitté Strasbourg, et le 4 son bataillon arriva à Frœschwiller, où il prit position. Comme on avait appris dans la journée la défaite de Wissembourg, toutes les troupes du premier corps avaient reçu l'ordre de se concentrer autour de Frœschwiller, près du village de Wœrth, pour arrêter le mouvement offensif des Prussiens. Le 6, vers huit heures du matin, la bataille commença. La compagnie d'Henri fut chargée de protéger une batterie d'artillerie, mission toujours périlleuse et réservée d'ordinaire aux chasseurs à pied. Nos soldats, couchés à terre, essuyèrent jusque vers midi un feu terrible. Henri, suivant l'exemple de notre brave capitaine, M. Proust, restait debout au milieu des obus, calme et impassible, montrant à ses hommes ce que peuvent la volonté et l'énergie à l'heure des grands périls, les encourageant du geste et de la voix, en un mot se conduisant comme un vieux soldat.

« Mes fonctions d'officier d'ordonnance auprès du général commandant la première brigade me ramenaient souvent auprès d'Henri, et chaque fois je cherchais à chasser les idées tristes qui l'obsédaient. Il me tendait la main sans rien dire et semblait résigné. Vers midi, le maréchal Mac-Mahon vint à l'endroit que nous occupions, réunit toutes les troupes dont il put disposer et donna l'ordre de tenter une attaque décisive sur Wœrth, occupé par les Prussiens. L'élan de nos troupes fut terrible et l'attaque acharnée. Pendant quelque temps nous pûmes croire que l'ennemi allait plier, mais les renforts nécessaires pour seconder ce mouvement nous manquaient, et le corps du général de Failly n'arrivait pas. Il nous fallut donc rebrousser chemin, poursuivis par un feu effroyable de mousqueterie. En ce moment, Henri reçut sa première blessure ; une balle l'atteignit à la jambe, mais d'une manière peu grave. Il refusa d'aller se faire panser à l'ambulance établie à Frœschwiller, comprenant que son devoir était de rester au milieu de ses hommes tant qu'il pourrait se tenir debout.

« Vers deux heures, les Prussiens, qui avaient ralenti leur mouvement s'aperçurent qu'ils n'avaient en présence qu'un petit nombre de troupes, et reprirent l'offensive avec une nouvelle énergie. Nous dûmes encore battre en retraite, disputant le terrain pied à pied, nous arrêtant derrière la moindre broussaille pour faire feu. Dans une circonstance aussi critique, Henri déploya le plus brillant courage; toujours le dernier, il ne se retirait que lorsque ses soldats se trouvaient à l'abri derrière quelque pli de terrain. Dans l'un de ces moments où il se tenait à découvert, observant les ennemis qui le suivaient, une balle vint le frapper à la nuque: il tomba pour ne plus se relever. »

Ainsi mourut notre cher Henri, fidèle jusqu'au dernier soupir à la suprême recommandation de son père lui disant en présence de l'image de Jésus crucifié : « Mon fils, ne l'oubliez pas. »

LUCIEN COUTURIER

LUCIEN COUTURIER, né à Smyrne le 1er juin 1843, élève de l'école Sainte-Geneviève du 18 octobre 1859 au 8 août 1861, admis à l'école de Saint-Cyr en 1861, sous-lieutenant au 13e bataillon de chasseurs à pied en 1863, lieutenant au 12e bataillon en 1868; campagne en Afrique en 1868; officier d'ordonnance du général de division Bataille (2e corps de l'armée du Rhin), blessé à la bataille de Gravelotte le 16 août et mort à Metz le 18 août 1870.

LUCIEN, après avoir pris part aux combats de Forbach et de Borny avec la division du général Bataille, fut proposé pour la croix de la Légion d'honneur et pour le grade de capitaine. Le 16 août, à Gravelotte, en remplissant ses fonctions d'officier d'ordonnance, il eut le bras gauche traversé par une balle vers huit heures du matin. Malgré les observations de ses camarades et de ses chefs, il voulut demeurer à son poste. Entre dix et onze heures, un obus vint éclater sous le ventre de son cheval, qui fut tué, et le brave officier fut atteint par les éclats dans les reins et au bas-ventre. Lucien ne se fit pas illusion sur la grièveté de la blessure. Transporté à l'ambulance de l'hospice de Bon-Secours, il y reçut les meilleurs soins des sœurs de Saint-Vincent de Paul, et, malgré ses vives souffrances, il ne cessa de leur témoigner la reconnaissance que lui inspirait leur charité si ingénieuse et si dévouée.

Plein de courage et de résignation, il pria l'aumônier de lui accorder quelques instants pour se préparer à la réception des sacrements. Comme ses douleurs devenaient plus intenses, la sœur qui le veillait crut devoir interrompre sa prière ; elle lui offrit une potion pour calmer sa soif et ses angoisses. « Laissez-moi, ma sœur, lui dit doucement le blessé ; merci pour les soulagements que vous voulez donner au corps, mais j'ai un plus grave devoir à remplir : je dois m'occuper du salut de mon âme. » Sa préparation terminée, il fit sa confession et reçut les derniers sacrements avec la plus complète soumission à la sainte volonté de Dieu. Le 18 août, vers cinq heures du matin, il expirait en pressant contre son cœur un crucifix qu'il avait demandé avant de perdre connaissance. Les principes d'honneur et de foi que Lucien avait puisés au sein de sa famille et auprès de ses maîtres lui valurent la grâce, précieuse entre toutes, de mourir en chrétien.

CHARLES KERVILER

CHARLES POCARD-KERVILER, né à Vannes le 7 décembre 1843, élève du collége Saint-François-Xavier de Vannes, puis de l'école Sainte-Geneviève du 14 octobre 1862 au 3 août 1863, admis à l'école centrale en 1863, ingénieur en 1866, capitaine dans le régiment des mobilisés de Vannes, tué à Droué (Loir-et-Cher), le 17 décembre 1870.

CHARLES était doué d'un caractère doux et aimable, auquel une franche gaieté donnait encore plus de charmes. Simple et modeste, d'une égalité d'âme inébranlable, d'un désintéressement et d'une loyauté à toute épreuve, il était surnommé à juste titre par ses camarades et ses maîtres *le bon Charles*. Il avait peu de goût pour les lettres, et durant quelques années son défaut d'application à l'étude lui attira des reproches bien mérités. Mais, après sa réception à l'École centrale, convaincu qu'il devait se créer une position par lui-même et servir d'exemple à ses jeunes frères, il se mit à l'œuvre avec courage. Durant les trois ans d'école, son frère (1), qui habitait avec lui, dut souvent modérer son ardeur au travail. Pour se reposer de ses fatigues, il se rendait au milieu d'une joyeuse colonie d'anciens élèves de Vannes qui se réunissaient rue des Feuillantines. Dans ce cercle d'amis, qui partageaient ses principes et sa volonté d'être toujours fidèle à Dieu, Charles trouvait un délassement et un préservatif contre les séductions qui, surtout à Paris, perdent tant de jeunes gens.

Au mois d'août 1866, recueillant le fruit de ses labeurs, il reçut le diplôme d'ingénieur de l'École centrale; et, l'année suivante, sous le bienveillant patronage de M. de Lesseps, il se rendit à Ismaïlia pour diriger, comme chef de section, les travaux du canal de l'isthme de Suez. Là, pendant trois ans, il s'attira par son zèle consciencieux et par sa fermeté l'estime des chefs de service; et ses subordonnés, qu'il traitait avec grande bienveillance, lui

(1) M. René Kerviler, ancien élève de l'École polytechnique ingénieur des ponts et chaussées à Saint-Brieuc.

donnèrent mainte fois des témoignages d'affection et de dévouement.

Après avoir assisté en 1869 aux brillantes fêtes de l'inauguration du canal, Charles revint en France. Bientôt survinrent nos premières défaites dans la guerre contre la Prusse, et le désastre de Sedan où succomba le plus cher de ses amis, Alfred de Boisayrault. Vers la fin de septembre, en Bretagne s'organisèrent des compagnies de francs-tireurs, et il s'enrôla dans celle de Vannes. Mais quelques jours plus tard parut le décret de mobilisation et Charles ne voulut point demeurer dans un corps privilégié; il entra donc dans une compagnie des mobilisés de Vannes, et fut choisi à l'unanimité comme capitaine.

Le 7 novembre il partit avec son bataillon pour le camp de Conlie, où plus de soixante mille hommes furent entassés durant deux mois dans la boue. Les mobilisés de Vannes, arrivés des premiers, purent obtenir des armes, et après quelques jours d'exercice, ils furent envoyés à l'armée de la Loire, et prirent part à la retraite du général Chanzy, de Marchenoir jusqu'au Mans. Exposé chaque jour à la mort, Charles voulut s'y préparer aussi bien que possible, et le 15 décembre il se confessa à M. l'abbé Jégat, aumônier du bataillon, qui fut touché jusqu'aux larmes des sentiments de cette âme si droite et si chrétienne.

Dans la nuit du 16 au 17, un corps de vingt mille hommes, parmi lesquels se trouvaient les mobilisés de Vannes, traversait le village de Droué. Le défaut de vigilance, si ordinaire dans cette guerre, empêcha de reconnaître un camp de Prussiens, situé à quelques lieues de là. Le 17 décembre, vers huit heures du matin, trois mille mobilisés, formant l'arrière-garde de la colonne, attendaient sur la place de Droué le moment du départ, lorsqu'un détachement d'ennemis pénètre par derrière dans les maisons et ouvre le feu. Une panique presque générale s'ensuivit; mais les compagnies de Vannes et les artilleurs d'Ille-et-Vilaine tinrent ferme, braquèrent des mitrailleuses dans les avenues et chassèrent les Prussiens. Le commandant de Rodellec du Porzic fut tué, ainsi que l'aumônier des bataillons du Finistère. Charles déploya sa compagnie en tirailleurs pour pénétrer derrière les maisons, où l'ennemi se tenait caché. Une balle prussienne vint alors le frapper entre les deux yeux. « L'aumônier! » s'écria-t-il; mais son âme était prête à quitter ce monde pour une patrie meilleure.

CHARLES DUBRUEL

CHARLES DUBRUEL, né à Villefranche (Aveyron) le 7 novembre 1845, élève du collége Sainte-Marie de Toulouse, puis de l'école Sainte-Geneviève du 13 octobre 1863 au 18 août 1865, admis à Saint-Cyr en 1865, sous-lieutenant au 57e de ligne en 1867, blessé à la bataille de Saint-Privat le 18 août, et mort le 9 octobre 1870 à Briey (Moselle).

CHARLES prit une part glorieuse aux combats qui se livrèrent sous les murs de Metz à Borny, Gravelotte et Saint-Privat. Dans cette bataille, vers la fin de la journée, une grenade vint lui briser une jambe, et il fut abandonné sur le champ de bataille jusqu'au lendemain vers midi. Les Prussiens le relevèrent alors, et il fut transporté dans leur ambulance de Jérusalem, près de Saint-Privat, où il subit courageusement l'amputation. M. Foutsch, président du tribunal et de la société de Saint-Vincent de Paul de Luxembourg, vint visiter le pauvre blessé et s'empressa d'avertir sa famille. Le père de Charles partit aussitôt, et après bien des obstacles et bien des dangers, grâce au concours de M. Foutsch, il put obtenir de l'autorité prussienne la liberté de Charles, et le fit transporter à Briey. Mais tous les soins furent inutiles, et il expira le 9 octobre 1870, après avoir reçu avec grande piété les sacrements de l'Église.

ALPHÉE HAINGLAISE

Alphée Hainglaise, né à Versailles le 27 mars 1846, élève du petit séminaire de Tours, puis de l'école Sainte-Geneviève du 14 octobre 1862 au 12 juillet 1865, admis à Saint-Cyr en 1865, sous-lieutenant au 2e hussards en 1867, blessé à la bataille de Gravelotte le 16 août 1870, lieutenant le 24 août, mort à Metz le 26 août de la même année.

Alphée se trouvait, depuis le 15 novembre 1869, à l'école de cavalerie de Saumur, où son père, alors colonel, commandait en second, lorsque survint la guerre contre la Prusse. Le 20 juillet 1870, il quittait Saumur pour se rendre sur la frontière, où son régiment faisait partie du 4e corps, sous les ordres du général de Ladmirault. Son escadron était campé à quatre lieues de Metz, lorsqu'il fit une reconnaissance au village de Boulay, où le capitaine commandant fut tué, et un sous-lieutenant grièvement blessé.

Le 14 août, Alphée prenait part à la bataille de Borny, et le 16 à celle de Gravelotte. Dans une charge faite par le 2e hussards, vers cinq heures du soir, il reçut un coup de sabre à l'épaule gauche, huit sur la tête, un au côté gauche, deux à la main droite et un à la main gauche. Ces nombreuses blessures prouvent assez quel fut son courage. Mis à l'ordre du jour par le général de Ladmirault pour sa vaillante conduite, il était nommé lieutenant le 24 août.

Après le combat, transporté à l'hôpital de Metz, il envoya un dernier souvenir à sa chère famille et ne s'occupa plus que de Dieu et de son âme. Un vicaire de Versailles, aumônier au 2e hussards, qui l'assista dans ses derniers moments, disait à nos Pères du collége de Saint-Clément qu'Alphée avait profondément édifié les témoins de son agonie par la vivacité de sa foi et la ferveur de sa piété. Après avoir loué la bravoure du jeune lieutenant, son colonel écrivait au général Hainglaise : « Votre fils est mort en soldat et en chrétien. »

EMMANUEL PONCHON

Emmanuel Ponchon de Saint-André, né à Lyon le 18 février 1848, élève du collége Saint-Michel à Saint-Étienne, puis de l'école Sainte-Geneviève du 9 octobre 1866 au 4 mars 1867, maréchal des logis au 15e d'artillerie, chevalier de la Légion d'honneur, blessé le 17 janvier près d'Héricourt, et mort de ses blessures le 13 février 1871 à Lure (Haute-Saône).

Emmanuel s'était engagé depuis dix-huit mois dans le 19e d'artillerie quand éclata la guerre contre la Prusse. Avant d'entrer en campagne, il eut bien soin de mettre ordre aux affaires de sa conscience. De Mulhouse, où se trouvait alors son régiment, il fut bientôt contraint par nos premiers désastres de battre en retraite, et il alla prendre part au combat de Mouzon et à la bataille de Sedan, où son képi fut emporté par un éclat d'obus. Conduit en Prusse comme prisonnier, il parvint à s'enfuir, gagna la Belgique et, de retour en France, il fut nommé maréchal des logis au 15e d'artillerie.

Dans cette première partie de la guerre, Emmanuel fit preuve d'une bravoure dont ses camarades aimaient à faire l'éloge. Insouciant du danger, il était pour les autres d'une générosité qui allait jusqu'à s'oublier lui-même. Sous des dehors froids et concentrés, il cachait un cœur sensible, plein de droiture, de fermété et de délicatesse. Sa franchise était si grande qu'elle pouvait parfois sembler excessive ; et il se refusait à donner le moindre signe d'assentiment à une parole qu'il n'approuvait pas, quelque indifférente qu'elle fût.

Son nouveau régiment, qui faisait d'abord partie de l'armée de la Loire, fut plus tard envoyé dans celle de l'Est, et le 17 janvier, dans la forêt de Chenebier, située près d'Héricourt, un obus vint lui briser le bas de la jambe. Amputé sur le champ de bataille, puis abandonné durant douze heures, il fut enfin transporté dans une ambulance de Lure. Sa première pensée fut de demander un prêtre pour se réconcilier avec Dieu. Une dame de la ville, qui était venue visiter l'ambulance, offrit de le faire transporter dans son hôtel; mais il s'y refusa, craignant d'attrister et de décourager par son départ ceux qui souffraient avec lui.

M. Ponchon de Saint-André avait été averti d'une manière toute providentielle que son fils était grièvement blessé. Il s'empressa d'accourir, et, comme les communications étaient impossibles du côté de la France, il passa par la Suisse, et, après de longues et pénibles recherches dans un grand nombre d'ambulances, il parvint enfin à rencontrer son cher Emmanuel. Au milieu de ses cruelles souffrances, ce fut pour le blessé une bien grande joie, et durant huit jours il prépara son père à la triste séparation qui devait bientôt s'accomplir.

D'un courage à toute épreuve, il puisait dans les pensées de la foi et dans la prière cette patience chrétienne qu'aucune douleur ne peut abattre. Il ne se faisait point illusion sur son état et vit arriver la mort sans frayeur. Comme son père lui parlait de quelques adoucissements que l'on pourrait apporter à ses souffrances : « Ah ! ne pensons pas si loin, répondit-il; je serai mieux où je vais. » — Et l'avant-veille de sa mort : « Mon bien cher père, dit-il, je serais bien heureux avec vous; mais soyez sûr que, si je meurs, je serai aussi bien heureux. J'irai au ciel. J'ai toujours offert mes souffrances à Dieu, et j'ai tant souffert que je me crois assuré d'aller vers lui. »

Sa vaillante conduite lui mérita d'être nommé chevalier de la Légion d'honneur; mais quand la décoration parvint à sa famille, Emmanuel, nous l'espérons, avait reçu de Dieu une bien meilleure récompense.

Le prêtre qui l'assista durant sa maladie, M. l'abbé Goux, écrivait le 25 mars 1871 à M. Ponchon de Saint-André : « Ce cher M. Emmanuel, l'objet de mon édification, est encore pour moi et pour tous ceux qui l'ont connu le sujet de fréquents entretiens. Je le vois toujours supportant avec la plus grande résignation les souffrances les plus aiguës, et par conformité à la volonté de Dieu, ajoutant aux autres sacrifices le sacrifice le plus difficile à faire, celui de son existence. Il ne redoutait point la mort, car les actions de sa vie le mettaient dans une parfaite assurance. J'espère que Dieu lui aura fait miséricorde, et que cet ange tutélaire de votre famille se ressouviendra de celui qui a trouvé tant de consolations dans l'exercice de son ministère en l'assistant à ses derniers moments. Si la mort des justes est précieuse devant Dieu, elle l'est aussi devant les hommes dont la raison est éclairée par les lumières de la foi. »

Les forces du blessé s'épuisaient de plus en plus. « Cher père, disait-il la veille de sa mort, je vois que la vive affection que j'ai pour vous ne sera pas un lien assez fort pour me retenir en ce monde. » Mais, avant de quitter cette terre, il voulut remercier ceux qui l'avaient soigné, et il fit venir les infirmiers près de son lit pour leur témoigner sa reconnaissance. Souvent il baisait la croix de son chapelet qu'il tenait entre les mains, et ce fut dans ces sentiments de piété qu'il rendit son âme à Dieu, le 13 février.

Après de longues souffrances, il vit se vérifier cette parole de confiance chrétienne qu'il avait dite peu de jours auparavant : « Je serai mieux où je vais. »

HENRI MARCHAND

Henri Marchand, né à Mamers (Sarthe) le 20 juillet 1848, élève de l'école Sainte-Geneviève du 10 octobre 1865 au 18 août 1868, lieutenant au 4e bataillon des mobiles de la Sarthe, blessé à la bataille du Mans le 11 janvier et mort au Mans le 31 janvier 1871.

Dès le début de la guerre contre la Prusse, Henri fut nommé sous-lieutenant à la sixième compagnie du bataillon des mobiles de la Sarthe, puis lieutenant. Avant le départ, il se prépara à faire noblement son devoir en mettant ordre aux affaires de sa conscience. Le 2 décembre, son bataillon, qui faisait partie de l'armée de la Loire placée sous les ordres du général Chanzy, éprouva de sérieuses pertes au combat de Varèze. Le 11 janvier, à la bataille du Mans, Henri remplissait les fonctions de capitaine. Il marchait à la tête de sa compagnie, lorsqu'une balle vint le frapper en pleine poitrine. Il fut d'abord transporté au village de Pontlieu, en avant duquel il avait été blessé, puis au Mans dans l'excellente ambulance de M. le comte de Battines. Son père et sa mère se rendirent en toute hâte auprès de lui, et ils le trouvèrent plein de courage et de résignation à la sainte volonté de Dieu. Témoin de sa bravoure sur le champ de bataille, le commandant des mobiles de la Sarthe le proposa pour la décoration. La veille du combat il s'était déjà confessé, et durant sa courte maladie il reçut les derniers sacrements de la sainte Église avec une foi et une piété qui édifièrent profondément le prêtre qui l'assistait. Le 31 janvier il rendait son âme à Dieu.

Après l'armistice, la compagnie à laquelle il appartenait vint déposer sur la tombe de son lieutenant une couronne funéraire, et tout entière elle voulut assister au service qu'elle fit célébrer pour le repos de son âme dans l'église paroissiale de Mamers.

GONTRAN DE MALARTIC

GONTRAN DE MALARTIC, né à Derchigny-Graincourt (Seine-Inférieure) le 28 août 1847, élève de l'école Sainte-Geneviève du 11 octobre 1864 au 3 avril 1867, capitaine au 5e régiment des mobiles de la Seine-Inférieure, mort à Paris le 4 janvier 1871 à la suite des fatigues éprouvées durant le siége.

LE 8 septembre 1870, la compagnie de Gontran quittait Dieppe pour venir au secours de Paris. D'abord lieutenant, il fut nommé plus tard capitaine à l'élection par ses soldats dont il avait su conquérir l'estime et l'affection par sa fermeté et par la sollicitude dont il les entourait. A Bobigny, au Bourget, à la défense de Drancy, à la bataille de Champigny, il mérita par sa bravoure les éloges de ses chefs. Mais les forces n'étaient point à la hauteur du courage, et bientôt il ressentit les germes de la maladie qui devait le conduire au tombeau.

Malgré son état de souffrance et les pressantes sollicitations de ses amis, Gontran ne voulut point abandonner le poste qui lui était confié et il prit part au second combat du Bourget, le 21 décembre. A la fin de cette horrible journée, épuisé de fatigues et vaincu par la douleur, il vint dire à son commandant que, malgré son grand désir de contribuer à la défense de Paris, il était contraint de se retirer. Hélas! il n'exagérait point la gravité du mal qui en peu de jours devait nous le ravir. Le médecin de l'ambulance établie chez Mme la comtesse de Janzé, où on le transporta, reconnut aussitôt les signes d'une fièvre typhoïde. Gontran fit appeler un vicaire de Saint-Thomas d'Aquin auquel il s'était déjà confessé à son arrivée à Paris. Celui-ci se hâta d'accourir et durant quatorze jours il prodigua tous les secours de la religion à son cher malade.

Voici quelques extraits d'une lettre qu'il écrivit à M. de Malartic : « Je veux vous dire toute ma peine et toute ma joie. Ma peine, vous la connaissez ; c'est la vôtre, celle de tous ceux qui ont connu et compris ce bon jeune homme, qui l'ont vu affronter tant de périls avec intrépidité et sourire à la mort avec courage. Mais, comme prêtre, ma joie a été aussi bien grande, en voyant sa foi et son amour pour la religion. Tous, nous avons été édifiés de ses derniers moments; il a reçu les sacrements et a fait ses confessions avec une présence d'esprit et une piété bien touchantes. Sans peine il faisait le sacrifice de sa vie; mais jusqu'au dernier instant il lui en coûta beaucoup de mourir loin de son père, de sa grand'mère, de sa tante et de sa chère sœur. Une seule fois je voulus lui en parler, et je vis de grosses larmes rouler dans ses yeux. Dès lors, pour éviter toute émotion dangereuse, je gardai le silence sur ce point; mais souvent, même dans son délire, il prononçait les noms de ceux qui lui étaient si chers, et toujours en pleurant. »

La pensée de ses parents et celle de Dieu fut l'unique préoccupation de Gontran dans ses derniers jours. Souvent il disait aux pieuses dames qui le soignaient : « Récitez-moi le *Souvenez-vous*; c'est la première prière que ma mère m'a apprise. » Ce fut dans ces sentiments de piété qu'il expira le 4 janvier 1871, à l'âge de vingt-quatre ans.

Le corps de Gontran fut déposé provisoirement

dans une église de Paris; mais après le siége il fut transporté dans le caveau de sa famille à Arques (Seine-Inférieure). M. l'amiral de Montaignac, presque tous les officiers du bataillon et plusieurs des soldats de Gontran, une grande partie de la population assistèrent au service religieux qui fut célébré dans l'église paroissiale, et M. le commandant Chrétien fit en quelques mots l'éloge du vaillant capitaine sitôt ravi à l'affection de ses amis et de sa famille.

ALDÉRIC DE LANGLE

ALDÉRIC DE LANGLE DE CARY, né à Lorient le 25 septembre 1842, élève du collége Saint François-Xavier de Vannes, puis de l'école Sainte-Geneviève du 5 octobre 1858 au 19 août 1860, admis à Saint-Cyr en 1860, sous-lieutenant au 47e de ligne en 1862, lieutenant en 1867, tué à la bataille de Reichshoffen le 6 août 1870.

ALDÉRIC avait mérité par sa conduite exemplaire d'être l'un des enfants de prédilection de notre bien-aimé Père Ducoudray. Elevé dans une famille où la foi et la piété sont héréditaires, il demeura jusqu'au dernier soupir fidèle à ces nobles traditions. Ses qualités, qui lui assuraient un brillant avenir, le firent choisir comme officier d'ordonnance par le général commandant la subdivision de Savoie et de Haute-Savoie.

Après la déclaration de guerre, Aldéric s'empressa de reprendre son poste de combat. Le 6 août 1870, à la bataille de Reichshoffen, vers la fin de la journée, il conduisait ses soldats à l'assaut d'une batterie prussienne, lorsqu'il tomba mortellement frappé. Nous avons le regret de ne pouvoir donner de plus amples détails sur cette vie si courte et si digne d'éloges ; elle était digne d'être proposée comme modèle aux jeunes gens qui veulent que la foi et l'honneur soient la règle souveraine de leur vie.

PAUL MORAND

PAUL MORAND, né à Boismé (Deux-Sèvres) le 23 mars 1850, élève du collége Saint-Joseph de Poitiers, puis de l'école Sainte-Geneviève du 13 octobre 1868 au 21 juillet 1869, soldat au 2e zouaves, blessé le 30 novembre au combat de Villiers-sur-Marne, mort le 1er décembre 1870 à Bussy-Saint-Georges (Seine-et-Marne).

Au début de la guerre, Paul devança l'appel de la classe de 1870, à laquelle il appartenait, et choisit le 2me régiment de zouaves dont le dépôt se trouvait à Oran. En passant à Marseille, il alla faire un pèlerinage à Notre-Dame de la Garde, et peu de jours après il écrivait à sa famille : « J'ai la confiance que la médaille de la Sainte-Vierge que je porte me protégera dans tous les dangers que je vais courir. »

Vers la fin du mois d'août, son régiment fut rappelé en France et bientôt envoyé à Paris. Paul voulut avant tout se mettre en règle avec Dieu. Il vint trouver son ancien directeur à l'école Sainte-Geneviève, et, sa confession terminée, il se releva tout heureux d'avoir accompli son devoir. Comme le Père l'exhortait à se battre en soldat chrétien, il lui répondit avec grande simplicité : « Je n'espère point échapper à la mort ; mais, en prenant les armes, j'ai fait au bon Dieu le sacrifice de ma vie pour le salut de la France. »

Après le combat de Châtillon, où plusieurs zouaves lâchèrent pied dès le commencement de l'action, Paul écrivit à sa famille : « Dieu merci ! plusieurs ont su maintenir ferme l'honneur du drapeau ; nous n'avons battu en retraite que dans la soirée. Ma compagnie est celle qui a le plus souffert ; nous avons eu seize blessés et quatre tués. Je ne me suis pas engagé pour fuir comme un lâche ! Qu'on rende donc justice aux braves, et il y en a encore. Mais ils sont honnis comme les autres : voilà les hommes ! Il faut espérer qu'à la première affaire on nous appréciera mieux. N'a-t-on pas été jusqu'à dire que nous étions vendus, qu'il fallait nous fusiller? C'est honteux! Nous nous vengerons en nous battant en héros!» Il termine en se recommandant aux prières de MM. Bisleau et Dardaine, deux prêtres qui étaient ses amis.

Cette lettre est la dernière qui soit parvenue à sa famille. Le 2me zouaves était campé à Courbevoie lorsque le 22 novembre il fut envoyé près du fort de Rosny, où il demeura huit jours par un froid de onze degrés. Le 30 novembre, tandis que les soldats préparaient le café qu'ils n'eurent pas le temps de prendre, le régiment de Paul reçut l'ordre de partir. Il passa la Marne à Villeneuve-sous-Bois, et vint attaquer les Prussiens dans les plaines de Villiers. Vers les quatre heures du soir, Paul avec plusieurs de ses camarades chargeait l'ennemi à la baïonnette, à cinquante pas en avant du bataillon, lorsque une balle vint le frapper en pleine poitrine. Il demeura sur le champ de bataille, sans pouvoir arrêter le sang qui coulait de sa blessure. Vers minuit, des soldats allemands vinrent le relever, et ils l'emportaient sur un brancard lorsqu'une patrouille française, trompée par l'obscurité, tira sur eux. Plusieurs furent blessés, les autres s'enfuirent, et Paul fut encore abandonné durant une heure, exposé à un froid excessif. Les infirmiers vinrent enfin le reprendre, et ils le transportèrent dans une voiture jusqu'à un château voisin, où on lui fit un premier pansement. Puis on le remit en voiture et il arrivait à Bussy-Saint-Georges, vers les sept heures du matin, dans une ambulance établie chez l'instituteur, M. Berthereau. Le pauvre moribond était transi de froid et épuisé par suite de la grande quantité de sang qu'il avait perdue. M. le curé de Bussy s'empressa de venir le visiter, et il ne le quitta plus qu'un seul instant pour aller administrer un autre blessé. Paul fit sa confession, et comme ses forces diminuaient de plus en plus, dans la soirée il reçut les derniers sacrements, résigné à la sainte volonté de Dieu et plein de confiance en sa miséricorde. Vers six heures et demie, il expirait.

Le lendemain, ses obsèques eurent lieu dans l'église du village; les habitants déposèrent sur son cercueil une couronne de lauriers, et les soldats wurtemburgeois voulurent l'accompagner jusqu'au cimetière. La vie de Paul est résumée dans ces mots écrits à M. Morand par M. le curé de Bussy-Saint-Georges : « Il aimait sa patrie, sa famille et son Dieu. »

JULIEN DE L'ESTOILE

Julien de l'Estoile, né à la Lande-Chasles (Maine-et-Loire) le 30 mars 1849, élève du collége Saint François-Xavier à Vannes et de Saint-Joseph à Poitiers, puis de l'école Sainte-Geneviève du 8 octobre 1867 au 13 juillet 1869, admis à Saint-Cyr en 1869, sous-lieutenant en 1870, nommé lieutenant au 40e de marche durant la guerre, tué à Lumeau, bataille de Loigny, le 2 décembre 1870.

Dans le discours prononcé au service anniversaire célébré à l'intention des soldats français morts à la bataille de Loigny, Mgr l'évêque de Poitiers a rappelé la fin glorieuse de Julien de l'Estoile. « Aucune défaillance, dit-il, ne s'est produite nulle part, qu'elle n'ait eu à rougir d'elle-même en face d'un exemple qui la condamnait et la flétrissait. On m'a parlé entre autres de trois officiers à peu près du même âge, qui ont affronté et trouvé la mort sous les yeux de leur jeune troupe dans une tentative faite pour reprendre Lumeau, fortement occupé par les Prussiens; et souffrez qu'ici une vieille et constante amitié, nouée dans ce pays de Chartres, s'attendrisse sur une maison qui tint à la fois l'épée et la plume auprès d'Henri III et d'Henri IV, et qui, sur sept fils, le dernier n'ayant pas l'âge, en comptait six au service de la France, quand l'avant-dernier d'entre eux reçut à Lumeau le coup mortel. »

Julien fut en effet digne de ses cinq aînés et des nobles traditions d'honneur et de courage de sa famille. Au début de la guerre, seul officier avec cent recrues, il déploya une grande énergie contre les émeutiers de Nice et de Menton. Le 2 décembre 1870, il conduisait ses hommes à l'attaque de Lumeau, village situé à l'est de Loigny, lorsqu'il tomba mortellement frappé. Deux ou trois jours auparavant, il s'était confessé à l'un de nos Pères de Bourges. Enfant par la physionomie et le caractère, Julien avait une foi profonde et un grand amour de la sainte Vierge; aussi n'allait-il jamais au feu sans mettre ordre aux affaires de sa conscience. Nous avons donc bon espoir qu'il est mort dans la grâce de Dieu.

HENRI DE FALAISEAU

Henri vicomte de Falaiseau, né au château d'Escrignelles (Loiret) le 9 octobre 1841, élève du collége d'Iseure de 1852 à 1859, puis de l'école Sainte-Geneviève du 4 octobre 1859 au 14 août 1861, admis à l'école de Saint-Cyr en 1861, sous-lieutenant au 84e de ligne, lieutenant au mois de juillet 1870; blessé à Gravelotte le 16 août 1870, capitaine à la 1re compagnie du 25e bataillon de chasseurs à pied dans l'armée de Bourbaki, tué au combat de Chaffois le 29 janvier 1871.

Henri écrivait de Saint-Cyr à l'un de ses anciens professeurs de l'école Saint-Geneviève: « Devenir un militaire brave comme la lame de son épée, chrétien comme ces hommes de l'ancienne roche, d'une moralité exemplaire, voilà l'idéal que je poursuis et qui remplit toutes mes espérances. »

La vie si noble et si pure d'Henri de Falaiseau est résumée tout entière dans ces quelques paroles, et les nombreux témoignages de ses parents et de ses amis, comme ses actes et ses lettres, prouvent qu'il demeura toujours fidèle à ce programme. Nature ardente et dévouée, aimante et forte, généreuse et délicate, plus prompte au sacrifice que d'autres au plaisir, il ne connut le mal que pour s'en préserver, et, sur son visage où se reflétaient la droiture et la chevaleresque loyauté de son caractère, on pouvait aisément entrevoir la beauté d'une âme que le souffle du vice n'avait point ternie. Camarade aimable et charmant, d'une grande distinction de manières, toujours prêt à s'oublier lui-mème pour faire plaisir aux autres, plein d'entrain et de gaieté, sans le vouloir il savait bien vite conquérir les sympathies de ceux qui l'approchaient. Sa foi et sa fervente piété ne faisaient qu'accroître une humeur joyeuse qui aimait à s'épancher dans les cercles intimes en gais propos et en vives reparties. En un mot, Dieu, ce semble, ne lui avait refusé aucune de ces qualités qui font resplendir d'un plus vif éclat la vertu d'un jeune homme chrétien.

Nous n'avons pas à craindre d'être accusé d'exagération par ceux qui l'ont connu, et ses amis trouveront sans doute nos éloges pâles et bien incomplets en les rapprochant de leurs souvenirs.

La première enfance d'Henri s'écoula dans une famille patriarcale où les exemples de vertu dont il était chaque jour le témoin produisirent sur son âme d'ineffaçables impressions. Tous les soirs, M. le marquis de Falaiseau prenait à part chacun de ses enfants, et ils lui faisaient tout bas l'histoire de leur journée. Ils tenaient beaucoup à ce que le secret ne fût entendu que par leur père, qui écrivait textuellement cette sorte de confession sous les yeux de chacun. La sincérité des coupables était à toute épreuve, persuadés que le bon Dieu pourrait découvrir à leur père ce qu'ils auraient caché. Cette vie tranquille s'écoula sans incidents dignes de remarque, tantôt à Nevers, tantôt au château d'Escrignelles. A la campagne, les enfants attendaient avec impatience le mois de septembre qui leur ramenait d'ordinaire d'aimables visiteurs, fidèles amis de leurs parents, le P. Varin, ancien mousquetaire dans l'armée de Condé, devenu religieux de la compagnie de Jésus, et Mme la comtesse de Saisseval, fondatrice de l'œuvre des Enfants délaissés. Henri conserva toujours la plus profonde vénération pour cette femme de si grande vertu, l'un des plus parfaits modèles de la charité chrétienne dans notre siècle. Dans une lettre du 12 octobre 1845, elle écrivait : « Oh ! que Dieu est bon, quoi qu'il arrive ! Et, quoi qu'il arrive aussi, rien ne pourra jamais altérer ce tendre dévouement qui m'attache d'une manière si douce à la petite famille d'Escrignelles. » Ce fut elle qui, de concert avec le P. Varin, proposa comme institutrice à M. de Falaiseau Mlle Hivonnait, qui s'occupa de l'éducation d'Henri jusqu'à son entrée au collége. Aussi a-t-il toujours témoigné une vive reconnaissance à celle qui lui avait prodigué ses soins avec tant de dévouement.

Sa vie au collége d'Iseure et à l'école Sainte-Geneviève fut celle de tout élève pieux, docile, aimant le travail, et sans autre préoccupation que de contenter ses parents et ses maîtres. Plein de confiance en la sainte Vierge, il se réjouit de voir que ses prières sont toujours exaucées. Dans ses lettres se retrouvent à chaque page les mêmes sentiments d'affection filiale, de foi et de confiance en Dieu.

En 1853 il écrit à son père, à la veille de sa première communion : « Quelques lignes seulement pour vous exprimer la joie que mon cœur ressent; car dimanche, à six heures et demie, j'aurai le bonheur de recevoir la sainte communion. Je l'espère, vous pourrez être témoin de ma joie en assistant à la sainte messe. Venez vite. »

« Je viens de finir ma composition en version grecque, écrit-il à son père en 1855. J'en suis assez content, et ce qui me donne de l'espérance, c'est que je l'ai mise sous la protection de la sainte Vierge. Les philosophes ont composé ce matin pour les prix; c'est dommage que je ne l'aie pas su plus tôt, parce que j'aurais bien prié pour Charles ce matin à la messe, et je suis sûr que la sainte Vierge m'aurait exaucé. » — Charles est le frère d'Henri, et leur correspondance nous montre combien grande était l'affection qu'ils avaient l'un pour l'autre.

A sa tante qui lui offrait des vêtements pour ses pauvres, il écrivait : « Les étrennes que vous me proposez cette année me font d'autant plus de plaisir que je me trouve chargé d'une manière toute spéciale des pauvres que visite la conférence de Saint-Vincent de Paul, car je suis premier assistant de la congrégation de la Sainte-Vierge. J'ai demandé et obtenu d'avoir les deux familles que Charles visitait il y a trois ans; ceci me procure la jouissance de parler de lui à ces pauvres gens. »

Dans les récréations, comme à l'étude, nous retrouvons le même désir de bien faire toute chose. Par bonheur, il ne ressemblait en rien à ces enfants trop précoces qui dédaignent les amusements de leur âge, ignorent de bonne heure les pures jouissances d'une franche gaieté, et affectent des airs de grands jeunes gens avec un sérieux de très-fâcheux augure. « On dirait, écrit Henri, que le temps voudrait changer; ce serait bien ennuyeux. Il faudrait quitter tous les jeux pour aller se nicher pendant toutes les récréations sous un misérable hangar où l'on fait les philosophes, c'est-à-dire où l'on se promène de long en large en causant. Quoique je sois dans mes quinze ans, je n'ai pas encore de goût pour cette philosophie, et j'espère ne l'avoir que dans plusieurs années. »

Sa vocation pour le noble métier des armes s'était révélée depuis sa plus tendre enfance, et dès 1854, apprenant le départ pour l'Afrique d'un officier qu'il connaissait, il écrit à sa mère : « Il me semble que je ne serais pas fâché d'être à sa place; cependant vous seriez tellement tourmentée que je me priverais encore pour vous de cette satisfaction. » Mais ses goûts militaires se développèrent avec l'âge, et, après avoir terminé ses études littéraires à Iseure, il vint en 1859 à l'école Sainte-

Geneviève pour se préparer aux examens de Saint-Cyr.

A cette époque il se vit cruellement frappé dans l'une de ses plus chères affections. L'une de ses sœurs, qu'il aimait d'autant plus que leurs caractères sympathisaient davantage, mourut d'une fièvre typhoïde à l'âge de vingt et un ans. Du moins il eut la consolation d'assister à ses derniers instants, et nous trouvons le récit qu'il en fit lui-même dans une notice publiée sur Mlle Marie de Falaiseau (1). « A mon retour de Dijon, où j'avais subi mes examens, je trouvai notre chère Marie toute souffrante. Jamais elle ne me témoigna plus d'affection. Sa première question, en me voyant, fut celle-ci : « Es-tu reçu ? » Et, lisant mon échec sur mon visage : « Eh bien, n'en parlons plus ; tout est pour le mieux ; tu avais bien travaillé ; j'avais bien prié ; Dieu ne l'a pas voulu (2). »

« Chère Marie ! non-seulement elle avait bien

(1) Mémorial des Enfants de Marie de la maison dite *des Oiseaux*, 1864.

(2) Henri avait échoué à son examen du baccalauréat ès sciences. A ce propos il écrivait à sa tante : « J'ai pris mon parti aussi bien que possible de mon échec ; j'en suis même content sous un certain rapport. Car j'espère que Dieu le compensera largement par la réception de notre cher Charles. »

prié, mais elle avait offert de courageux sacrifices, témoin cette corbeille déposée au pied de la statue de la sainte Vierge, qui recevait autant de fleurs qu'elle avait pratiqué d'actes de vertu chaque jour, à l'intention de mon examen, et qui était toujours si bien remplie!...

« S'il m'est permis de me nommer ici, jamais je n'oublierai l'accent affectueux avec lequel elle m'appelait : — Mon petit Henri, viens auprès de moi, tu sais combien je t'aime, je ne veux pas que nous soyons séparés. — Oh! que ce souhait m'a souvent fait réfléchir! Que de fois je me suis surpris disant à la sainte Vierge : « Non, ma bonne mère, vous ne séparerez pas ce que Dieu a uni! »

Le samedi, 13 août 1859, la chère malade perdit la parole; et tandis que son père avec Henri récitaient les prières des agonisants, que sa mère lui répétait les noms sacrés de Jésus et de Marie, elle expira doucement pour devenir dans le ciel l'ange protecteur de sa famille. Le souvenir de cette sœur bien-aimée l'accompagna jusqu'au dernier jour de sa vie, et nous en trouvons à chaque instant la preuve dans sa correspondance. De Saint-Cyr il écrivait à sa mère, après une visite au couvent *des Oiseaux :* « Il y a longtemps que je n'avais été au parloir, et je vous avoue qu'en voyant toutes ces élèves avec leurs rubans violet, rouge, bleu, je ne pouvais m'empêcher de penser à notre pauvre Marie. Je cherchais même à retrouver ses traits dans quelques-unes des jeunes personnes qui nous entouraient. » Et le 12 août 1864, il écrivait à sa tante : « Il y a cinq ans qu'à pareille époque nous étions sur le point d'avoir une sœur de moins, et le ciel un ange de plus. Comme ce souvenir m'est encore présent! Mais prions! Pauvre sœur! Il me semble que c'est elle qui m'a protégé jusqu'ici. Je l'aimais tant que je craindrais de l'affliger, si toutefois elle est encore accessible à l'affliction. »

L'année qui suivit cette perte si douloureuse, lorsque pour la première fois revint la fête de sa mère, il essaye de la consoler par les témoignages de sa filiale tendresse: « S'il y a des souhaits qui vous manquent aujourd'hui, ou plutôt si des souhaits vous sont faits sans vous être exprimés,... je veux que vous trouviez du moins une consolation dans tous les vœux que je forme pour vous à l'occasion de votre fête. Vous dire combien notre séparation m'est pénible en ce moment est chose impossible. Il m'eût été si doux de pouvoir par ma présence alléger ou du moins partager une douleur que je ne comprends que trop! Une seule pensée peut nous consoler, chère maman, c'est que, si nous avons aimé et si nous aimons encore Marie pour elle, son bonheur actuel doit nous faire moins regretter sa pénible absence... Mais pourquoi vous entretenir d'un sujet aussi triste dans un jour où je ne devrais vous parler que de joie et de fête? C'est, chère maman, que je devine la pensée qui empoisonnera tout ce jour autrefois le bienvenu. Mais laissez-moi vous le redire encore, si l'affection de votre Henri peut apporter quelque soulagement à votre douleur, vous pouvez l'étendre encore et encore, et j'espère que vous n'arriverez jamais à sa limite!... Je passerai mes examens d'admissibilité samedi, dimanche et lundi. Dieu veuille que j'y réussisse! Priez et faites prier pour moi. »

Durant les deux années de son séjour à l'école Sainte-Geneviève, Henri fut sous tout rapport le modèle de ses camarades. Ses goûts et la disposition naturelle de son esprit ne le portaient point vers l'étude des mathématiques : ce fut une difficulté à vaincre, il en triompha. Élève sérieux et d'une persévérance à toute épreuve, il ne négligeait aucune partie du programme, et, malgré son aptitude moins grande pour les sciences exactes, il en vint à obtenir dans sa classe des places chaque jour meilleures.

Ferme et constant dans le travail, il ne l'était pas moins dans sa conduite. Il avait au plus haut degré le sentiment du devoir et surtout le respect de l'autorité. Jamais sur ses lèvres une parole de critique, et ses anciens condisciples ont conservé le souvenir de cette obéissance si chrétienne qui, dans les prescriptions de ses maîtres et du règlement, voyait l'expression de la volonté de Dieu. Il avait contracté l'habitude de cette filiale soumission dans une famille où les enfants ne soupçonnaient même pas qu'on pût discuter un ordre de son père ou de sa mère. « Jamais, disait-il à l'un de ses amis, je n'ai reçu le moindre éloge de mes parents pour l'accomplissement d'un devoir: cela semblait trop simple et trop naturel pour mériter un compliment. »

L'une des plus graves préoccupations d'Henri dès son arrivée à l'école fut le choix de ses amis, choix délicat et d'une suprême importance. Il savait que notre vie tout entière dépend en grande partie de ceux avec lesquels nous avons des relations intimes. Dans la société de jeunes gens remarquables par leur urbanité et la fermeté de leurs principes, il goûta tous les charmes d'une amitié sainte et joyeuse. Sa présence répandait autour de lui le respect et inspirait l'affection en même temps que la vertu. Chaque semaine il s'approchait de la sainte table; mais sa piété n'avait rien de dur ni d'austère, et, sans franchir jamais les limites que lui imposait sa conscience, il savait être pour tous un camarade aimable, toujours prêt à rendre service.

Son travail fut récompensé par le succès, et en 1861 il fut admis à l'école militaire de Saint-Cyr. Dans ce nouveau milieu, où la vie chrétienne est en butte à des tentations de toute sorte, sa vertu ne fit que se fortifier. Toujours fidèle à ses convictions religieuses, en dépit de mille obstacles, il trouvait moyen de recevoir assez souvent la sainte communion. Un jour de sortie, le mardi gras, il était allé chez l'un de ses parents, qui voulut après dîner le conduire au théâtre. Malgré de nombreuses sollicitations, Henri ne voulut point accepter; et comme son refus semblait étrange, il finit par répondre : « Le régime de Saint-Cyr comporte peu d'exercices religieux durant le carême; du moins je veux le commencer par une bonne action. Je vais me confesser ce soir, et demain, mercredi des Cendres, sous un prétexte quelconque j'irai à l'infirmerie pour pouvoir communier. Voilà le motif qui m'empêche d'accepter votre invitation. »

Il n'avait pas attendu son entrée à Saint-Cyr pour opposer une résistance énergique à tout ce qui aurait pu amoindrir en lui la vie chrétienne. Depuis longtemps il se préparait au combat par la prière, fortifiait son courage par la sérieuse pratique des vertus, et redoublait de ferveur pour s'assurer la protection de la sainte Vierge. Aussi, quand vint l'heure du péril, son âme, armée pour la lutte, fut invincible contre toutes les tentations. Malgré la fermeté d'un caractère qui n'avait jamais faibli, humble et se défiant de lui-même, il conjure le P. Saussié, son ancien professeur à l'école Sainte-Geneviève, d'intercéder pour lui auprès de Dieu. Le jour même où il apprend son admission à Saint-Cyr, il lui écrit : « Me voici déjà sous le coup de l'obéissance militaire. Hier j'ai reçu du ministère ma nomination, et me voilà obligé de partir ce matin. Sur le point d'entrer dans une vie nouvelle pour moi, je sens le besoin que j'ai de beaucoup et beaucoup de prières. Je viens donc réclamer les vôtres avec cet abandon que j'ai toujours eu avec vous.

« Vous savez sans doute que j'entre avec le n° 90 ; c'est mieux que je n'espérais, surtout après votre dernière lettre. Reste à se maintenir, et je ne sais si je le pourrai avec la mémoire ingrate que j'ai. Je suis à peu près décidé à prendre l'infanterie. Je désire les chasseurs à pied, mais je ne renie pas un certain goût pour l'état-major. Malheureusement c'est trop vert!

« Nous avons de bonnes nouvelles de Charles : il vient de passer maréchal des logis chef. Nous regrettons qu'il ait ces fonctions à remplir, maintenant que le voilà revenu à Rome. Ce grade, fort assujettissant, ne lui permettra pas de faire des excursions dans la campagne romaine, si fertile en monuments et en souvenirs. C'est un sacrifice de plus qu'il doit offrir à la cause sainte qu'il a embrassée. »

Henri aurait bien voulu s'engager, comme Charles, dans les troupes pontificales; mais aucun péril imminent ne menaçait alors les États du Saint-Père, et on le dissuada de ce projet. Il écrivait de Saint-Cyr à sa tante (1) : « J'annonce à Charles le départ prochain de Bernard de Quatrebarbe, l'un de ses meilleurs camarades de la rue des Postes, ce qui diminuera un peu l'isolement dans lequel il doit se trouver. Vraiment, si j'avais

(1) Mme Adèle de Falaiseau, associée à l'œuvre des Enfants délaissés, fondée par Mme la comtesse de Saisseval.

mes épaulettes d'officier, j'aimerais mieux servir comme caporal dans ce petit corps d'élite que comme maréchal de France dans les armées envoyées à Pékin ou autres expéditions de ce genre. J'espère, à ma sortie de l'école de Saint-Cyr, offrir aussi mon bras au Saint-Père; alors, ayant mes vingt-deux ans et mon brevet de sous-lieutenant dans ma giberne, peut-être me serait-il possible de changer de costume et de chefs. » Mais la situation ne se modifia point, et Henri reçut le conseil de poursuivre sa carrière.

Le 31 décembre 1861, il rend compte au Père Saussié de sa vie à l'école. « Vous croyez sans doute que votre Henri vous oublie, et vous vous plaignez amèrement du long silence qu'il garde à votre égard. Il n'est cependant pas aussi coupable que vous pourriez le croire de prime abord. Depuis que je suis rentré, je n'ai vraiment à me reprocher aucune perte de temps, et c'est à peine si j'ai pu écrire les quelques lettres hebdomadaires réclamées par ma famille.

« On nous a mis dans la nécessité de travailler en ne nous donnant aucun livre, en ne nous laissant entre les mains que les notes que nous prenons en classe et rédigeons à l'étude. Ce système m'a été d'autant plus nuisible que j'ai été un peu indisposé pendant le premier mois, que j'ai manqué plusieurs classes et qu'il a fallu me remettre promptement en règle. Mes examens se sont ressentis de cette précipitation, et je ne sais pas si j'aurai ma moyenne (de 9, 11); je l'espère cependant. Ma théorie est pour moi un cauchemar; je l'apprends et ne la sais pas, ou du moins fort médiocrement.

« A l'exercice *je fanatise ;* mais ayant été absent pendant toute la charge en douze temps, je me trouve fort emprunté, et je crains de me trouver au peloton des maladroits. J'en suis malade de frayeur; mon amour-propre en serait froissé au delà de toute expression.

« Pour les brimades, on a pris les mesures les plus énergiques pour y mettre un terme; mais on n'a réussi à les faire disparaître que pendant les récréations. C'est du reste la chose qui m'est la plus indifférente, lorsqu'elle reste dans les bornes des convenances. Peu m'importe de faire quinze fois mon lit le matin au lieu de le faire une fois, de cirer mes bottes, d'astiquer mes fourniments. Occupation pour occupation, ceci revient toujours au même.

« Sous le rapport religieux, d'un côté j'éprouve ici un vide immense et de l'autre je m'attendais à une contrainte beaucoup plus grande.

« Ce vide provient de la privation complète de tout acte religieux. Cette messe du dimanche, qui dure vingt-cinq minutes à peine, me semble, non pas une pratique, mais un vague souvenir de pratique. Je tâche, autant que possible, d'élever souvent mon cœur à Dieu; mais je dois avouer que bien des heures se passent, et même quelquefois des demi-journées, sans que cette pensée salutaire ne vienne se présenter à mon esprit.

« Pour les conversations, elles sont loin d'être catholiques; mais, ne fréquentant que les anciens élèves de la rue des Postes, je me trouve dans un centre où l'immoralité, loin d'être à l'ordre du jour, est pour ainsi dire exclue.

« Je vous écris la veille du premier de l'an, et avec l'intention de me rendre demain à la rue des Postes pour y recevoir Notre-Seigneur. Il y a deux mois que semblable bonheur ne m'est pas arrivé.

« Voici la fin de l'étude qui va sonner et je ne vous ai encore rien dit; il faut cependant que je ferme cette lettre; car je n'oserais vous l'envoyer si j'attendais plus longtemps.

« Adieu donc, mon Révérend Père; je termine en me recommandant à vos prières, mais d'une manière tout à fait spéciale. »

Henri, on le voit, était ferme dans ses résolutions,

et se maintenait fidèle à Dieu. Bien des jeunes gens promettent comme lui de ne pas dévier de leurs principes ; mais le respect humain, la séduction du plaisir, les mauvais exemples de chaque jour et surtout l'abandon de la prière et des sacrements affaiblissent peu à peu leurs forces, énervent la volonté, et bientôt ils sont eux-mêmes surpris de se trouver si éloignés de leurs convictions d'autrefois et si prompts à la défaite. Henri avait su se prémunir contre ces dangers; tout ce qui pouvait blesser sa conscience délicate, flétrir son noble cœur et le faire déchoir dans l'estime de Dieu lui inspirait d'invincibles répugnances. Aussi le séjour à Saint-Cyr fut une glorieuse épreuve d'où il sortit plus courageux et plus chrétien. Dans un milieu si défavorable, sa foi, par la force même des choses, était moins expansive ; mais en échange elle s'aguerrissait par la lutte et devenait plus virile. En parlant ainsi, nous ne faisons que résumer les sentiments exprimés dans ses lettres. Le 29 mars 1862 il écrivait au P. Saussié :

... « Que vous dirai-je depuis ma dernière lettre? Je n'ai plus cette fois à vous parler de brimades, car elles ont cessé à peu près complétement, et nous commençons à fraterniser avec nos anciens.

« Mes progrès dans l'art militaire sont peu sensibles ; je n'ai pas encore acquis le sang-froid nécessaire pour faire un bon sous-lieutenant ; mais j'aime à croire que, la grâce de Dieu aidant, je parviendrai à acquérir cette qualité essentielle pour un soldat. J'ai eu cependant quelque succès dans le dernier tir ; six balles mises sur neuf que j'avais tirées, m'ont valu une sortie.

« En lisant ces lignes, je vous vois sourire et vous demander si l'espérance d'une sortie est bien le comble des vœux de votre Henri. Non certes, il n'en est pas là. Tout ceci, je le considère comme accessoire, mais ce sont de ces accessoires qui vous font plaisir lorsqu'on est enfermé du matin au soir. N'ayant pas assez de vertu pour demander comme sainte Thérèse de souffrir encore, je tâche d'appliquer cette autre maxime : *Gaudete in Domino* (1). Jusqu'ici je crois être dans la voie que Dieu m'a tracée, et la carrière militaire, malgré tous les dangers qu'elle offre, me paraît digne de tous mes efforts. Je tâche le plus que je puis de sanctifier les plus petites actions ; mais je dois avouer que la présence de Dieu n'est pas pour moi une pensée continuelle. En dehors de cette atmosphère dans laquelle j'ai vécu jusqu'à ce jour, il m'est plus difficile de sanctifier toutes mes actions par une union

(1) Réjouissez-vous dans le Seigneur.

continuelle avec le divin Maître ; mais, à cause des obstacles qui se présentent, j'aime à me figurer qu'elle est plus méritoire.

« Devenir un militaire brave comme la lame de son épée, chrétien comme ces hommes d'ancienne roche, d'une moralité exemplaire, voilà l'idéal que je poursuis et qui remplit toutes mes espérances. Priez et priez beaucoup pour que je mette en pratique ces résolutions. Si vous saviez comme la sainte Vierge m'aime, comme je retrouve à chaque instant sa bienveillante protection, vous comprendriez toute ma reconnaissance, et le désir que des cœurs plus aimants et plus purs que le mien m'aident à la lui témoigner, et la supplient de verser encore sur moi ses grâces abondantes.

« Adieu, mon Révérend Père, je vous aime et vous embrasse en fils respectueux et dévoué. »

Au mois de mars 1863, la fièvre typhoïde, qui devait faire à Saint-Cyr un assez grand nombre de victimes, obligea le ministre de la guerre à licencier l'école. La famille d'Henri vivait dans les plus mortelles inquiétudes, quand elle le vit revenir plein de santé, et, mieux encore, aussi fervent qu'autrefois. Au milieu de ses hésitations sur l'arme qui lui conviendrait le mieux, il écrit au P. Saussié pour le consulter : « Je ne sais, dit-il, si je dois vous faire souvenir qu'il existe en un certain lieu du globe un Henri que vous avez connu et auquel vous avez appris à vous aimer. Peut-être que ce nom va réveiller en vous rancune et malédiction ! La langue française ne vous fournit pas de termes assez énergiques pour flétrir son indifférence, son ingratitude.

« Mais, à tout péché miséricorde ! Cette doctrine nous est dictée d'assez haut pour que je ne craigne point ici de l'évoquer en faveur de ma paresse.

« Les journaux vous ont mis au courant de la maladie de Saint-Cyr ; six de mes camarades ont succombé et une quarantaine ont eu les symptômes de la fièvre typhoïde. Jugez de l'inquiétude où étaient mes excellents parents et du bonheur que leur a procuré mon apparition !

« Pour moi, tout en déplorant le motif qui nous fait licencier, j'aurais été heureux de passer un mois en famille ; mais je trouve que deux mois sont une prolongation inopportune, d'autant plus qu'on est disposé au ministère à compenser cette perte de temps en nous gardant tout le mois de septembre. Il faut donc dire adieu aux réunions de famille et à cette belle *ouverture* de la chasse.

« Tout ceci me contrarie un peu ; mais en ce

moment ma préoccupation constante est l'arme que je choisirai. Ma mère voudrait que, si je puis concourir pour l'état-major, je le fisse; pour moi je serais désolé d'y entrer, car si je me trouvais parmi les élus, je ne sais comment je ferais pour m'y maintenir dans un rang convenable avec ma nullité pour le dessin graphique, ma difficulté de mémoire et mon éloignement pour tout ce qui sent les mathématiques. Pour me résumer, je trouve que je brise ma carrière militaire en prenant ce corps spécial.

« Les bataillons de chasseurs me sourient beaucoup. Ce corps fait souvent campagne, et par conséquent vous donne mille occasions de vous distinguer. Comme composition, il est bien supérieur à l'infanterie. Voilà le beau côté de la médaille! Le revers, c'est un avancement moins rapide que dans la ligne.

« J'arrive enfin à un régiment de ligne, et ici je suis encore indécis. Je me demande si, par exemple, je dois prendre celui de Biotière, où j'aurai, en lui et de Mons (1), de charmants compagnons d'armes, mais où leur présence, ainsi que celle de Migne-

(1) Charles de Mons, ancien élève de l'école Sainte-Geneviève, tué au combat de Dreux.

ret (1), m'ôtera toute espérance de passer au choix.

« Je vous soumets toutes ces idées avec l'abandon que j'ai toujours eu avec vous, et qui me faisait trouver tant de charmes dans les conversations que nous avions ensemble. J'espère aussi que vous prierez pour que mon choix tombe sur un régiment où d'abord je fasse mon salut, et ensuite où je puisse satisfaire mes goûts belliqueux.

« Roland de Dreuzy (2) vient de perdre sa mère; j'ai hésité un moment pour savoir si je n'irais pas passer quelques jours avec lui. A propos de mort, vous savez sans doute que Samuel Auvynet a été une des victimes de la fièvre typhoïde (3).

« Adieu, mon Révérend Père, priez pour que Dieu me soutienne et me protége pendant cette dernière année d'études, et croyez à l'affection de l'élève qui vous a le plus tendrement aimé. »

Les parents d'Henri désiraient vivement le voir entrer à l'école d'état-major. Ce projet, qui lui avait d'abord souri, n'était plus de son goût: à part

(1) Ancien élève de l'école Sainte-Geneviève, tué à Spickeren.

(2) Ancien élève d'Iseure et de l'école Sainte-Geneviève.

(3) Samuel Auvynet, élève de l'école Sainte-Geneviève du 19 novembre 1860 au 7 août 1862, mort à Saint-Cyr durant son séjour à l'école le 20 janvier 1863, à vingt et un ans.

les difficultés du concours, il craignait de ne pouvoir alors faire campagne et de n'être qu'un officier de parade, ce qui était complétement antipathique à ses goûts militaires. Malgré ses répugnances, il n'hésita point et promit de se préparer le mieux possible aux examens. Après avoir pris cette résolution, témoignage de sa filiale obéissance, il écrit à l'un de ses oncles : « Me rendant à vos bons avis, je compte me présenter à l'école d'état-major, si mon classement de sortie me le permet. Ce que vous me dites sur la facilité de faire campagne, une fois que le stage est terminé, m'a été confirmé par tous les officiers supérieurs que j'ai été à même de voir... En cas d'échec, je prendrai probablement les chasseurs, car, je vous le répète encore, mon bon oncle, je veux AVANT TOUT FAIRE CAMPAGNE, et vivre avec des jeunes gens qui puissent au moins m'offrir quelques garanties d'éducation. On parle beaucoup ici de la guerre de Pologne. On me disait aujourd'hui que la Russie mettait de plus en plus d'aigreur dans ses réponses. Cette cause me semble si noble que je la défendrai avec bien du plaisir. Peut-être aurions-nous le temps d'arriver assez tôt pour y attraper quelques balafres. »

Peu de jours après, il rend compte à sa mère des conditions du concours qui va bientôt commencer :

« Nous sommes soixante-dix-sept inscrits pour l'état-major, dont actuellement quarante sont dans les soixante premiers. Vous savez que trente-six élèves seulement sont admis à concourir. Vous voyez donc que, cette année, ce ne sera pas chose facile. Si, dans le classement de sortie, les mêmes individus se trouvent bien classés et si je ne monte pas jusque vers le n° 50, je n'ai aucune chance. Du reste, à la garde de Dieu ! je me laisse conduire par des personnes qui ont mission pour cela, et j'espère qu'il ne peut m'en arriver rien que de fort heureux... J'ai passé une journée charmante rue Las-Cases : oncles, tantes, cousines ne savent qu'inventer pour rendre mes sorties agréables et me faire oublier les ennuis de l'école. (1) »

A la veille des examens, il écrit à son ancien professeur de l'école Sainte-Geneviève pour se recommander à ses prières : « Vous allez m'accuser de vous écrire une lettre bien intéressée ; mais, comptant sur votre affection toute paternelle et votre zèle pour ce qui tient de près ou de loin *ad majorem Dei gloriam*, j'affronte cette accusation.

« Je viens vous demander des prières pour le succès ou l'insuccès de mes examens, suivant la

(1) Il s'agit de Mme la vicomtesse de Romanet, sœur de M. le marquis de Falaiseau.

volonté de Dieu. Mes parents me semblent tellement désirer pour moi l'école d'état-major que je n'ose me prononcer d'une manière formelle contre.

« Mes examens commencent lundi ou mardi, et, d'après leur résultat, je verrai si je puis, *oui ou non*, me présenter; trente-six élèves seulement sont admis à concourir, et seize sont élus. Ce petit nombre est effrayant; cependant, Dieu aidant, je pourrais peut-être réussir.

« Il me faut donc une de vos messes, rien moins que cela; vous prierez la sainte Vierge pour qu'elle me conduise là où je dois rester sage envers et contre tous.

« Maintenant que j'ai plaidé ma cause et que j'espère l'avoir gagnée, je vais vous dire quelques mots sur ma dernière année de Saint-Cyr.

« Mes galons de sergent me l'ont beaucoup adoucie, au début. De nombreuses sorties et mille petits priviléges qu'entraînent toujours les honneurs m'ont fait paraître le temps moins long que l'an dernier. J'ai cependant eu un vilain moment à passer : l'un de mes meilleurs amis, par suite d'une discussion, a été provoqué en duel. Aussitôt, il est venu me confier l'affaire, en me priant de l'arranger. J'ai accepté peut-être un peu à la légère; car, si je ne réussissais pas, je devais servir de témoin, Pendant longtemps toute entente a été impossible. Les jours se passaient, la fin de l'année arrivait et tout allait au pis. Que faire? je vous avouerai qu'en désespoir de cause, j'avais fait avec le Ciel le petit arrangement suivant : me retirer d'ici-bas avant que j'aie pu l'offenser. Enfin, la veille de l'Assomption, les prières l'emportant, le Ciel m'a exaucé et tout s'est calmé. »

« Voilà ma confession.

« Si nous passons au chapitre des études, je vous dirai que, malgré tous vos bons soins, je ne suis pas très-fort en sciences. La fortification, la topographie, la perspective, sont autant de parties sur lesquelles je suis peu *ferré*. L'art militaire, la législation, l'administration me conviennent mieux, et par suite sont pour moi le beau côté de la médaille. J'espère avoir mon 17 de moyenne pour les notes de l'année dans la première de ces facultés.

« Nous sommes encore à Saint-Cyr jusqu'au 25 septembre, et si je me présente à l'école d'état-major, je ne partirai de Paris que vers le 10 octobre. Si vous y venez, faites-le moi savoir, afin que j'aille vous dire un petit bonjour.

« Ce bon Charles est toujours en Italie, je compte qu'il fera coïncider son congé avec le mien. Ce sera un bon temps de réunion.

« Adieu, mon Révérend Père, je vous aime et embrasse avec l'effusion que vous connaissez à votre enfant respectueux.

« Quelques jours avant sa mort, le bon P. Brumauld m'avait écrit une lettre des plus pressantes pour que je concoure pour l'école, et je vous avouerai que son petit mot a contribué puissamment à m'ébranler. » — A propos de cette mort, Henri écrivait à sa sœur Augusta : « Le P. Brumauld vient de mourir subitement à Mende. Cette mort sera un véritable deuil pour papa, et je t'avouerai que je la ressens aussi bien vivement. C'est le prêtre que j'ai rencontré *de par le monde* qui sympathisait le mieux avec mon caractère. Bonté, droiture, loyauté, largeur d'idées, se trouvaient réunies en lui au plus haut point (1). »

L'examen de fin d'année justifia les prévisions d'Henri. Malgré son travail consciencieux, il ne put obtenir un numéro assez élevé pour le concours d'état-major. Après avoir fait preuve de soumission au moindre désir de ses parents, il se consola sans peine de cet échec. Bien des motifs l'excitaient à entrer dans un bataillon de chasseurs; mais la

(1) Le P. Ferdinand Brumauld, né le 28 juillet 1798, mort le 10 août 1863, aumônier militaire en Afrique, fondateur des orphelinats de Ben-Aknoun et de Bouffarick.

présence au 84e de ligne de deux ou trois de ses meilleurs amis de Saint-Cyr lui fit choisir ce régiment, et il y resta jusqu'à la prise de Metz par les Prussiens.

La vie de garnison, si périlleuse pour un grand nombre de jeunes officiers, était pour lui une nouvelle épreuve ; il la subit victorieusement. Affable pour ses camarades, plein de prévenances, il sut bientôt se faire estimer, même par ceux qui ne partageaient point ses convictions. Comment ne pas admirer une vertu si aimable, invincible au mal, ardente au dévouement, pleine de droiture et accessible à toutes les idées généreuses ? Il redoutait par-dessus tout de languir dans l'oisiveté. « Dieu sait, écrivait-il dès le début de sa vie militaire, quand je recevrai ce baptême du feu qui constitue le soldat, et sans lequel son existence prend un caractère de monotonie incompatible avec la noble carrière des armes ! »

Au commencement de 1864, il se rendit à Arras où se trouvait son régiment. Dans la lettre suivante il fait connaître au P. Saussié son nouveau genre de vie. « Merci mille fois de cette bonté inépuisable qui vous fait dire que, s'il y a eu des lacunes dans ma correspondance, il n'y en a pas eu dans mon affection pour vous. — Oui, mon

Révérend Père, je suis encore *votre Henri!*

« Permettez-moi d'ajouter que je suis aussi très-reconnaissant de ce que vous avez bien voulu prier si souvent pour moi. Vous avez appris mon échec pour l'état-major, ce dont je m'applaudis tous les jours; vous avez su que je n'ai pu avoir le 16e bataillon de chasseurs actuellement en garnison à Paris; on vous a dit enfin que j'étais parvenu à entrer avec de Saint-Germain au 84e de ligne. Les circonstances qui se sont présentées à mon arrivée dans ce régiment me font supposer de plus que c'était bien la volonté de la sainte Vierge. Le corps des officiers avec lesquels je vis laisse peu à désirer sous le rapport de l'éducation. Plusieurs ont des principes religieux fort avancés, un très-petit nombre témoigne de l'hostilité. Sous le rapport de la moralité, il y a bien quelque chose à dire; cependant je dois reconnaître que la plus grande réserve règne généralement dans leur conversation, et on ne supporterait pas que l'immoralité soit affichée.

« Nous sommes actuellement en garnison à Arras. Tous se plaignent du peu de distractions qu'offre cette ville et je suis peut-être le seul qui m'en applaudisse. J'ai pu, sans rien brusquer, montrer peu à peu ma manière de voir et les principes arrêtés que j'avais. D'un autre côté, la société m'a offert cet hiver de charmantes soirées et d'agréables réunions.

« Jusqu'ici, vous le voyez, tout a bien été! mais je ne me fais pas d'illusion et je comprends qu'il me sera bien autrement difficile d'être sage, lorsque, dans une autre garnison, je serai en butte aux plus terribles occasions, à moins de vivre tout à fait à l'écart de mes camarades, ce qui ne se peut. C'est alors surtout, mon Révérend Père, que j'aurai besoin de vos prières pour me tenir ferme, pour ne pas faire ce premier pas qui est généralement l'avant-coureur de chutes innombrables.

« Comme pratiques religieuses, je suis assidu à faire mes prières du matin et du soir, je lis à peu près chaque jour un chapitre d'*Imitation*. Bien va sans dire que j'entends la messe le dimanche. Je m'approche assez souvent de la sainte table.

« Je vous quitte pour aller à l'exercice. Chargé des recrues, je suis très-occupé en ce moment. J'ai tous les jours cinq heures d'exercice, et si vous y ajoutez le temps que je passe auprès des enfants de troupe que l'on m'a confiés (malheureusement en sous-ordre) et celui qu'exige mon service de compagnie, vous comprendrez facilement que ma vie n'est pas aussi oisive que vous pourriez le croire de prime abord. C'est à peine si j'ai le temps de relire mes théories et de faire quelques lectures sérieuses. On vient de m'envoyer la réfutation de M. Renan par le P. Félix.

« Adieu, mon Révérend Père, voici une lettre bien décousue, mais entre deux cœurs qui s'aiment les traits d'union ne sont pas nécessaires. On se comprend toujours. Priez beaucoup pour moi et dites-vous bien que je suis et veux être toujours votre Henry. »

Vers la même époque, il écrivait à sa tante : « La Providence semble jusqu'à présent éloigner de moi toute espèce de difficultés, et je serais vraiment heureux si la maladie de mon père n'était point pour moi une cause de grand chagrin. Pauvre père ! sa pensée ne me quitte pas, et mes yeux ne se détachent point du portrait que vous m'avez donné et que j'ai suspendu dans mon secrétaire, au-dessus d'une petite statue en argent de la sainte Vierge, qu'Augusta m'a remise le jour de mon départ. — Qu'il est doux, ma chère tante, de penser que nous ne sommes point seuls sur cette terre à prier pour lui, mais que nous avons une sœur bien-aimée qui s'unit à nous pour implorer le secours du Ciel ! »

A chaque instant, dans sa correspondance, il

exprime ses filiales inquiétudes sur la santé du cher malade. Aussi, quelle joie quand il apprend qu'un mieux sensible fait espérer une complète guérison. Quatre ans plus tard, il écrivait à sa tante: « La lettre que vous m'envoyez est la confirmation du rétablissement si inespéré de notre excellent père. Au milieu d'un tel bonheur, je crois que le Ciel ne nous défend point d'entonner l'*Alleluia*, même dans la semaine de la Passion. Différer ce cantique d'action de grâces serait un manque de reconnaissance envers le bon Dieu. A notre prochaine réunion, ma joie sera sans mélange; car, cette ombre au tableau, sujet de tant de tristesse dans le passé, aura complétement disparu. »

Son régiment fut envoyé, dans l'été de 1865, au camp de Châlons pour y prendre part aux grandes manœuvres qui s'y faisaient chaque année ; et il obtint ensuite d'aller passer quelque temps dans sa famille. « Ma vie au camp de Châlons, écrit-il au P. Loudier, n'a pas été si pénible et si difficile que vous pourriez le croire. D'abord j'avais l'avantage d'être barraqué, et non sous la tente. Je demeurais porte à porte avec mon capitaine, qui est un homme charmant (1).

(1) M. Bohy, qui peu après quitta le régiment pour entrer

« Nous avons beaucoup souffert de la chaleur pendant une quinzaine, mais je trouve qu'un officier a toujours mauvaise grâce de se plaindre, lorsqu'il a sous les yeux la vie du pauvre soldat,qui descend une garde pour aller à une corvée, et finit une corvée pour se rendre à une manœuvre. On s'étonne parfois que les malheureux y résistent... Chaque dimanche,l'aumônier dit la messe au quartier impérial; toutes les troupes y assistent, comme vous le savez, et forment le cortége le plus imposant qu'on puisse imaginer. Je réclame vos prières les plus ferventes pour que votre Henri reste sage dans sa nouvelle garnison. Strasbourg est une résidence très-enviée; mais je crois que là plus que partout ailleurs il faudra veiller et prier. Adieu. »

Du camp de Châlons, le régiment d'Henri se rendit à Strasbourg, et sa compagnie fut détachée à Wissembourg. De cette ville il écrit au P. Loudier le 28 septembre 1866 :

« Comme camaraderie, j'ai été bien éprouvé cette année. J'ai pour ainsi dire fermé les yeux à O. de Saint-Germain (1), vieil ami de la rue des Postes,

dans l'intendance militaire, ce qui fut un vif sujet de chagrin pour Henri.

(1) Octave de Saint-Germain, élève de l'école Sainte-Geneviève du 2 octobre 1860 au 9 août 1861, sous-lieutenant

qui avait demandé le même régiment que moi, afin de continuer une liaison dont nous étions également heureux. J'ai perdu également un lieutenant que j'aimais beaucoup. Il n'avait pas mes idées religieuses, mais c'était un *brave cœur*. Enfin le seul officier qui avait *absolument* ma manière de voir et politiquement et religieusement, vient de donner sa démission et quitte par conséquent le régiment. Malgré tous ces chagrins, toutes ces contrariétés, *sto*. La Providence m'a conduit par la main dans toutes les circonstances difficiles et j'ai foi qu'elle ne m'abandonnera pas. Continuez à prier pour votre sous-lieutenant, et tout particulièrement le 9 octobre, jour de sa naissance. Il n'est pas encore un trop mauvais sujet et espère ne jamais le devenir, tant que la sainte Vierge vous aura pour intercesseur. Demain 29, fête de saint Michel, je compte aller à la messe. Cette solennité me rappelle notre congrégation des Saints-Anges à Iseure. Comme ce temps est loin! Heureusement les souvenirs ne vieillissent pas, lorsqu'ils sont épousés par le cœur! Adieu. »

« Mes occupations, écrit-il dans une autre lettre, sont nombreuses; j'ai, outre mon service de semaine, la direction des écoles régimentaires, et

au 84e de ligne en 1863, sous-lieutenant au 1er de tirailleurs algériens, mort le 10 juillet 1866.

l'instruction du canon; mes distractions ne le sont pas moins. J'ai trouvé ici des chevaux qui me permettent de parcourir les Vosges dans mes moments de liberté, et une société fort hospitalière m'a procuré des soirées agréables. Je me suis mis en relation avec le curé de Wissembourg, dont le caractère franc et rond me convient beaucoup. Il m'a promis de mettre sa bibliothèque à ma disposition, ce qui sera pour moi une ressource. »

Charles, son frère, se trouvait, depuis plusieurs années, officier d'artillerie dans l'armée pontificale, lorsque les bandes garibaldiennes envahirent de nouveau les États du Saint-Siége en 1867. La tendre affection qu'Henri portait à son aîné lui inspira de vives inquiétudes, le sachant exposé à bien des périls. Le 28 octobre, il écrit à Charles : « Tu ne peux t'imaginer l'impatience avec laquelle j'attends ta prochaine lettre. L'intervention française fait disparaître toute espèce de danger pour les troupes pontificales à partir d'aujourd'hui 28. Mais, avant cette date, les journaux nous disent que vous avez eu affaire à forte partie. Les pertes de Monte-Rotondo ont été considérables, et on parle de trois canons pris par les garibaldiens. Ces nouvelles m'ont jeté du froid au cœur et je me demande si tu étais là, si tu as assisté à cette capture qui a dû t'exaspérer, si hélas! pour éviter une plus grande débâcle parmi ta batterie, tu n'as pas été grièvement blessé dans cette affaire... Si tu savais comme mon imagination travaille, comme mon cœur souffre, comme ma bile est en mouvement! J'ai rêvé cette nuit à toi, que j'étais gardien de tes pièces, prêt à donner mille fois ma vie pour ne pas laisser ces bandes révolutionnaires prendre un seul trophée aux troupes pontificales, et je me suis réveillé triste. A dix heures, j'ai dévoré les journaux et j'y ai trouvé des nouvelles contradictoires. La dépêche venue de Rome n'est pas de nature à me rassurer complétement; elle parle d'un engagement dans lequel les deux compagnies placées à Monte-Rotondo n'auraient pu que résister à des forces écrasantes. Celle venue de Florence mentionne un véritable succès pour les garibaldiens... Écris-nous vite, bien vite... Je ne te demande pas une longue lettre comme ta dernière. Dieu sait cependant si elle m'a intéressé!... Il y a ici des réunions fort agréables, mais je m'en priverai cette semaine, n'ayant pas le cœur d'aller dans le monde avant d'avoir de tes nouvelles. Adieu, frère, tu sais si je t'aime et si je prierai pour toi ton puissant patron. »

Les inquiétudes d'Henri étaient sans fondement; la section de la batterie de Charles se trouvait bien à Monte-Rotondo, mais c'était celle que commandait le brave lieutenant Bernard de Quatrebarbes, qui se couvrit de gloire dans cette défense de Monte-Rotondo et mourut quelques semaines après des suites de la blessure qu'il y reçut. Quant à Charles, il était alors de garde sur les remparts de Rome. Le 1er novembre, il fut envoyé à Velletri contre les bandes du député Nicotera, qui lâchèrent pied à l'approche de la petite colonne pontificale, et enlevèrent à ceux qui composaient cette colonne l'honneur de se trouver à la bataille de Mentana.

Henri eût bien voulu faire ses premières armes au service d'une si sainte cause; mais son ardent désir d'être envoyé à Rome ne fut point exaucé. Du moins, pour consoler sa famille, il obtint un congé et vint à Nevers : « Inutile de vous dire, écrit-il le 6 novembre 1867, si j'ai désiré ardemment faire partie de ce corps d'expédition envoyé de Lyon au secours de la petite armée pontificale. J'aurais fait volontiers le sacrifice de toute ma gloire militaire à venir, pour être dans un des bataillons du général de Polhès. Il me semble que j'aurais fait merveille avec mes grenadiers armés de fusils chassepots !

« Me voici au milieu des miens pour trois mois. Les nouvelles inquiétantes que je recevais de Rome m'ont fait devancer l'époque de mon congé. J'ai laissé mon bataillon à Wissembourg; j'espère que nous ne quitterons pas l'Alsace avant de nous être mesurés avec messieurs les Prussiens. »

Depuis que notre jeune sous-lieutenant était sorti de Saint-Cyr, sa vie avait toujours été la même. Plein d'amour pour son métier, studieux, rigide observateur de ses devoirs d'officier, plaçant avant toute chose l'accomplissement de ses obligations chrétiennes, il se trouvait heureux dans sa carrière, n'attendant qu'une bonne occasion de pouvoir tirer l'épée. Pour mieux faire apprécier cette âme si digne d'être connue, nous allons citer plusieurs de ses lettres au P. Loudier, son directeur au collége d'Iseure.

« Je vous ramène à Strasbourg pour que vous y suiviez un peu ma vie quotidienne. A sept heures, lever. Les menus détails de la toilette, ma prière, une lecture spirituelle, me conduisent jusqu'à sept heures trois quarts. Je m'installe alors à ma table de travail, soit pour repasser mes théories, soit pour lire, soit pour mettre à jour ma correspondance. Vient ensuite le déjeuner, l'appel de onze heures, une petite séance au café. Avant l'exercice qui commence à une heure, je vais tirer quelques bottes à la salle d'armes. L'exercice terminé, je rentre chez moi jusqu'au dîner; souvent encore je monte à cheval, ou je descends à Strasbourg pour faire des visites ou entendre jouer la musique militaire. Mes après-dînées se passent soit à canoter, soit à me promener avec deux ou trois de mes camarades sur le boulevard du Broglie. Depuis que le vent souffle à la guerre, je termine toujours ces promenades par une petite séance au Helder de Strasbourg, afin d'y parcourir tous les journaux. Je passe en revue *Monde* et *Opinion Nationale*, *Siècle* et *Gazette de France*. Vers dix heures et demie, je reprends le chemin de la citadelle, et à onze heures et demie je suis dans les bras de Morphée. Une grande manœuvre, une revue, un tour de garde, un jour férié, viennent seuls modifier cet emploi du temps.

« En fait de lectures, je suis toujours très-sobre de romans et je ne dois point m'en faire un mérite, car très-peu ont quelque attrait pour moi. Je préfère des ouvrages plus sérieux, tels que les écrits d'Alexis de Tocqueville, les *Principes de* 89 *et l'Église* par M. Keller, les intéressantes publications de voyages autour du monde, etc. La *Renaissance* de Michelet, que je termine ces jours-ci, est admirable comme style, mais elle ne m'a pas moins agacé les nerfs par ses absurdités que le *Voyage à Rome et à Naples* de M. Taine. Mentez, mentez, il en restera toujours quelque chose! A propos de livres, si vous connaissiez quelques ouvrages ayant de l'actualité, vous me feriez plaisir en me les indiquant; car nous augmentons chaque jour notre bibliothèque de régiment et je pourrai en demander quelques-uns lors du prochain achat qui sera fait.

« Vous avez appris par Charles mes désirs d'entrer dans la légion romaine et ce qui m'a empêché de pouvoir donner suite à ce projet. Après tout, les événements se précipitent tellement que ce corps sera peut-être dissous avant d'être complété. La guerre paraît imminente de tous côtés et je crois qu'elle sera sérieuse. Espérons qu'un coup de canon ne se tirera pas en Europe sans que mon régiment se trouve engagé. Il y a assez longtemps que *je prépare mes facultés*.

« Priez beaucoup pour votre Henri à Notre-Dame de Fourvières. Qu'il meure en soldat et en chrétien, si une balle ennemie doit le frapper; voilà l'important. Comptez d'avance sur sa reconnaissance affectueuse et respectueuse. »

Durant son séjour à Strasbourg, Henri s'était rendu en pèlerinage à Sainte-Odile, dont la chapelle se trouve dans l'un des plus beaux sites de l'Alsace. « Cette excursion, écrivait-il, m'a laissé les meilleurs souvenirs. Il semble que les sanctuaires, élevés sur ces montagnes imposantes, ont un rapport plus direct avec le ciel, et que les prières qu'on y adresse, dégagées des préoccupations de la vallée de larmes, s'envolent plus facilement vers le trône de Dieu. Mais je m'aperçois que je monte, non sur le pic de Sainte-Odile, mais bien en chaire. Je redescends au plus vite, car je suis un mauvais apôtre. »

Durant les congés qu'Henri passait à Nevers ou au château d'Escrignelles, sa grande joie était de pouvoir mieux témoigner à ses chers parents une affection, qui ne faisait que croître avec le nombre des années. Dans ce cercle intime où régnait la plus parfaite conformité d'opinion et de sentiments, famille vraiment chrétienne où il n'y a qu'un cœur et qu'une âme, Henri se trouvait à l'aise, cherchant à se rendre utile et à payer de retour ceux qui le chérissaient si tendrement. Une maladie de M. le marquis de Falaiseau lui en fournit l'occasion, et il s'empresse de la saisir. « Au moment où Charles s'acheminait vers Rome, écrit-il de Nevers au P. Loudier le 11 février 1867, je restai seul à Escrignelles avec mon père. J'avais à remplir auprès de notre cher malade les fonctions de secrétaire, d'homme d'affaires et de garde-malade. J'ai cherché à m'acquitter de mon mieux de ces différents offices, mais je sentais mon insuffisance. Ma plume est souvent paresseuse; les chiffres et moi sommes ennemis mortels; enfin je suis bien novice dans l'art d'Esculape. Heureusement, la Providence et le cœur aidant, je n'ai pas plié sous le fardeau..... Dans un mois il me faudra rejoindre mon bataillon actuellement détaché à Wissembourg. J'aime à croire que nous ne quitterons pas la frontière avant d'avoir franchi le Rhin. Trois ans de grade, et pas de campagne!..... »

Nous avons encore quelques lettres au P. Loudier, écrites de Strasbourg, où son détachement avait été rappelé au mois d'avril 1867. — « Strasbourg, 7 mai 1868. Les bruits de guerre prennent de la consistance. S'ils se réalisent, mon régiment a fort heureusement la certitude de marcher. Il vient d'être embrigadé tout dernièrement. Si décidément j'entre en campagne dans une quinzaine, j'espère que vous y entrerez aussi. Pour chaque assaut que j'aurai à fournir contre les Prussiens, je réclame de vous un assaut de prière. Vous demanderez pour moi le courage nécessaire, afin que je sois toujours à la hauteur de ma position : une mort de chrétien et de soldat, si je dois succomber. Les citations, la décoration sont des récompenses qui me feront un plaisir extrême, mais que je veux désirer d'une manière très-modérée. Plus d'*honneur* que d'*honneurs* me semble une des plus belles devises de notre chevalerie et je voudrais pouvoir la mériter. Il va sans dire que, si nous devions recevoir le baptême du feu, je commencerais par un autre baptême, quoiqu'il y ait peu de temps que je me suis approché de la sainte table. — Depuis que ces bruits de guerre circulent, je consacre tout le temps libre que me laissent mes exercices à la lecture des campagnes de Gouvion Saint-Cyr. Je tâche de me rendre familières ces marches et contre-marches dans les Vosges en 93, 94 et 95. »

Dans une autre lettre datée de Strasbourg, 8 septembre 1868, il écrit au même Père : « Je suis toujours modeste sous-lieutenant. Porté l'année dernière avec le numéro 4 au choix, je me trouve aujourd'hui avec le numéro 3, et le numéro 6 à l'ancienneté. A moins de guerre, je ne passerai certainement pas au grade supérieur avant dix-huit mois. Du reste, malgré ce peu d'avancement, je suis toujours aussi content de la carrière que j'ai embrassée (1). Je lis en ce moment avec grand in-

(1) L'excessive délicatesse d'Henri l'empêcha seule d'être nommé plus tôt lieutenant. Il apprend un jour qu'il est porté sur le tableau avant l'un de ses camarades plus ancien de

térêt *la Réforme sociale* de M.Ch. Le Play. Comme revue, je parcours assidûment le *Correspondant,* auquel nous sommes abonnés depuis un an, et qui vient heureusement faire la contre-partie de la *Revue des Deux-Mondes.* Enfin je feuillette un ouvrage peu catholique, mais sur lequel je voulais avoir quelques données, le *Reisebilder* de Henri Heine. La poésie vraie que l'on rencontre dans cet ouvrage ne saurait contre-balancer le dégoût qu'inspirent les idées matérialistes et prétrophobes de cet écrivain.

« Vous voyez qu'en ce moment mes lectures sont toutes littéraires; avant l'inspection générale, elles étaient toutes militaires, et bien m'en a pris; car j'ai été interrogé assez longuement sur les campagnes de Moreau en 1796 et 1800. Du reste, nos heures libres ne se prolongeaient pas beaucoup cet été. Presque tous les jours nous étions debout à cinq heures, et par ces chaleurs tropicales, nous avions une journée si bien remplie par les manœuvres, le service, etc., qu'à neuf heures tous les officiers du 84e étaient dans leurs toiles.

« Je compte toujours tout particulièrement sur vos prières pour rester un vrai chrétien. Adieu. »

grade et qu'il regardait comme plus méritant que lui. Il va trouver le général et obtient par ses instances que les tours soient intervertis.

Au mois d'octobre 1868, le 84e de ligne quitta Strasbourg. Avant de se rendre dans sa nouvelle garnison, Henri put aller prendre quelque repos à Escrignelles. Le 15 décembre 1868, il écrit au P. Loudier: « J'ai eu la bonne fortune d'obtenir encore cette année un congé de trois mois; mais le 15 février il me faudra partir pour Phalsbourg. Je suis menacé, à mon grand désespoir, d'être envoyé l'an prochain à l'école de tir. Dans cette destination, tout sera ennui et contrariété et je n'y vois aucun avantage possible, vu mon ancienneté de grade. Priez toujours pour votre soldat; il ne doute pas que vous ayez été souvent son bouclier... »

Peu de temps après son arrivée, il fait connaître à son ancien directeur sa nouvelle résidence : « Je suis perdu dans une petite place des Vosges, pays charmant en été, mais bien maussade en hiver. Phalsbourg est une place forte de 2,000 âmes, n'offrant aucune ressource de société, aucun genre de distraction. La bibliothèque du 84e, dont je vous ai déjà souvent parlé, est pour moi une grande ressource. Je suis lancé en ce moment en plein art militaire. Le curé de Phalsbourg, ecclésiastique vénérable, conduisant sa paroisse depuis trente-cinq ans, m'a proposé plusieurs ouvrages de polémique religieuse, et je compte en profiter aussi.

Mon service et la lecture, voilà donc mes seules occupations, du moins pendant cette saison rigoureuse et surtout maussade. Aux beaux jours, je serai moins studieux ; car j'ai hâte de faire connaissance avec le magnifique pays qui m'entoure... »

Les loisirs que rêvait Henri ne lui furent pas accordés, et bientôt après il fut chargé de fonctions pénibles qui devaient lui laisser peu de temps libre. Il écrit de Phalsbourg à sa mère le 15 mai 1869 : « On s'occupe des travaux préparatoires pour l'inspection générale, et je crains bien d'être désigné pour l'école de tir. Vu mon ancienneté de grade, mon inaptitude pour le dessin, je n'ai rien à gagner dans cette mission et beaucoup d'ennuis à envisager. Dans le cas où ce choix serait maintenu par le général de division, je passerais au camp de Châlons mes six mois d'hiver, du 1er décembre au 1er avril. Et pendant tout ce laps de temps, impossibilité de faire une absence de vingt-quatre heures. Cette perspective n'est rien moins que séduisante.

« Demain, fête de la Pentecôte, se trouve le jour de l'Adoration perpétuelle à Phalsbourg. C'est une heureuse coïncidence pour l'anniversaire de ma première communion ! »

Le 31 octobre il écrit à son frère Charles : « Jeudi prochain et le 4 novembre (fête de saint Charles), malgré ton entourage, malgré la tendre affection d'Adrienne, malgré les sourires de Marie-Thérèse (1), j'ai la prétention de ne pas passer inaperçu dans cette fête de famille. C'est un droit et non une grâce que je réclame. Entre nous deux, arrière le sentiment, cette mièvrerie de l'affection!.. Tu as peut-être appris le projet que j'avais caressé. Croyant que le baptême de ta fille pouvait être retardé jusqu'à l'arrivée de ta belle-mère, j'avais songé à tenir lieu et place du parrain. Les fonds pour entreprendre ce long voyage (à Rome) étaient prêts ; bref, il ne me manquait plus que la feuille de route, bâton du pèlerin militaire. J'ai eu un solennel veto de mon colonel. Ainsi se sont évanouis tous mes beaux châteaux... en Italie! »

Henri fut effectivement désigné pour l'école de tir à la suite d'une inspection, où il reçut devant tout son régiment les éloges les plus flatteurs. Ces fonctions furent pour lui une grande épreuve que la correspondance avec sa famille put seule adoucir. « Si vous saviez, écrit-il à sa mère, comme il fait bon de voir arriver le vaguemestre à l'école de tir ! Enfermé dans ma barraque depuis midi et demi à

(1) Charles avait épousé, le 29 décembre 1868, Mlle Adrienne de Trémiolles ; de ce mariage était née à Rome, le 13 octobre 1869, Marie-Thérèse.

une heure au plus tard, je pâlis sur les x et les z; mais trois heures et demie sonnent, et je reprends courage; le moment du repos approche. Encore quelques minutes et j'entends le pas précipité du sergent désiré. Il frappe... un *Entrez* formidable se confond avec sa chiquenaude discrète. Et me voilà en possession de vos chers courriers. Je referme ma porte, j'approche mon voltaire du feu, et les pieds sur les chenêts je dévore votre causerie. Il me semble pour un instant que je ne suis plus au camp de Châlons; je me crois assis entre vous et papa sous le manteau de votre cheminée. Arrière les x, les formules, les théories; mon esprit est ailleurs, et sans distraction, car le cœur l'accompagne. Et voilà comment se dissipent la fatigue et la tension intellectuelle. Après cette halte, je pourrai donner un dernier coup de collier jusqu'au dîner. »

Dans une lettre du 3o février à son frère Charles, nous trouvons le motif de ses ennuis au camp de Châlons. « Comme camaraderie, dit-il, l'école m'offre peu de ressources; nous nous regardons tous comme des oiseaux de passage, et on est peu disposé à se lier, à moins de s'être déjà connus et appréciés. Plus que tout autre, je me trouve à l'écart; j'ai en horreur cette vie *panachée* de Mourmelon, et les cafés-concerts, qui sont un point de réunion pour beaucoup d'autres, ne sont pas honorés souvent de ma triste figure. Lorsque le service ne m'oblige pas à sortir, je reste dans ma barraque. Cette vie d'escargot toujours renfermé dans sa coquille, cette complète solitude convient peu à mon caractère. Résultat général de mon séjour ici : travail considérable, ennui mortel, insuccès complet... Depuis huit jours, je vis au milieu des courbes qui affluent dans deux mémoires que nous devons remettre à la fin de la semaine. Ce travail me fait crier plus fort que jamais : Vive la ligne droite! »

Henri dut rester au camp de Châlons un peu plus longtemps qu'il ne l'avait pensé. Le 10 mai 1870 il s'y trouvait encore, et il écrit à sa mère pour lui rendre compte du fameux plébiscite qui devait consacrer les réformes libérales de l'empire : « J'ai une bonne nouvelle à vous donner ; nous partons définitivement le 17 ou le 18 mai. Nos examens commencent lundi. Je compte un peu sur votre aide pour que je m'en tire avec les honneurs de la guerre. Dimanche aura lieu le vote de l'école. Comme plus ancien sous-lieutenant, je suis désigné pour dépouiller les votes. Les électeurs peuvent compter sur mon impartialité, car je suis bien décidé à ne pas voter moi-même. Ce que je vois, ce que j'entends, me confirmé dans l'idée que le vote de l'armée est une chose pitoyable. Soulever des discussions politiques dans nos rangs, c'est ouvrir la porte aux défections. Je prêterai, s'il le faut, au plébiscite l'appui de mon épée, parce que je suis *soldat;* mais si je n'étais que citoyen, je serais bien indécis... »

L'heureux résultat du plébiscite, qui semblait consolider le gouvernement impérial, devait être l'avant-coureur de sa chute. Henri était avant tout préoccupé de ses devoirs de soldat. Bien que ses idées en politique fussent inébranlables, il ne prenait qu'une faible part aux discussions, craignant les exagérations qui d'ordinaire en sont la suite. Défendre son pays contre d'injustes agresseurs et lutter pour le triomphe d'une cause légitime, c'était l'unique ambition de sa vie. La guerre ne lui apparaissait pas comme le moyen d'arriver plus vite à un grade élevé, mais pour sa nature généreuse et chevaleresque, elle était l'occasion de satisfaire ce besoin de dévouement, passion de toutes les âmes grandes et pures. D'ailleurs, il avait hâte d'échanger la monotonie de la caserne contre les émouvantes péripéties du champ de bataille. Aussi accueillit-il avec joie la nouvelle d'une prochaine entrée en campagne, tout en s'efforçant de calmer les inquiétudes de ses parents.

Il écrit à son père le 15 juillet 1870 : « En voyant la déclaration de guerre du Corps législatif, vous me croyez déjà à la frontière. Il n'en est rien ; il pourrait même se faire que nous ne quittions Phalsbourg que dans une huitaine ; ainsi pas d'inquiétude jusque-là. Priez pour votre Henri, afin qu'il se conduise en soldat et en chrétien, et embrassez pour moi ma chère maman. »

Le même jour, il écrivait à sa mère : « J'espère que vous ne vous tourmentez pas trop au milieu des bruits de guerre qui circulent; il sera plus que temps de commencer lorsque nous aurons passé la frontière. Nous n'en sommes pas encore là, et, malgré les différentes mesures dont les journaux s'entretiennent, aucun ordre significatif n'est donné. Bien loin de rejeter vos prières, je les accepte de grand cœur, mais adressez-les surtout pour que votre Henri soit à la hauteur des circonstances. Qu'elles ne servent pas à éloigner le danger, mais faites-m'en une cotte de mailles serrées contre les balles prussiennes. Ainsi armé, j'aurai encore plus de confiance pour faire ce que je dois...

« J'ai reçu hier au soir vos nougatines et nous les avons mangées ce matin. Mes camarades ont eu l'amabilité de les arroser de quelques vieilles bouteilles, et nous avons bu à la santé d'Henri IV, ce roi vaillant, et de sa *grande politique*. »

Il n'avait qu'une seule crainte, celle qu'une circonstance quelconque vînt l'éloigner du théâtre de la guerre :

« Nous risquons fort, écrit-il à son père le 21 juillet, de nous croiser encore aujourd'hui, mais je crains que tous les *cancans* des journaux ne vous effrayent. Phalsbourg continue à jouir du calme le plus parfait. Notre 3e bataillon, qui tient garnison à Bitche, accuse la même quiétude. Ce bataillon n'est cependant qu'à une petite journée de marche de la frontière... L'alliance des Bavarois avec les Prussiens a fait porter le quartier général du 5e corps de Phalsbourg à Bitche. J'espère que nous ne tarderons pas à nous en rapprocher. Toute ma crainte en effet est que ma nomination de lieutenant arrive avant mon entrée en campagne, et alors je puis aller au dépôt ou quitter mon cher 84e. Nous ne sommes nullement à plaindre à l'heure qu'il est, et pour le prouver je vous avouerai que, couché hier soir à dix heures, je me suis réveillé ce matin à sept heures et demie. Il y a donc tranquillité d'esprit et de corps chez votre fils; demandez au Ciel que ce calme ne l'abandonne pas dans des circonstances plus critiques..... »

Avant qu'il dût affronter les terribles épreuves de la guerre, une bien douce consolation lui fut offerte par la Providence. Son bien-aimé frère, lieutenant d'artillerie dans les troupes pontificales, vint passer quelques jours auprès de lui. « Je suis en possession de Charles depuis hier, écrit-il le 27 juillet. Il est arrivé à Phalsbourg à dix heures et demie. Vous comprenez facilement quelle a été ma joie, mon étonnement. Depuis lors nous n'avons pas perdu notre temps. Afin de rendre notre causerie plus intime, nous nous sommes enfoncés dans une des magnifiques gorges qui nous entourent, et, à l'ombre de ces belles forêts des Vosges, nous avons causé de Rome, de Nevers, d'Escrignelles... Il est toujours question de notre départ pour Bitche; mais comme toutes les mesures sont prises pour partir aussitôt l'ordre reçu, on ne nous le fera parvenir qu'au dernier moment.....

« Charles m'a donné le chapelet de notre pauvre Marie, qui a été souvent bénit par le Saint-Père. »

Deux jours après il écrit encore à sa mère : « Je reçois à l'instant votre lettre du 27 et vous remercie de votre correspondance si active. Il est probable que nous ne quitterons pas Phalsbourg avant le 1er août, jour de sainte Sophie, anniversaire que je n'oublierai pas, malgré messieurs les Prussiens. (C'était la fête de sa mère.) Charles vous dira que j'ai pour entrer en campagne le capitaine le plus soigneux qu'on puisse imaginer (1), tout disposé à me dorloter à un point qui m'impatiente. Vous savez que je n'aime pas les *petits paquets*. Charles m'a quitté hier matin. Inutile de vous dire combien doux ont été ces trois jours passés ensemble.

« Priez pour moi et croyez que si vos inquiétudes ne pesaient pas dans la balance, je serais le plus heureux des hommes. Adieu, ma chère maman, et de nouveau bonne fête. Peut-être ne pourrai-je plus vous écrire avant le 1er août. Vous savez que l'*enfant* aime sa *mère*. »

Henri ne se contente point du message de filiale affection que son frère devait porter à Mme la marquise de Falaiseau. Comme si Dieu lui eût donné le pressentiment que pour la dernière fois il allait souhaiter la fête à sa mère, le 30 juillet il lui renouvelle les témoignages d'un amour aussi tendre que respectueux :

« Charles sera-t-il auprès de vous pour le

(1) M. Dally. « Si on ne s'occupait point de votre frère, disait-il à Charles, il se laisserait mourir de faim durant la campagne. Mais, soyez tranquille, nous prendrons soin de lui. »

1er août? Nous nous complaisions dans cette idée lors de son passage ici, et voilà que la nouvelle du départ des troupes françaises de Rome me donne des appréhensions. Il m'était bien doux de penser que les baisers de votre Henri auraient Charles pour interprète! La bonne intelligence, l'union des deux frères n'est jamais plus complète que lorsqu'ils se rapprochent pour témoigner de leur piété filiale. Je vous conjure de ne point vous tourmenter inutilement; attendez au moins que l'heure du danger ait sonné... Adieu, ma chère maman, jamais votre Henri n'a pensé plus souvent à vous, jamais son cœur n'a été plus près du vôtre. J'embrasse papa, et je vous demande à tous les deux votre bénédiction avant de quitter le sol français. »

Le 1er août, il essaye de rassurer l'une de ses tantes qui redoutait pour lui un surcroît d'occupations, les fatigues et les périls d'une campagne qui allait s'ouvrir dès le lendemain par un premier revers.

« Vous raisonnez mal, ma chère tante, en formant les vœux que vous me transcrivez. Nul doute que, malgré votre âge, vos journées soient bien autrement remplies que les miennes. L'arbre inutile est souvent le plus vigoureux, humainement parlant. Je ne veux pas m'appesantir sur ces pensées, de peur de vous attrister. Je pars en chrétien, j'espère me comporter en soldat et vous revenir même sain et sauf... Médaille, scapulaire, chapelet de ma pauvre sœur Marie me protégent *ab inferis.* Priez pour que je fasse mon devoir. »

Comme beaucoup d'autres, Henri s'était flatté de franchir bientôt la frontière et de marcher de victoire en victoire jusqu'au centre de la Prusse. En dépit de l'expérience du passé, le plus grand nombre aimait à croire à la sincérité des déclarations officielles. Hélas! malgré la vaillance de tant d'officiers et de soldats qui devaient tomber victimes de leur dévouement, les faits vinrent bientôt donner un cruel démenti à nos illusions. Les trois défaites de Wissembourg, de Reichshoffen et de Forbach inauguraient cette guerre désastreuse; et on sait comment nos armées échelonnées sur la frontière, par suite de circonstances qu'il ne nous convient pas d'apprécier, furent battues sans pouvoir se porter secours l'une à l'autre. Ainsi s'explique l'inaction du régiment d'Henri, bien qu'il fût placé sur la ligne des opérations militaires.

Dès son arrivée à Metz, après des marches forcées de jour et de nuit pour protéger la retraite, il écrit à sa sœur le 12 août : « Je crains que le

Figaro n'ait été pour toi une source d'inquiétudes; un numéro d'avant-hier dit que le 84e a subi des pertes énormes; or, nous n'avons pas un homme blessé. Avant de voir le feu, nous avons connu les fatigues. Je n'appelle pas le feu quelques coups de mousqueton tirés par les uhlans qui nous ont talonnés depuis Sarreguemines. Après marches et contre-marches autour de cette ville, nous avons réussi à ne pas porter secours au deuxième corps engagé d'une manière fâcheuse à Sarrebrück. Douze à quinze mille hommes ont été se jeter sur vingt-cinq mille Prussiens, devenus à la fin de la journée soixante mille.

« Toute la journée nous avons entendu le bruit du canon, mais la conduite d'un convoi nous portait ailleurs. La division Montaudon, beaucoup plus près de l'action, ne s'est ébranlée qu'à cinq heures du soir et n'est arrivée qu'à huit heures pour constater une retraite. Aujourd'hui nous sommes à Metz cent cinquante mille hommes sous le maréchal Bazaine, dans lequel on a la plus grande confiance comme capacité.

« Nous espérons prendre une revanche éclatante de nos glorieux revers. Nous nous sommes toujours battus un contre quatre. La brigade Lapasset, dont fait partie mon régiment, a protégé la retraite du deuxième corps d'armée, et, grâce à Dieu, nous n'avons pas laissé aux Prussiens de traînards; mais il a fallu marcher toutes les nuits sous des pluies torrentielles, bivouaquer les armes en mains. Dieu me soutient, je me porte à merveille et suis plus enthousiasmé que jamais de ce métier où le soldat est si grand. Les officiers ne sont que des pygmées vis-à-vis de lui. Tu sais si on vous aime tous. »

Les revers n'avaient point abattu la confiance d'Henri. Jugeant des autres d'après lui-même, il pensait qu'à force de courage et de dévouement on pourrait encore ramener la victoire sous nos drapeaux. Il interprète tout en bien, et l'incertitude sur les opérations à venir de l'armée lui semble le résultat de la sage prévoyance des chefs, qui ne veulent pas laisser divulguer leurs secrets. Le 13 août, jour qui lui rappelait la sœur qu'il avait perdue, il écrit à sa mère :

« 13 août, anniversaire bien triste, mais consolant par le bonheur certain de celle que nous pleurons... Nous sommes à sept kilomètres de Metz en observation; notre concentration est complète, et j'espère que cette fois les Prussiens trouveront une armée suffisamment nombreuse pour leur résister. A Metz, se trouvent l'empereur, le maréchal Bazaine, et nous ne savons rien de ce que nous allons faire. Cette ignorance est chose naturelle; car le service des espions est tellement bien fait par nos ennemis que nos chefs ont raison de ne pas divulguer leur projet. Hier, je suis allé jusqu'à Metz; je suis entré quelques instants à la cathédrale et j'ai bien prié pour vous tous... Continuez à en faire autant pour moi, et aimez votre fils respectueux.

« Je me porte à merveille, et dors aussi bien sur le sol que sur un sopha. »

Le jour de la glorieuse mais stérile bataille de Gravelotte, 16 août, Henri put enfin prendre part à une grande action. Il marchait au feu, plein d'espoir dans le succès de nos armes, quand, au plus fort de la mêlée, une balle lui traverse le bras. Loin d'être ému à la vue de sa blessure, il se retourne vers un ami qui combattait à ses côtés, lui demande s'il n'a pas été atteint et continue à se battre. Le sang qui coule en abondance attire l'attention de ses camarades; ils le pressent de quitter le champ de bataille, mais leurs instances sont inutiles. Henri n'est préoccupé que de ses amis, de ses soldats et des chances de victoire. Comment se retirer quand l'ennemi commence à faiblir? Il faut un ordre exprès de son capitaine, M. Dally;

qui l'oblige à quitter sa compagnie pour aller recevoir les premiers soins. Conduit à l'ambulance établie dans notre collége de Saint-Clément, il fut tout heureux d'y rencontrer plusieurs Pères qu'il connaissait, et surtout le P. Saussié, son ancien professeur, dont Henri nous a déjà parlé si souvent.

Le lendemain de la bataille de Gravelotte, il écrivit au crayon à sa mère le billet suivant :

« Chez les Pères Jésuites de Metz, 17 août. — Ma chère maman, la sainte Vierge a veillé sur moi hier : une balle, qui devait me traverser la poitrine, a glissé sur mon caoutchouc roulé en bandoulière et m'a fait un petit séton au bras, sans toucher un seul nerf, un seul os. Toujours, par suite de la même Providence, j'ai pu me faire panser sur le champ de bataille et conduire à Metz, où je suis installé avec trois officiers de mon régiment chez les Pères Jésuites. Le docteur qui m'a pansé m'a dit qu'il avait rarement vu une blessure aussi heureuse, et le fait est que je ne souffre pas. J'ai la main gauche aussi libre que si je n'avais pas été touché au bras. J'espère ne rester ici qu'une huitaine, tellement la plaie est *belle*. Surtout que personne ne vienne à Metz ; le P. Saussié va vous écrire dans ce sens.

« Adieu, ma chère maman, donnez de mes nouvelles à tous, je tâcherai d'écrire à Augusta (1) et à Charles. Embrassez pour moi mon cher papa et continuez à prier pour moi. »

La blessure d'Henri exigea plus de soins qu'il ne le supposait, et nous verrons qu'il en souffrira longtemps encore. La série de nos désastres, l'inaction à laquelle il se voyait condamné, tandis qu'à Metz on comptait encore sur une glorieuse délivrance, la pensée des inquiétudes de sa famille, étaient pour lui un motif de tristesse auquel était venue se joindre une nouvelle bien pénible à son cœur si aimant. Sur le champ de bataille de Gravelotte, au milieu de tant de braves, était tombé l'un de ses plus chers amis, M. Antonin Salze (2). Durant les premiers jours qui suivirent le combat, il avait conservé quelque espoir; mais bientôt le doute ne fut plus possible. Le 1er septembre, il écrit à un prêtre, ami de la famille, de vouloir bien an-

(1) Mlle Augusta de Falaiseau, sœur d'Henri, avait épousé, le 2 février 1864, M. Gabriel de la Servière, ancien élève de notre collége de Brugelette.

(2) Henri, apprenant le 8 août que M. Salze était de grand'garde, lui apporta l'unique révolver qu'il possédait. Bien que cette arme lui fût très-utile et que son ami refusât ce cadeau, il le contraignit de l'accepter, disant qu'il trouverait moyen de s'en procurer un autre.

noncer à la pauvre mère le cruel malheur qui vient de la frapper.

« Monsieur l'abbé, je viens de perdre mon meilleur ami, et malheureusement il m'a été refusé d'assister à ses derniers moments. Blessé quelques heures avant que mon cher Antonin ait reçu le coup mortel, j'ai dû quitter le champ de bataille. Les jours suivants, j'ai demandé à tous et de tous côtés quelques renseignements sur ce brave officier. Hélas! ils n'ont été que trop positifs..... Dans un mouvement de retraite opéré par sa compagnie sous le feu écrasant des Prussiens, Salze fermait la marche avec une douzaine d'hommes déterminés; le premier au feu, il voulait encore y rester le dernier. Mais tenir un poste semblable est chose périlleuse, et mon pauvre ami, qui en avait fait la glorieuse expérience en Italie, vient cette fois d'en subir les tristes conséquences. Frappé d'une balle à la tête, il y portait instinctivement la main, lorsqu'une deuxième balle l'a atteint en pleine poitrine. Tel est du moins le récit des hommes de sa compagnie.

« Tout porte à croire que la mort a été instantanée, et que mon cher Antonin n'a pas eu le temps de souffrir. Des considérations d'approvisionnements nous ont forcés d'abandonner le champ de bataille aux Prussiens, quoique nous les ayons battus dans cette terrible journée du 16. Le corps de notre cher défunt est donc resté entre les mains de l'ennemi. Il portait sur lui un petit sac de voyage renfermant son portefeuille, un livre de prières et différents objets dont il ne voulait pas se séparer. La pauvre mère ne devra donc pas s'étonner si ces précieuses reliques ne lui sont pas envoyées; tous les autres effets seront expédiés sur Saint-Chiman aussitôt que faire se pourra.

« Je vous ai dit, monsieur l'abbé, que la mort d'Antonin avait été celle d'un soldat; je n'ai pas besoin d'ajouter qu'elle a été celle d'un chrétien. Avant de quitter Phalsbourg, nous nous étions approchés ensemble de la sainte table, et la veille de sa mort, 15 août, je sais qu'il s'est rendu à l'église de Rénonville pour y prier encore. Je laisse à votre appréciation, monsieur l'abbé, la manière d'annoncer cette triste nouvelle à sa famille. S'il n'y avait pas eu échange des prisonniers, j'aurais eu quelque espoir de retrouver Salze vivant, malgré les tristes affirmations fournies par les hommes de sa compagnie; mais aujourd'hui je crois que ce doute n'est plus permis.

« Autant j'ai aimé ce pauvre Antonin sur cette terre, autant je m'efforce de prier pour lui depuis qu'il est entré dans un autre monde. Vous me permettrez donc, monsieur l'abbé, d'unir souvent mes prières à celles que vous faites, et qui revêtent un si haut prix par votre caractère de prêtre.

« J'ai l'honneur d'être, monsieur l'abbé, votre très-humble serviteur et votre douloureux compagnon d'infortune. »

Le 18 août, Henri recevait de M. le capitaine Dally le billet suivant : « Inutile de vous dire, mon cher ami, que je soigne ici vos intérêts avec le plus grand soin, ce qui n'est du reste que la conséquence de ce que vous méritez à si juste titre. Restez en paix, soignez-vous bien et guérissez-vous vite ; c'est le souhait d'un camarade qui a pour vous la plus vive affection. » Un autre camarade d'Henri, M. de Chaussande, lui écrivait en même temps : « Je n'ajoute que deux mots aux quelques lignes que vous écrit votre excellent capitaine. Nous parlons sans cesse de vous et il veut que vous soyez décoré. Toutes les fois que nous voyons le commandant ou le lieutenant-colonel, il lui rappelle votre nom. Si vous ne figurez point parmi les élus, il n'y aura point de sa faute. Revenez le plus tôt possible ; tous les hommes de la compagnie demandent à chaque instant de vos nouvelles. »

Durant son séjour à Metz, Henri eut bientôt

gagné l'affection des personnes qui l'approchaient, et ceux qui le connurent n'en parlent encore qu'avec la plus profonde admiration. On ne pouvait oublier, quand on l'avait une fois aperçue, cette figure si sereine sur laquelle s'épanouissaient avec tant de charmes les vertus qui sont l'ornement d'un jeune homme. A l'ambulance de Saint-Clément, au lieu de se faire soigner, il se constitue l'infirmier des autres, étonnant tout le monde par sa charité et son abnégation.

Un seul de ses bras est valide; il l'emploie du matin au soir à soigner ses camarades. Aussi, grâce à tant d'imprudences, sa blessure n'allait pas mieux à la fin d'octobre qu'au commencement de septembre. Avec une angélique douceur, il rend aux malades les services les plus abjects, et, malgré les plaintes et la mauvaise humeur dont on paye quelquefois ses peines, sa patience demeure inaltérable. « C'est une vraie sœur de charité dans toute l'acception du mot, » disaient les officiers témoins de son dévouement. Rien ne peut le rebuter; de préférence il choisit les blessés dont les plaies offrent le plus de danger et le plus de répugnance à vaincre, d'un courage toujours héroïque à l'ambulance comme sur le champ de bataille. Il s'attacha surtout à soigner de son mieux M. Charles de

Mengin, son ancien condisciple à l'école Sainte-Geneviève, qui souffrait beaucoup d'une cruelle blessure, et souvent il se levait la nuit pour aller le visiter.

Le secret de ce dévouement était dans la grande piété d'Henri, que Dieu préparait à la mort par des effusions de sa grâce plus abondantes. Tous les jours il assistait à la messe, faisait de nombreuses visites au saint-sacrement, et communiait plusieurs fois chaque semaine.

Devenu prisonnier de guerre par le fait de la capitulation de Metz, Henri ne pouvait se résoudre à déposer les armes. Ce fut pour lui un moment de grandes luttes et de cruelle anxiété. Était-il obligé, sous peine de forfaire à l'honneur, d'aller en captivité? Si les articles de la convention n'avaient point séparé les officiers de leurs soldats, — séparation qui lui semblait inacceptable, — il n'eût pas hésité un seul instant. D'ailleurs, par caractère, il était ennemi de toute exception. Il pria beaucoup, consulta, et, d'après l'avis de personnes en qui il avait à bon droit toute confiance, il résolut de s'évader. Avant son départ, une grande consolation lui fut ménagée par la Providence. Le jour de la reddition de Metz, un officier suisse de l'armée pontificale, M. le capitaine de Curten, obtint la permission d'entrer dans la ville où se trouvait une partie de sa famille. Henri apprit alors avec grande joie que son frère était sain et sauf et se trouvait en France. Sur son calepin il écrivit au crayon la note suivante : « Rayon de soleil! Visite du capitaine de Curten qui me donne de bonnes nouvelles de Charles. »

Habilement déguisé, il se met en route, bien que souffrant encore de sa blessure, et parvient à sortir de la ville. Il traverse les lignes prussiennes, les mains dans ses poches, comme s'il eût fait une simple promenade matinale, et à deux lieues de là, il va frapper à la porte d'un curé, secrètement averti de son arrivée. Quelle ne fut pas sa surprise d'y trouver deux Prussiens, un officier et un ministre protestant, installés au presbytère? L'effroi et l'embarras du bon prêtre n'étaient pas moindres. Pour tous les deux en effet, il s'agissait d'être fusillés, si le prisonnier était reconnu. Ils se contiennent néanmoins l'un et l'autre, et notre fugitif se met bravement à table avec ses deux ennemis qu'il déroute par son sang-froid, l'aisance de ses manières, et son air de jeunesse. Il égaye le déjeuner par des récits, raconte des tours d'écolier, parle littérature et fort peu art militaire, multiplie les citations grecques, latines et françaises, et fait si bien que ses redoutables convives le prennent pour un étudiant qui vient de terminer ses classes. Charmés de son esprit, ils l'engagent à entrer au service de la Prusse, en faisant briller à ses yeux la perspective d'un avancement rapide. Après leur avait fait ses adieux, Henri va trouver à la sacristie le curé et se met à genoux pour qu'il le bénisse : « La bénédiction d'un prêtre et d'un vieillard, lui dit-il, me portera nécessairement bonheur. »

Sorti de ce mauvais pas, il continue sa route accompagné par deux guides sûrs, passe sans broncher devant les postes ennemis, dont plusieurs le suivent de l'œil, et arrive enfin, à travers les forêts, jusqu'à la frontière du Luxembourg. A peine Henri a-t-il touché le sol français que son premier désir est de reprendre du service. Mais à Lille, on le dissuade, en lui disant que les combats sérieux ne se livreraient point de ce côté.

Aussitôt il se rend à Tours, où était alors le gouvernement de la défense nationale ; puis, il avait l'espoir de rencontrer dans cette ville son aîné, qui, après avoir servi le souverain pontife jusqu'à la prise de Rome, faisait partie du brave corps des volontaires de l'Ouest. Ses prévisions ne furent point trompées, et bientôt les deux frères, après une bien pénible séparation de près de trois mois, se trouvèrent réunis, mais pour bien peu de jours.

Henri n'eut plus dès lors qu'une seule préoccupation, reprendre du service le plus tôt possible; il demandait avec instance un poste quelconque pour se dévouer encore, sans songer à faire la moindre démarche, afin d'obtenir un avancement auquel il avait tant de droits. La crainte que ses parents ne missent obstacle à son départ lui faisait repousser l'idée d'un voyage à Nevers. Mais, à la suite de nombreuses fatigues, sa blessure s'ouvre de nouveau et le met dans l'impossibilité de reprendre un service actif. Alors, il demande que du moins on veuille bien l'incorporer dans un régiment, en lui fixant la date précise à laquelle il devait rejoindre. Mais on lui fit observer qu'un pareil engagement pourrait devenir l'occasion de graves difficultés; les communications avec Nevers seraient peut-être bientôt interrompues, et la marche des événements, mille circonstances imprévues l'empêcheraient sans doute de se rendre à un poste ainsi désigné d'avance. Il fallut donc le contraindre à recevoir un congé illimité, et, pour le consoler, on lui dit qu'après la guérison de sa blessure, il pourrait sans retard entrer dans un bataillon de marche. Avant de quitter Tours pour se rendre à Nevers, il alla entendre la sainte messe avec son frère au tombeau de saint Martin, et descendit ensuite à la chapelle souterraine, afin de s'unir aux prières qui se faisaient chaque jour pour la France et pour l'armée.

Inutile de dire la joie de sa famille en revoyant celui qui avait excité tant d'inquiétudes. Henri seul était inconsolable de son inaction forcée. Le 7 décembre il écrit au P. Loudier : « Il y a bientôt trois semaines que j'attends la formation d'une maudite peau que le froid entrave. Ce séjour me serait bien à charge, si je n'étais pas utile à mon père qui est toujours fort souffrant. Le lourd fardeau qui retombe alors sur ma pauvre mère avait fait hésiter Charles à reprendre du service. Mais dans les circonstances difficiles où nous nous trouvons, il faut que tout ce qui est chrétien concoure à désarmer la médisance. Nous ne devons laisser pour arme aux impies et aux démagogues que la calomnie.

« Adieu, mon Révérend Père, je me recommande plus que jamais à vos bonnes prières; avant le 15 décembre je serai sous les drapeaux.

« Priez aussi pour notre Charles, pour papa, pour toute une famille qui vous envoie ses hommages et respectueux souvenirs. »

Malgré son vif désir de prendre part à la lutte, Henri dut encore prolonger son séjour par ordre du médecin. Le 22 décembre, il écrit de Nevers au P. Loudier : « J'avais appris à Metz que votre résidence de Marseille avait été inquiétée par des énergumènes, mais je ne soupçonnais pas une pareille persécution. Le gouvernement provisoire, qui affiche de ne pas prononcer le nom de Dieu dans ses proclamations, a mille fois raison. On ne s'expliquerait plus alors son aveuglement. La seule divinité qui lui convienne est bien cette Fortune du paganisme que l'on nous représente avec un bandeau sur les yeux. Il maudit le clergé, qui seul réussit à panser ses plaies; il encense le démagogue, qui est son plus implacable ennemi.

« Je suis encore à l'attache et le médecin ne veut pas rompre ma longe. Ma blessure est fermée depuis deux jours, mais les chairs environnantes n'inspirent pas confiance à la Faculté, et l'on me prédit une plaie incurable, si je couche sous la tente avec un bras aussi fraîchement replâtré. Maman se réjouit très-fort de cette sentence, je ne partage pas sa joie. Il m'est pénible de voir mon aîné, respectable père de famille, braver la mitraille, lorsque je me chauffe les talons et me prélasse dans un voltaire.

« L'ennemi, en se rapprochant de Nevers, me rend encore mon inaction plus pénible. En ce moment le Tudesque fourrage à Briare, à Ouzouer, peut-être même à Escrignelles. Dimanche, il y avait grand émoi dans la cité nivernaise; on se croyait sous le coup de l'invasion. Un mouvement rétrograde, que l'on s'explique difficilement, a ramené momentanément la tranquillité. Je sais fort bon gré aux Tudesques de ne pas m'avoir obligé à fuir devant eux. Quand ils reviendront, j'espère qu'ils verront mon visage, et non mes talons. Priez pour que le bon Dieu me case convenablement, lorsque je serai à même de reprendre du service. Pensez beaucoup à notre Charles et croyez, mon Révérend Père, à la profonde reconnaissance de vos enfants les plus dévoués et les plus respectueux. « CHARLES ET HENRI. »

Charles était alors au milieu des camps, loin de sa famille, mais Henri s'identifiait si bien avec son aîné qu'il signe pour lui dans cette lettre. Les deux frères n'avaient-ils pas un même cœur ?

L'inaction d'Henri lui était d'autant plus cruelle que Charles se trouvait alors très-occupé au Mans, où en peu de jours il parvint à organiser une batterie. Le spectacle affreux que présentait la France, livrée pieds et poings liés au dictateur de Tours et de Bordeaux, accroissait encore sa tristesse. Dans une lettre du 15 décembre, il fait une poignante description de l'état de notre malheureux pays à cette époque et signale les véritables causes de nos revers. Son âme généreuse ne peut contenir son indignation contre ceux qui prétendaient conduire nos soldats à la victoire, et ne s'occupaient, loin des champs de bataille, qu'à corrompre le peuple, envenimer les haines du pauvre contre le riche, et à désorganiser les forces vives de la nation.

De Nevers, il écrit au P. Saussié : « Hélas! je suis encore cloué au foyer domestique; cette maudite blessure s'est ouverte pendant mes pérégrinations et vient à peine de se cicatriser. Le médecin trouve les chairs environnantes susceptibles de former plaie à la première nuit passée sous la tente, et je dois me dorloter, pendant que Charles affronte les intempéries des saisons et la mitraille ennemie. Celui-ci commande une batterie attachée aux volontaires de l'Ouest. Pauvres volontaires! ils ont été hachés à l'affaire de Patay! Les braves de sa colonne ont pris naturellement la tête, et c'est ainsi que les zouaves pontificaux ont été écrasés, pendant que quarante mille hommes n'arrivaient pas à temps pour les secourir. Malgré cet échec, la deuxième armée, composée de Vendéens et de Bretons, tient en respect depuis huit jours les masses du prince Frédéric-Charles entre Blois et Beaugency; tandis que la première armée, à peine attaquée, s'est repliée fort en désordre derrière la Loire. Bourbaki, établi dans Bourges, cherche aujourd'hui à rallier les débandés.

« Le général d'Aurelles a été mis de côté par l'*auteur de son désastre*. C'était du reste un *gêneur*; il priait et faisait prier son armée comme on le faisait jadis à Versailles. Chose étonnante, l'armée affiche des sentiments de plus en plus religieux, tandis que la nation accuse de plus en plus son athéisme. Ici, les prêtres sont insultés dans les rues; nos paysans des campagnes refusent d'aller à la messe, quand ils savent que des prières pour le pape doivent être faites; la chaumière dit que le presbytère et le château sont les seules causes des succès de nos ennemis. Ces idées ne sont pas du reste particulières au Centre; je reçois une lettre de Normandie qui m'annonce les mêmes soupçons, les mêmes accusations. Les journaux font une propagande diabolique dans ce sens. Sauf l'effusion du sang, nous voyons toutes les folies de notre première révolution. A Nevers, Gambetta nomme comme inspecteur du camp des mobilisés un pion de bas étage, couleur Blanqui. Ce monsieur a fait paraître, comme profession de foi, un long article dans le *Siècle*, où il rejette tous nos désastres sur la manie que Trochu et Ducrot ont de faire intervenir le nom de Dieu dans leurs proclamations.

« Les hommes qui meurent pour la défense du sol se nomment Luynes, Biron, Bouillé, Grancey, etc., mais ils sont gentilshommes, ils sont dits traîtres et vendus; les braillards de *Marseillaise*.. .... loin du feu, cela va sans dire, sont des démocrates; ils sont proclamés héros et sauveurs. On décore Cathelineau et Charette; mais, pour leur rendre cette croix moins précieuse, on en gratifie Garibaldi. Nos feuilles publiques ont battu la grosse caisse pour nous apprendre les succès de Menotti, succès éphémère, vu les forces qu'il a eues à combattre; elles ont tu l'héroïsme de nos zouaves à Brou, à Patay. Dans ce combat, ils étaient trois cent cinquante, ils sont revenus cent vingt!! — Charles a rejoint le 8 décembre le 3e bataillon des pontificaux établi à Vendôme; il a dû prendre part à l'engagement du 10, et nous sommes sans nouvelles depuis.

« L'invasion grandit tous les jours; mais je ne perds pas confiance: le flot qui a recouvert la falaise vient souvent mourir devant un grain de sable. Escrignelles est envahi, Nevers est menacé; nos pauvres mobiles dans leur effroi se retirent jusqu'à Clermont. On pleure de rage en voyant les magnifiques ressources de notre France, et comme hommes et comme argent, gaspillées par des gens incapables. Ces fuyards deviendraient des lions s'ils étaient bien encadrés, bien armés. Il y a parmi eux de la bonne volonté, du cœur, mais il faudrait une tête pour en profiter. — La Savoie et la Nièvre ont marché à l'ennemi, comme marchaient jadis le ban et l'arrière-ban, c'est-à-dire, les paysans conduits par leurs propriétaires; leurs mobiles ont rendu aux débandés de la Loire le service que la brigade Lapasset a rendu au corps de Froissard. — Pendez-vous, démagogues, chefs et soldats vont à la messe dans ces deux régiments!!...

« Adieu, mon Révérend Père, je me recommande plus que jamais à vos bonnes prières, aidez-moi à bien choisir le corps dans lequel je reprendrai du service incessamment, et croyez, etc. »

Nos désastres se continuaient presque sans interruption, et en apprenant que nos soldats allaient tenter un suprême effort, Henri ne put se contenir, Bien que sa blessure ne fût point complétement guérie, il arrache un consentement quelconque au médecin; et, malgré les angoisses de sa famille, incapable de s'opposer à un pareil dévouement, malgré les observations de ses amis, il se résout à partir, sacrifiant tout, même les affections les plus légitimes, pour défendre son pays. « C'est mon devoir de chrétien, disait-il, et mon devoir de Français. » Quelques jours auparavant, il avait écrit à son frère : « Nous autres gentilshommes chrétiens, nous sommes doublement obligés de servir la France et l'Église. »

Le 10 janvier 1871, il annonce à son beau-frère l'heureuse nouvelle de son départ. « Je viens enfin de rompre bail avec mon docteur. Après avoir palpé et repalpé ma blessure, il m'a promis mon billet de sortie d'hôpital pour dimanche. Maman voulait gagner encore quelques jours, mais j'ai fait comprendre que ces atermoiements étaient devenus impossibles. Charles aurait vivement désiré que j'entrasse dans son corps, et si le gouvernement eût encore siégé à Tours, j'aurais tâché d'obtenir cette faveur. Aujourd'hui le ministère s'étant transporté à Bordeaux, les démarches à faire deviennent trop difficiles. Je vais donc m'embarquer dimanche pour Chagny à la recherche du général Bourbaki, qui prononcera sur ma destination. Toute mon ambition, puisqu'il faut renoncer à faire partie du corps d'armée de Jaurès, est de rejoindre le bataillon de marche du 84e, un des défenseurs de

Belfort. On dit cette place débloquée, ce bataillon deviendra peut-être le noyau d'un régiment où je trouverai dès lors facilement un emploi. — Le quinzième corps a quitté Vierzon et Bourges depuis mardi. Une succession continue de trains immenses emmènent bêtes, gens, approvisionnements sur Besançon. Je suis peut-être indiscret en vous mettant au courant de ce mouvement tournant opéré par la première armée, mais je parle à un *lieutenant de la garde nationale !* Entre gens du métier, on peut échanger les secrets des dieux !

« J'unis tout à fait mes vœux aux vôtres au sujet d'une prochaine réunion à Doneau. On s'y trouve si bien ! Adieu, *cher quatuor*. »

Henri fut contraint de renoncer au 84e de ligne, ce régiment qu'il aimait comme une seconde famille et où s'était écoulée toute sa vie militaire.

Appelé aux fonctions d'officier d'ordonnance du général Bourbaki, il déclina ce poste honorable, en disant qu'il était venu pour conduire ses soldats au feu. Nommé capitaine au 25e bataillon de chasseurs à pied de marche (2e division, 2e corps), il part pour Besançon, où de nombreuses troupes se concentraient. Le 3 janvier, il écrit à sa mère : « Nous voici aux portes de Besançon, dans un petit village nommé École. Nous sommes cantonnés dans un orphelinat, où nous avons trouvé des paillasses pour dormir, véritable luxe en campagne. Je me porte à merveille jusqu'à présent, ma blessure est bien fermée. Je serais fort heureux de mon sort, si ma compagnie était sur un meilleur pied ; mais ces pauvres chasseurs souffrent trop, pour que les bronchites et les dyssenteries n'aient pas d'empire sur eux. J'ignore complétement les projets de nos grands chefs ; nous avons donné à la garnison de Belfort l'espoir d'une délivrance qui malheureusement ne s'est pas réalisée. On a trouvé à Héricourt des positions formidables qu'on n'a pu enlever. Il me tarde d'avoir de vos nouvelles. Parlez-moi de tous et priez pour votre fils, afin qu'il soit à la hauteur de sa position. Un commandement de compagnie est chose difficile avec nos jeunes troupiers. »

Trois jours après, le 26 janvier, nouvelle lettre qui devait être la dernière. « Nous voici à Saint-Claude, faubourg de Besançon. A peine avions-nous pris possession de notre cantonnement qu'une alerte nous a fait partir dans la direction de l'Ogniou, où se montrent les têtes de colonnes prussiennes. Nous avons laissé en position deux pièces d'artillerie avec une compagnie de chasseurs comme soutien, et nous sommes revenus au cantonnement sans tirer un coup de fusil. Il me semble probable que nous ne resterons pas longtemps ici, à moins que nous voulions être bloqués comme autour de Metz.

« J'attends avec impatience des nouvelles de Charles. L'armée de Chanzy a été bien maltraitée la semaine dernière!

« Adieu, cher papa et chère maman, je vous embrasse de cœur, priez tous pour moi. »

Henri fut ensuite envoyé avec son bataillon au village de Chaffois. Le soir du 29 janvier, les officiers prenaient leur repas, lorsqu'on vint à parler de ceux qui tombaient, morts ou blessés, sur le champ de bataille. « Nous sommes deux frères dans l'armée, dit Henri ; mais si l'un de nous doit succomber, j'espère que ce sera moi. » A peine avait-il prononcé ces mots, que l'appel aux armes se fait entendre. Les Prussiens venaient d'occuper les hauteurs qui dominent le village, et ils faisaient pleuvoir sur nos soldats une grêle de boulets de six. D'après les instructions qu'il avait reçues, M. le commandant Bailly ordonne au capitaine de Falaiseau de se porter en avant sur la route de la Fouillote. A peine est-il arrivé qu'il aperçoit les Prussiens à cinquante ou soixante mètres, commande le feu, et oblige l'ennemi à battre en retraite.

Les soldats de sa compagnie sont embusqués de côté et d'autre; et le brave capitaine donnait à tous l'exemple du courage et du plus grand sang-froid, quand une balle vint le frapper au côté. Au milieu des convulsions de l'agonie, il excite encore ses hommes au combat, jusqu'au moment où des soldats le placent sur une couverture et l'emportent dans cette chambre où il prenait son repas quelques minutes auparavant, au milieu de joyeux convives. A peine arrivé, il expire en prononçant ces derniers mots qui résument sa vie: « Mon Dieu!.. Ma mère!.. (1) »

On trouva sur le corps d'Henri, outre ses médailles et son scapulaire, une petite chemisette en argent, bénite à Notre-Dame de Chartres, et qui avait touché la statue miraculeuse; il l'avait reçue avec Charles dans un pèlerinage qu'ils firent ensemble au célèbre sanctuaire de Marie. Le chapelain raconta aux deux frères que les anciens chevaliers aimaient à en porter de semblables et qu'ils la regardaient comme une armure défensive au milieu des combats. Henri avait aussi sur lui, au moment de sa mort, une petite *Imitation* en

(1) Ces renseignements sont extraits d'une lettre adressée par M. Lecomte, sous-lieutenant dans la compagnie d'Henri, au capitaine adjudant-major du 25e bataillon.

latin; une photographie de notre S. P. le Pape indique le magnifique chapitre VIII du deuxième livre, *de familiari amicitia Jesu.*

Le commandant Bailly, grièvement blessé lui-même, écrivait un mois plus tard, de son lit, à M. le marquis de Falaiseau qui lui avait demandé des détails sur la mort et sur la sépulture d'Henri : « Monsieur votre fils a été frappé au même moment que moi. Comme j'étais à cheval, j'ai pu arriver promptement à la chambre que nous occupions avant le combat. Le docteur coupait ma tunique et les manches de ma chemise, lorsque sur une couverture on apporta M. de Falaiseau. « Voyez, dis-je au docteur, la blessure du capitaine. » Quand il revint vers moi, je vis à sa figure que notre ami était perdu. Je me levai, et, soutenu par le docteur, j'allai serrer la main et donner le dernier adieu au brave soldat tombé en faisant son devoir. Une balle était entrée dans le côté et une hémorragie interne s'était produite; l'œil était déjà fermé, et mon appel n'a pas été entendu. On l'étendit sur la paille à côté de nous et des autres blessés qui arrivaient successivement. Les hommes qui l'avaient apporté étaient retournés au combat. Le lendemain, je fis conduire son corps à Pontarlier, et je donnai des ordres pour qu'il y fût enterré.

Lorsque j'aurai reçu une réponse du curé de cette ville, je vous dirai ce qui a pu être fait.

« S'il m'est permis maintenant de parler en chrétien, je vous dirai, Monsieur, qu'Henri est mort dans l'accomplissement de son devoir. Quelques jours auparavant, les mêmes croyances, le même besoin de prier nous avaient réunis dans une église de village, et lorsque nous sortîmes tous deux, nous savions que nos destinées étaient confiées à notre Père céleste; nous marchions avec confiance sous l'œil de Celui qui ne permet pas qu'un cheveu de notre tête nous soit enlevé sans qu'il le veuille. Que vous dirai-je de plus, Monsieur ? La mort du martyr et la mort du soldat se ressemblent. Le premier meurt pour sa foi; l'autre pour son devoir. »

Dès le 30 janvier, le chef d'état-major s'empressa d'annoncer la fatale nouvelle au commandant de Maumigny, cousin germain d'Henri. « La France, dit-il, perd un vaillant officier. Ses chefs viennent de faire sur lui un rapport qui le fait encore plus regretter, si cela est possible. Tous les membres de l'état-major, le général et le commandant en tête, me chargent de vous dire la part qu'ils prennent à ce malheur. »

Mais ces témoignages d'estime que nous pourrions multiplier, si grands qu'ils soient, sont encore peu de chose quand on les compare aux appréciations de ceux qui connurent Henri d'une manière plus intime. Les lettres adressées à M. le marquis de Falaiseau renferment des éloges, qui sembleraient exagérés à quiconque n'a point vu de près cette âme si héroïque et si pure. Pour tout résumer, nous citerons les paroles du P. Ducoudray, bon juge en fait de courage et de dévouement. Trois mois plus tard, il devait, lui aussi, tomber sur un champ de bataille non moins glorieux, victime de la sainte cause à laquelle il avait consacré sa vie.

Le 21 février, il écrivait : « Monsieur le marquis, votre grande douleur aimât-elle à s'environner de silence, j'ai pensé que vous me permettriez de m'y associer du fond du cœur sans vouloir la distraire. Dieu m'avait rapproché de si près de votre cher enfant que je me sens porté à en parler à son père, pour soulager sa douleur plutôt que pour l'aigrir. Quelle belle âme ! Je ne connus jamais de conscience plus limpide, de sentiments plus généreux, de piété plus tendre, d'amour du devoir plus austère. Aimable jeune homme ! sympathique à tous, respecté et aimé, son affabilité et sa fermeté l'autorisaient à ne jamais transiger avec ses principes, sans jamais blesser personne et sans éloigner de lui. Beaucoup n'eurent pas le courage de l'imiter qui l'admiraient et le vénéraient.

« Une âme si fortement trempée résistait à tous les dangers et grandissait au milieu des épreuves, qui attendent un jeune homme dans une garnison et au milieu des camps. Sa bravoure! qui pouvait en douter, même avant qu'il en eût donné de si éclatants témoignages?

« Cher et bien-aimé jeune homme! Quel doux et quel beau souvenir vous laissez dans nos âmes! Ceux qui l'ont connu, ceux qui l'ont aimé, savent seuls combien il doit être regretté.

« Vous le pleurez, monsieur le marquis; je le pleure avec vous. Il était votre consolation, l'honneur de votre famille, le modèle de notre jeunesse française, un espoir pour notre pays dans ces jours où la France a tant besoin d'hommes, et où nous avons tant besoin d'espérer. Qui pourrait s'inquiéter du passage de la terre au ciel pour une âme si admirablement préparée! Il s'en est allé, pur comme un ange, recevoir la récompense d'une si sainte jeunesse.

« Nous prions pour ce cher défunt, et si nos prières ne sont plus utiles pour lui ouvrir la gloire du ciel qu'il possède, qu'elles retombent en bénédictions célestes pour consoler ceux qui demeurent ici-bas, son père, sa mère, son frère Charles, tous ceux qu'il aimait, tous ceux qui le pleurent.

« Veuillez agréer, etc., etc.

« L. DUCOUDRAY. S. J. »

Le souverain pontife daigna s'associer au malheur qui frappait une noble famille, si dévouée au Saint-Siége; et Mgr Négrotto, son camérier secret, reçut l'ordre de transmettre à M. Charles de Falaiseau la bénédiction apostolique et l'expression des regrets de Sa Sainteté.

Le corps d'Henri avait été déposé provisoirement dans le cimetière des sœurs de l'hôpital de Pontarlier, où ses compagnons d'armes lui avaient rendu les derniers honneurs. Par suite de l'occupation prussienne et de la difficulté des communications, il était difficile de transporter à Nevers ces chères dépouilles; puis, M. le comte Charles de Falaiseau, à qui revenait de droit cette triste mission, se trouvait encore retenu par les exigences du service parmi les volontaires de l'Ouest. Enfin, le précieux dépôt put être ramené au sein de sa famille, et le samedi, 22 avril 1871, un service funèbre était célébré dans l'église de Saint-Pierre. Une nombreuse assistance, pieuse et recueillie, se groupait autour du catafalque. Toute la ville avait voulu s'associer au malheur d'une famille, entourée de vieille date d'universelles sympathies; et chacun s'empressait de donner au jeune et brillant officier un nouveau témoignage d'admiration et de regrets.

Ce n'est point sans grande consolation et sainte joie que nous avons évoqué cette gracieuse et charmante figure, où rayonnaient toutes les beautés, celle du corps et bien plus encore celle de l'âme; type de distinction et de vertu, l'un des meilleurs et des plus chers souvenirs de l'école Sainte-Geneviève. Un sang si pur, espérons-le, n'aura point coulé en vain sur le sol de notre malheureux pays: il le fécondera pour nous rendre à tous ces traditions de foi et d'honneur qui furent la gloire et la force d'Henri de Falaiseau.

ÉMILE LANGLE

Emile Langle, né à Limoges le 24 janvier 1848, élève de l'école Sainte-Geneviève du 10 octobre 1865 au 24 juillet 1866, avocat à Paris, sergent des mobiles de la Haute-Vienne, tué à la bataille de Loigny le 2 décembre 1871.

Emile entra comme simple soldat dans le régiment des mobiles de la Haute-Vienne, disant qu'il voulait conquérir ses galons sur le champ de bataille, de même qu'il avait gagné ses grades au concours. Dans la campagne de l'armée de la Loire dont son corps faisait partie, il eut beaucoup à souffrir. « Nous sommes mal organisés, écrivait-il à son père vers la fin de novembre, mal équipés et mal nourris. Si un de ces jours nous nous trouvons en présence des troupes du prince Frédéric-Charles, nous sommes perdus! Mais, quoi qu'il arrive, je ferai mon devoir. »

Le 2 décembre 1870, jour de la bataille de Loigny, Emile se trouvait en avant de Lumeau, fumant avec le plus grand sans-froid un cigare sous le feu des batteries prussiennes, lorsqu'un éclat d'obus vint le frapper. Durant le reste de la journée et toute la nuit, il fut abandonné sans aucun secours sur le champ de bataille. Quelle cruelle agonie pour le pauvre blessé! Espérons que tant de souffrances, offertes pour l'expiation de ses fautes, lui auront mérité la grâce du pardon et l'entrée du ciel.

CHARLES DE MONS

Charles de Mons de Montchaton, né à Savigny (Manche), le 4 mai 1841, élève de l'école Sainte-Geneviève du 5 octobre 1858 au 21 août 1860, admis à l'école de Saint-Cyr en 1860 avec le numéro 1, sous-lieutenant au 98e de ligne en 1862, démissionnaire en 1868, capitaine des mobiles de la Manche en 1870, tué au combat de Dreux le 17 novembre 1870.

Charles, par suite de la mort de son père survenue en 1861, jouissait d'une partie de sa fortune. Loin de la dissiper en dépenses frivoles, jusqu'au dernier jour il se fit un devoir de venir en aide aux pauvres du pays habité par sa famille.

Durant son temps de service, outre les aumônes qu'il faisait distribuer aux pauvres de Savigny, toutes ses économies étaient envoyées aux curés de campagne pour être données aux indigents. Aimant le métier des armes et appliqué au travail, grâce à sa bonne conduite et à ses habitudes laborieuses, il acquit bientôt l'estime de ses chefs. En 1863, il écrivait à sa mère : « Je vais un peu vous parler de moi, ce qui est peut-être égoïste, mais vous ne serez point fâchée de savoir comment je me trouve. Je suis on ne peut plus heureux de mon sort. Nous sommes maintenant à l'école du bataillon, et, commandant tous les deux jours, nous allons la savoir sur le bout du doigt. Je commandais hier devant un chef de bataillon du 26e, et je ne m'en suis pas trop mal tiré. Il a dit au capitaine instructeur une chose que je ne devrais pas vous dire, car c'est un éloge pour moi : « Ce jeune officier « commande le bataillon comme un capitaine qui « aurait dix ans de grade; il a dû sortir dans un « bon numéro. » Mon capitaine lui a dit que j'étais entré le premier à Saint-Cyr. « Cela ne m'étonne « point, a-t-il répondu, il a du coup d'œil et beau- « coup de sang-froid. » Vous voyez que ces paroles sont bien flatteuses. Ceci, bonne mère, bien entendu, est pour vous seule. »

L'avancement de Charles fut contrarié par des circonstances exceptionnelles ; en 1866, dans son régiment se trouvaient sept sous-lieutenants promus en 1859, et parmi eux deux étaient décorés. Malgré ces conditions désavantageuses, il espérait être nommé bientôt lieutenant, et il cherchait un passe-temps utile dans les études sérieuses. « Vous me demandez, écrit-il à sa mère au mois de janvier 1866, ce que je fais. Que voulez-vous que je fasse, si ce n'est de songer à vous tous ? Le jour, je travaille ; et le soir, je réfléchis. Voilà en quelques mots ma vie depuis mon retour. »

La mort de son frère aîné en 1867 l'obligea à donner sa démission ; ce fut un grand sacrifice, mais il le fit volontiers par amour pour sa famille. Mme de Mons soignait alors son vieux père, en sorte que Charles vint habiter seul le château de Savigny. Sa réputation de charité y attirait tous les pauvres des environs, et il les accueillait chaque jour avec une bonté qui doublait le prix de ses aumônes. Bien que l'église fût située à une lieue de sa demeure, il était assidu à tous les offices, même aux exercices des retraites qui se faisaient dans sa paroisse, voulant donner à tous l'exemple d'une vie chrétienne. Comme au régiment, il fit de l'étude sa principale occupation ; et quand sa mère, après la mort de Charles, vint revoir la chambre qui lui rappelait de si doux souvenirs et où tout était rangé dans un ordre parfait, sur le bureau elle ne trouva qu'un volume d'histoire et une *Imitation*, deux livres qui lui rappelaient la vie studieuse et chrétienne de son fils.

Après la déclaration de guerre à la Prusse, il écrivit à Mme de Mons alors à Vichy: «Je n'ai point hésité à donner ma démission, lorsque ce sacrifice m'était imposé par un devoir de famille. Bien des fois, dans ma solitude de Savigny, j'ai versé des larmes en songeant à mes amis et à ma carrière brisée; ma tendresse pour vous pouvait seule les sécher. Mais dans le moment où nous sommes je me dois à mon pays. Pardonnez-moi, bonne mère, si, sans vous en parler, j'ai écrit au général pour me mettre à sa disposition. On m'a dit que je serais plus utile à la tête de nos mobiles, que si je suivais mon désir de rentrer dans mon cher régiment. » Charles fut en effet nommé capitaine des mobiles de son canton, et, après les avoir exercés quelque temps, il reçut l'ordre du départ. « Soyez forte et courageuse, dit-il à sa mère en lui faisant ses adieux. Si je reviens, j'aurai la consolation d'avoir été utile. Si Dieu en dispose autrement, je mourrai sans regrets, heureux d'avoir fait mon devoir;

alors, la séparation sera plus longue, mais au ciel la réunion!... »

Dans les nombreuses lettres écrites à Mme de Mons, Charles ne se fait aucune illusion sur l'issue de la campagne, et il demande avec instance qu'on prie et qu'on fasse prier pour lui. Du reste, il n'avait confiance qu'en Dieu seul, et avant chaque combat il allait trouver l'aumônier pour purifier de nouveau sa conscience. Sa compagnie était une famille que sa sollicitude et sa générosité ne laissaient manquer de rien. Il voulait être servi le dernier, et parfois les mobiles trouvèrent leur capitaine couché dehors, tandis qu'il les avait bien installés dans les maisons.

Le 17 novembre, à Dreux, voyant la situation désespérée, il se tourne vers ses hommes et leur dit : « Mes enfants, recommandons-nous à Dieu, et en avant! » Une balle vint alors le frapper; et ses soldats, vivement pressés par les Prussiens, firent de vains efforts pour emporter le corps de leur vaillant capitaine. Ainsi est mort Charles de Mons, dont le nom occupe un rang distingué dans les souvenirs de nos anciens élèves.

JOSEPH BERNARDEAU

JOSEPH BERNARDEAU, né à Tours le 12 octobre 1848, élève de l'institution de Saint-Louis de Gonzague à Tours, puis de l'école Sainte-Geneviève du 10 octobre 1865 au 30 mars 1867, sous-lieutenant au 1er bataillon des mobiles de l'Indre, blessé à l'attaque de la Maison-Blanche, près Choisy, le 30 novembre, mort à l'ambulance du Val-de-Grâce le 3 décembre 1870.

Au début de la guerre contre la Prusse, Joseph entra dans le 1er bataillon des mobiles de l'Indre, commandé par le brave commandant d'Auvergne. Le 5 septembre, il écrivait à sa famille : « Mon lieutenant me demande si je veux l'accompagner à

Paris comme sergent; il désire m'emmener à cause de l'influence que j'ai sur mes camarades, mais en même temps il ajoute qu'en restant au dépôt je passerai plus facilement officier. J'ai pensé qu'il serait de mauvais exemple de ne point partir. » Le 9 septembre, il arrivait à Paris avec son bataillon, et deux mois plus tard il fut nommé sous-lieutenant.

Les mobiles de l'Indre furent envoyés à la caserne Napoléon, où ils se trouvaient encore lors de la manifestation du 31 octobre. La conduite ferme et courageuse du commandant d'Auvergne, qui courut en cette circonstance les plus graves périls, fut d'un grand secours aux membres du gouvernement de la défense nationale, et en récompense de ses services, il reçut le grade de lieutenant colonel.

Joseph, non content de se préparer en chrétien à faire noblement son devoir, usait de son influence pour faire du bien à ses camarades. Il écrivait le 3 octobre : « Je regrette de ne pas être avec ce bon D** à un poste avancé. Pauvre garçon! il s'est confessé sur mes instances. »

Et le 21 octobre : « Mon bataillon grille d'aller au feu ; la confiance des hommes est encore plus grande que la mienne. Ces braves gens se figurent que rien ne peut leur résister. Je ne fais que les admirer; ils m'aiment et ils m'estiment. Ne crois point que j'aie de l'ambition; je n'ai qu'un seul désir, défendre mon pays. »

Le 27 novembre, les mobiles de l'Indre avec ceux du Puy-de-Dôme furent envoyés à Vitry. Joseph, au moment du départ, avait mis ordre aux affaires de sa conscience. Le 30, son bataillon, conduit par le colonel d'Auvergne, reçut l'ordre d'attaquer deux maisons situées en avant de Choisy et connues sous le nom de Maison-Blanche. Au moment où Joseph arrivait en face du cimetière, une balle vint le frapper à la colonne vertébrale et atteignit le poumon. Transporté à l'ambulance du Val-de-Grâce, il rendit son âme à Dieu le 3 décembre 1870, après avoir reçu les derniers sacrements de la sainte Église.

RENÉ DE MOLORÉ

René de Moloré de Saint-Paul, né à Alençon, le 1er juillet 1843, externe au lycée d'Alençon, élève de l'école Sainte-Geneviève du 9 octobre 1861 au 21 août 1863, admis à l'École polytechnique en 1863, sous-lieutenant élève d'artillerie à l'école d'application de Metz en 1865, lieutenant au 6e d'artillerie en 1867, lieutenant au régiment à cheval de l'artillerie de la garde, tué à la prise de Paris par l'armée nationale, rue d'Allemagne, le 27 mai 1871.

A la veille d'entrer en campagne, René s'empressa de se confesser et de recevoir la sainte communion. « Je ne comprends pas, disait-il devant plusieurs de ses camarades, qu'on puisse se battre bravement, si l'on n'a point la conscience tranquille. »

Après avoir annoncé dans une lettre à Mme de Moloré qu'il avait accompli ses devoirs de chrétien, il ajoutait : « Je ne vous dis point cela pour vous inquiéter, mais bien pour vous donner la confiance que je ressens moi-même... Vous avez vu, ma chère mère, que j'avais sur bien des choses la même manière de voir que vous. J'ai constaté une fois de plus que je vous devais une grande reconnaissance pour les sentiments religieux que vous m'avez inculqués assez profondément pour que rien n'ait pu les faire disparaître. »

René s'était préparé à la guerre avec tout le sérieux qu'on doit apporter à l'accomplissement d'un grand devoir ; aussi son courage fut-il toujours à la hauteur des terribles épreuves qui l'attendaient. Sa bravoure et son sang-froid, surtout à Gravelotte, où, durant dix heures, il demeura exposé au feu des batteries prussiennes, lui méritèrent les éloges de ses chefs. Après avoir subi les privations du siége de Metz et les douleurs de la capitulation, il fallut encore se résigner aux souffrances de la captivité. Avec quelques amis intimes, il choisit comme séjour la petite ville de Neuss, où il vécut retiré, sans vouloir prendre part à aucun de ces plaisirs, qui lui semblaient insulter à la douloureuse situation de son pays. La pensée de ses soldats, qui se trouvaient sans appui et sans ressources au fond de l'Allemagne, l'attristait surtout. A Metz, il avait gagné leur affection par sa sollicitude paternelle, et dans l'exil il put encore leur envoyer des petites sommes prélevées sur ses économies; aussi, plusieurs dans des lettres touchantes lui ont-ils témoigné toute leur gratitude.

Sa grande consolation était de pouvoir correspondre avec sa famille. « Je crains que mes lettres, écrivait-il le 20 décembre, ne vous arrivent point très-exactement; aussi je m'y prends dix jours à l'avance, et je vous envoie dès aujourd'hui mes vœux de bonne année. Vous savez s'ils sont sincères, et si je désire contribuer, autant qu'il est en moi, à assurer votre bonheur. Dieu veuille qu'ils soient exaucés, et puissions-nous être indemnisés de cette triste année 1870 par de nombreuses années de joie et de calme. Il en faudra beaucoup pour effacer sa trace sanglante; mais quand tout cela sera passé, si nous pouvons nous trouver tous réunis autour de vous, si notre cher Georges (son beau-frère) peut rentrer aussi sain et sauf au bercail, nous devrons encore nous estimer heureux et bénir le Ciel. Cette réunion et le salut de notre pauvre France, voilà pour le moment mes deux vœux les plus chers, et je suis sûr que ce sont aussi les vôtres. Qu'importe tout le reste à côté de cela ? fortune, position, espérances d'avenir, tout se répare et se reconstruit avec de la bonne volonté et de l'énergie ; mais ce qu'on ne peut refaire, c'est la vie des siens et l'honneur de son pays. Dieu veuille sauvegarder l'un et l'autre ! »

René apprit par une lettre la naissance d'un neveu dont il devait être parrain : « Quand pourrai-je aller au baptême? répond-il, je l'ignore, et vraiment je me demande si je dois désirer que ce soit bientôt. Dieu sait pourtant qu'il me tarde bien de me retrouver au milieu de vous tous ; mais je consentirais à continuer encore un an l'absurde vie que nous menons, si la fin de cette année devait voir notre France délivrée de tous ses ennemis. » — Dans une lettre du 10 février, après avoir dit qu'il désire pour son pays un gouvernement honnête et fort, il ajoute : « Je crois avoir maintenant le droit d'exprimer mon opinion sur bien des choses, et j'espère qu'elle sera toujours d'accord avec la vôtre. C'est une rude école que celle par laquelle nous sommes passés depuis bientôt un an ; et il faut que tous ces malheurs produisent au moins le seul bon résultat qu'ils peuvent avoir, celui de nous instruire. »

Bien des tristesses étaient venues s'ajouter aux

privations de l'exil. René apprenait la mort de son ami intime, M. d'Esparbes de Luçon; son beau-frère était exposé à de grands périls dans l'armée de la Loire, sa ville natale subissait la honte de l'invasion, et trop souvent les réjouissances des Prussiens lui apprenaient une nouvelle défaite. Après la prise de Paris, il écrivait : « Capitulation! capitulation! ce mot me poursuit comme un cauchemar. » Enfin, la paix fut signée; et le 12 mars, croyant qu'il serait employé au rapatriement des prisonniers, : « C'est une tâche pénible, écrit-il à sa mère, mais que je désire ne pas éviter. Le sentiment qui doit dominer tous les autres et nous diriger, c'est celui du devoir. S'il devenait en France la règle et la loi universelle, nous ne serions pas longtemps à nous relever de tous nos maux. »

Au commencement d'avril, René arrivait à Alençon, et toute la famille, réunie à la table sainte, vint remercier le Ciel d'un retour si ardemment désiré. L'insurrection de la Commune troubla cette grande joie, et notre jeune lieutenant, qui souffrait depuis sept mois de son inaction forcée, offrit ses services au gouvernement de Versailles. Mais les régiments d'artillerie étaient au complet; on prit note de sa demande, et il fut contraint d'aller rejoindre ses parents, avec lesquels il passa quelques jours à la campagne. Plein de prévenances et d'affection pour tous, il n'avait plus la même gaieté qu'autrefois; son caractère s'était modifié durant les jours d'épreuve, et bien des illusions avaient disparu. Devenu plus sérieux, il envisageait la vie sous son véritable aspect et voulait avant tout devenir un homme utile.

La pensée que ses camarades se battaient empêchait René de goûter les douceurs du repos. Sa famille n'essaya point de le retenir, malgré tout le bonheur qu'elle éprouvait à le posséder après de si rudes angoisses, et il alla rejoindre à Tarbes le dépôt de son régiment. A peine était-il arrivé qu'une dépêche l'appelait à Versailles; il revint passer quelques heures à Alençon, tout joyeux de pouvoir enfin servir son pays et plein d'espoir dans l'avenir. Mme de Moloré le conduisit jusqu'à la gare, et volontiers il lui promit de se confesser avant d'aller au feu. « Que Dieu et la sainte Vierge te gardent! » Ce fut le dernier adieu de la pauvre mère, qui ne devait plus revoir ici-bas son cher enfant!

René fut envoyé à une batterie qui avait fait la campagne de l'armée de la Loire et se trouvait par suite dans le plus fâcheux état. Durant quinze jours passés à la Malmaison, il s'occupa de la réorganiser. Le 20 mai, apprenant qu'il devait le lendemain aller au feu, fidèle à sa promesse, il alla se confesser à l'un de nos Pères de Versailles; et le 21, sans avoir pu communier selon son désir, il partait dès trois heures du matin pour cette guerre des rues qui, durant une semaine, couvrit Paris de ruines et de sang. Au dire de ses camarades, en maintes circonstances périlleuses, il fit preuve d'un calme et d'un sang-froid extraordinaires. Le 27 mai, il était près de sa batterie, rue d'Allemagne, quand un éclat d'obus vint le frapper en pleine poitrine, quelques heures avant la fin de la lutte. Un de ses amis fit transporter son corps en lieu sûr et recueillit, pour les remettre à la famille, les objets de piété qu'il portait sur lui : son scapulaire, une statuette de la sainte Vierge, présent de sa mère, et une médaille d'or de Marie Immaculée sur laquelle était gravée la date de sa première communion.

Sur la demande de ses camarades, un service funèbre fut célébré à Paris pour le repos de son âme; plusieurs généraux et officiers supérieurs, un grand nombre d'amis et les officiers de son ancien régiment de la garde, vinrent rendre hommage à la mémoire de notre brave lieutenant. Sa dépouille mortelle fut ensuite transportée dans sa ville natale, par les soins de ses deux beaux-frères, M. le commandant Le Clerc et M. de Bretteville, chef de bataillon du génie. Aux obsèques, célébrées à l'église Notre-Dame, se pressait une nombreuse assistance, dans laquelle on remarquait M. le général Blanchard avec tous les officiers de la garnison et du dépôt de remonte, le préfet de l'Orne, le maire et les principaux membres de l'administration et de la magistrature. Tous voulaient donner un dernier témoignage de regret et de sympathie à ce vaillant jeune homme, tué en combattant pour la cause de l'ordre par les insurgés, qui venaient de mettre à mort à peu de distance plusieurs de ses maîtres.

JOSEPH ALGAY

JOSEPH ALGAY, né à Juillac (Corrèze) le 12 mars 1846, élève du petit séminaire de Brive, puis de l'école Sainte-Geneviève du 11 octobre 1864 au 20 juillet 1865, admis à Saint-Cyr en 1865, sous-lieutenant en 1867 au 3e, puis au 4e régiment d'infanterie de marine, lieutenant en 1870, tué le 4 décembre 1870 au village des Ormes, près d'Orléans.

A sa sortie de Saint-Cyr, Joseph choisit l'infanterie de marine dans l'espoir que son avancement y serait plus rapide. Comme il avait fait preuve d'habileté pour le tir, on lui offrit les fonctions d'instructeur; mais, redoutant les dangers de la vie de garnison, il demanda à partir pour les colonies, il fut envoyé à l'île de la Réunion. Pour rendre service à un vieux sous-lieutenant, qui n'avait pu faire qu'un petit nombre de campagnes et par suite n'avait droit qu'à une modique retraite, Joseph permuta avec lui, entra dans le 4me d'infanterie de marine et revint en France.

Après la déclaration de guerre, son régiment, qui devait d'abord faire partie de l'expédition de la Baltique, fut envoyé de Toulon à Paris, où, durant trois jours, il bivouaqua dans les cours du Corps législatif pour protéger les députés contre l'émeute, à laquelle nos premiers désastres servaient de prétexte. Trois semaines plus tard, Joseph assistait aux combats du 30 et 31 août, du 1er septembre à Beaumont, Mouzon et Bazeilles, où l'infanterie de marine fit des prodiges de valeur. Blessé à la jambe d'un éclat d'obus, il tente en vain durant plusieurs heures avec ses compagnons d'armes de percer les lignes ennemies. Enfin, épuisé de forces, il est transporté dans une ambulance de Sedan.

Le 6 septembre il écrivait à sa famille : « On nous a fait entrer dans la place de Sedan, vraie souricière d'où nous n'avons pu sortir, et puis on a complété notre honte en se rendant à discrétion. Nous sommes donc tous prisonniers ; les officiers peuvent rentrer chez eux, mais je n'accepte pas les conditions. Je n'ai qu'une blessure insignifiante à la jambe, et j'irai bientôt rejoindre mes malheureux camarades. Nos régiments de marine se sont admirablement conduits, de l'aveu même des Prussiens. Pour moi, j'ai conscience d'avoir fait mon devoir. » — Quatre jours après, nouvelle lettre : « Je suis presque guéri, mais je ne puis encore me chausser. Il faut bien remercier le Ciel, car vraiment, au milieu des obus et des balles, il y avait juste la place de passer. Je suis plus calme aujourd'hui, mais j'ai le même projet. Tout ce que j'ai à vous dire, je le réserve pour le jour où j'aurai le bonheur de vous revoir. On est en vacances en ce moment ; elles doivent être tristes partout. J'éloigne de moi la pensée du bonheur qu'il y aurait à nous trouver tous réunis : cela me rendrait trop triste. »

Le 11 septembre, Joseph parvint à s'évader, et après mille dangers il arrivait enfin dans sa famille, tout amaigri et couvert de sa capote percée de balles. Malgré les instances de ses parents et sans vouloir attendre la guérison de sa blessure qui l'empêchait encore de se chausser, après huit jours de repos, il partit pour Toulon où se trouvait le dépôt de son régiment. Plein d'espoir dans l'avenir, il attendait avec impatience le signal du départ pour une nouvelle campagne, lorsque un cruel mécompte vint ruiner ses projets de revanche. « Je suis désespéré, écrit-il de Toulon le 17 octobre. Je reçois à l'instant l'ordre de m'embarquer avec quatre compagnies pour la Martinique, où les nègres se sont révoltés. Je pleure de rage; car je ne sais comment faire pour éviter ce départ. » Mais l'épreuve ne fut pas de longue durée, et le 19 octobre il écrivait : « Après la pluie, le beau temps. Je ne pars plus pour les Antilles; on y envoie les quelques officiers qui ont signé la capitulation de Sedan. Je vais défiler incessamment vers l'armée de la Loire. Nous armons, nous équipons et nous instruisons tout à la fois nos recrues; il n'y a guère de temps à perdre. Bonnes nouvelles de nos camarades en campagne; nous soutiendrons notre bonne réputation.

« Et nos mobiles de la Corrèze, où sont-ils? Si je puis les rencontrer, je tâcherai de leur faire voir comment il faut se battre. Je suis persuadé qu'après la première hésitation, ils marcheront bien. En ce moment, ce me semble, le courage ne manque à personne. Je brûle de voir arriver l'ordre du départ; nous serons alors bientôt en vue de l'ennemi. »

Le 25 octobre, vint enfin l'ordre si impatiemment attendu. « J'ai l'honneur, écrit-il, de commander une compagnie de deux cents hommes; cette position pourra me servir à l'issue de la campagne pour passer capitaine. Je suis tout fier de mon petit commandement; mes hommes sont magnifiques et bien armés, mais mal équipés; car les magasins n'ont plus de vêtements pour tout le monde. J'ai trente et un évadés de Sedan qui brûlent de prendre leur revanche : on tapera dur. »

Joseph se trouvait à Châteauneuf (Loiret) le 8 novembre. « Les événements, écrit-il à cette date, vont probablement se précipiter ces jours-ci. Hier nous avons passé la Loire à Sully et je crois que nous allons attaquer Orléans. Tout irait bien sans le grand froid que nous avons à subir, surtout quand on est de grand'garde pendant la nuit et qu'il est défendu d'allumer du feu pour ne pas éveiller l'attention de l'ennemi. Depuis deux jours, les avant-postes français et prussiens sont complétement enchevêtrés les uns dans les autres. »

Le lendemain, 9 novembre, Joseph prenait part au glorieux combat de Coulmiers, qui eut pour résultat la reprise d'Orléans; et le 10 il écrivait à ses parents : « La victoire d'hier a dû produire un bon effet dans le pays; elle a électrisé nos troupes. Nous avons marché toute la journée au son du canon; il fallait cela pour soutenir notre courage et nos forces. Par une pluie battante, nous avons fait quarante kilomètres à travers champs, où l'on enfonçait jusqu'aux genoux. Nous devions couper la route aux Prussiens et ramasser tous ceux qui restaient dans les villages autour d'Orléans. Aujourd'hui, quand nos premières colonnes arrivaient à Chevilly, l'arrière-garde des Prussiens venait d'en sortir; nous les poursuivons l'épée dans les reins. Je prie Dieu pour que la victoire nous soit enfin favorable. On a bon espoir, et le moral de nos troupes est excellent. »

Dans un dernier billet daté du 27 novembre, il écrit de Loury à sa sœur : « Je porte toujours la médaille que tu m'as envoyée, ainsi que le scapulaire. » Joseph avait plus besoin que jamais du secours de la sainte Vierge. Deux jours après la sanglante bataille de Patay, le 4 décembre, il tombait mortellement frappé au village des Ormes. Malgré d'actives recherches, sa famille n'a pu se procurer aucun renseignement précis sur ses derniers moments. Dieu lui aura tenu compte de la vivacité de sa foi et du généreux dévouement qu'il a toujours déployé, pour accomplir son devoir et défendre son pays.

MAURICE DUFÉRIER

Maurice Duférier, né à Paris le 21 mai 1848, élève de l'école Sainte-Geneviève du 2 janvier 1867 au 20 juillet 1867, admis à Saint-Cyr en 1867, sous-lieutenant au 1er régiment d'infanterie de marine en 1869, tué à Bazeilles, bataille de Sedan, le 1er septembre 1870.

La famille de Maurice n'a pu obtenir que des détails assez peu précis sur ses derniers moments. Parti de Cherbourg avec son régiment le 7 août, il rejoignit l'armée de Mac-Mahon. Le 1er septembre, au combat de Bazeilles, où l'infanterie de marine fit une glorieuse résistance, plusieurs balles vinrent le frapper à la poitrine. Il fut transporté à l'hôpital de Sedan, où il ne vécut que quelques heures. Ses camarades n'ont pu que rendre témoignage de la bravoure de Maurice; et dans notre douloureuse incertitude sur les circonstances de sa mort, nous aimons à espérer que Dieu, si bon pour les soldats tombés victimes du devoir, ne lui aura pas refusé le temps du repentir et la grâce des derniers sacrements.

ALBERT DE LUYNES

CHARLES D'ALBERT DUC DE LUYNES ET DE CHEVREUSE, né à Paris le 22 juin 1845, passa quelques mois au petit séminaire de la Chapelle en 1853, continua son éducation dans sa famille avec un précepteur, fut élève du collége Stanislas en 1861, puis de l'école Sainte-Geneviève du 8 octobre 1861 au 19 juillet 1864, officier des zouaves pontificaux, capitaine adjudant-major des mobiles de la Sarthe, tué à la bataille de Loigny le 2 décembre 1870.

Au mois de janvier 1860, avant même le départ du général de Pimodan pour Rome, Charles, alors âgé de quinze ans, fut le premier qui proposa à Mgr Sacconi, nonce de Sa Sainteté en France, de faire appel à la jeunesse catholique pour défendre les droits du Saint-Siége. Trop jeune encore pour prendre les armes, il ne put obtenir l'honneur de servir dans les rangs de la nouvelle milice. Mais, sans se décourager, l'année suivante il écrivit une requête dans laquelle il disait, pour conjurer un second refus, que ses aïeux n'avaient point attendu d'être des hommes pour se couvrir de gloire sur les champs de bataille. « Il ne me reste qu'à recevoir votre consentement, écrivait-il à son grand-père; si je l'obtiens, vous pouvez être sûr que je ferai mon possible pour faire honneur à mon nom et montrer qu'à seize ans on peut avoir autant de courage qu'à dix-huit. »

Telles furent les premières préoccupations de celui qui, après avoir combattu pour Pie IX, devait mourir pour la France. Persuadé que noblesse oblige, jamais il n'oublia qu'il appartenait à une maison où la bravoure, l'honneur et la foi sont un héritage de famille. Les pressantes sollicitations de Charles furent inutiles et il dut continuer ses études. Admissible à l'école de Saint-Cyr en 1864, il ne réussit pas à l'examen oral. Tandis que cet échec contrariait vivement son grand-père, sans peine il s'en consola, dans l'espoir qu'on lui permettrait enfin de consacrer sa vie à la cause de Dieu et de l'Église. Bien que son âge lui permît encore de se présenter en 1865, il conjura ses parents de lui permettre de s'engager parmi les défenseurs du Souverain-Pontife. « Je sais, leur disait-il, combien vous désirez que je devienne un homme distingué. Pendant les deux ans que je resterai à Saint-Cyr, je n'aurai aucune occasion de faire parler de moi, tandis qu'à Rome, parmi les zouaves, je puis, avant cette époque, avoir bien des fois l'occasion de faire noblement mon devoir. » Pour tranquilliser le cœur de sa mère, il lui écrivait : « Que voulez-vous de moi ? Avant tout que je sois un bon chrétien, un bon sujet ! Eh bien ! il me semble qu'en servant l'Église et le Pape je veux vous montrer le désir que j'ai de rester toujours fidèle à mes devoirs. »

Les deux lettres suivantes montrent quels étaient les sentiments de Charles à cette époque. La première, à son frère Paul, est datée du 5 mai 1864 : « Je viens d'apprendre avec une bien grande joie que par ta bonne conduite et ton travail tu as mérité de faire cette année ta première communion. J'y viendrai certainement et compte y communier pour demander pour toi à Dieu les grâces dont on ne peut être trop muni dans cette grande circonstance, et puisque, comme tu me l'as fait dire, les Pères veulent bien m'inviter à leur repas, je compte aussi y rester.

« Adieu, mon cher ami ; mets à profit le peu de temps qui te reste avant jeudi, pour faire dans la retraite une préparation sérieuse de cette confession, qui doit assurer une bonne communion.

« Je t'embrasse comme je t'aime, de tout cœur. »

Le 15 juin 1864, après la mort de sa cousine Mme de Gontaut, il écrivit à sa mère :

« Votre lettre nous a plongés dans la douleur. Quel affreux malheur ! Je le ressens d'autant plus vivement que j'ai toujours éprouvé pour Marguerite une véritable affection. Nous avons été pour ainsi dire élevés ensemble ; elle était une sœur pour Marie ; elle faisait la joie de son père et de sa mère, qui ont toujours été si dévoués à leurs enfants. Je conçois facilement que leur douleur soit sans remède. Quand on est témoin de semblables malheurs, comme on sent les nœuds de l'affection se resserrer davantage ! Comme on a peur de voir ceux que l'on aime et qui sont encore sur la terre partir à leur tour et échapper ainsi à cette vie pleine de larmes, malgré les nombreuses tendresses qu'on leur prodigue ! Cette mort m'a bouleversé. Pauvre jeune femme ! Il n'y a pas un an qu'elle était mariée ; le bonheur venait à peine de se faire entrevoir, lorsque le tombeau est venu réclamer sa victime. La vie de l'homme est bien pleine de tristesse; s'il y a pour lui des joies, elles sont rares et de peu de durée: bien malheureux doit être celui qui s'y attache! Adieu, etc. »

Son grand-père, le duc de Luynes, ne pouvait consentir à le laisser partir pour Rome, dans la crainte de le voir perdre sa qualité de Français; mais enfin, la persévérance de Charles triompha de tous les obstacles, et il obtint la permission si vivement désirée. Arrivé à Rome, le nouveau zouave pontifical se soumit à toutes les exigences de la discipline; mais il souffrait de ne trouver aucune occasion de se distinguer sur un champ de bataille. Le 29 novembre 1866, il écrit à son frère Paul : « Tu as raison de trouver que je n'écris pas souvent; je confesse ma faute; ma paresse est impardonnable.

« Depuis longtemps déjà nous attendons une solution définitive pour la cause que nous défendons, et au moment où nous croyons arriver à ce but, tout nous échappe et nous fait craindre un nouveau retard. Je vois malheureusement que le jour de l'action s'éloigne de nous de plus en plus, et je crains bien maintenant d'être obligé de quitter ce pays-ci sans avoir eu l'occasion de rien faire de glorieux. Voir ces deux années de patience inutilement sacrifiées me causerait un grand chagrin. Rome, je crois, restera dans la paix la plus grande, même après le départ des Français : le Pape est très-calme et n'a jamais été plus joyeux. Il a grande confiance en nous, et il a raison de compter sur des hommes qui lui sont entièrement dévoués.

« Les Belges font d'excellents soldats, et quoique ils n'aient pas l'agilité des Français, j'affronterai volontiers tous les dangers, suivi par des hommes aussi braves.

« Le 85e de ligne, qui avait reçu l'ordre de se préparer à partir dans les premiers jours du mois de décembre, vient de recevoir contre-ordre. Les Français sont furieux de quitter Rome. »

En 1866, Charles perdit sa sœur (1), pour laquelle il avait la plus grande affection. Au mois de juillet, il écrit de Velletri à sa mère : « Je vous annonce que je suis passé sous-officier depuis quelques jours.

« Plus je vais, plus l'isolement dans lequel je suis me paraît insoutenable, plus le souvenir de ces lieux où j'ai vécu avec ma sœur me paraît triste et désolé. La vie n'a plus de charme pour moi ; je ne suis plus apte qu'à faire honneur à ma famille, en versant mon sang avec courage et pour une noble cause. Je pense souvent à vous, à Elzéar, à

(1) Mme la marquise de Sabran.

Louise; ce sont mes plus doux instants, et cependant Louise est l'objet de retours perpétuels vers le passé. Que le bonheur céleste doit être grand pour nous récompenser de tout ce que l'on souffre ici-bas! Je m'unis à vous en ces tristes jours en élevant mes pensées vers ces chères âmes, qui nous avaient donné tant de joies et de consolations sur la terre. »

Après trois ans passés au service du Saint-Père, Charles résolut de revenir en France, et, le 20 juillet 1867, il écrivit du château de Dampierre au général Kanzler, pro-ministre des armes à Rome :

« Mon général,

« Au moment où je reçois ma nomination d'officier, j'écrivais au colonel pour lui demander mon congé définitif.

« C'est avec le plus vif regret que je quitte le corps, maintenant que, grâce à vous, mon général, le Saint-Père a daigné m'accorder le brevet d'officier.

« Depuis trois ans que j'ai abandonné la France pour faire partie du bataillon des zouaves, après avoir perdu mon père depuis plusieurs années, le petit nombre de mes parents s'est encore diminué, et je me trouve forcé de rester auprès de ma mère.

« Je viens donc, mon général, vous donner ma démission, prévoyant que je ne pourrai pas revenir et ne voulant pas, par un retard qui n'aurait pas de raison de ma part, priver mon successeur de sa nomination, et accumuler sur la tête des lieutenants et sous-lieutenants un travail auquel je ne puis prendre part.

« J'ai l'honneur d'être, mon général, de Votre Excellence le plus dévoué et obéissant subordonné.

« Duc de Chevreuse,

« Sous-lieutenant aux zouaves pontificaux. »

Le mariage du duc de Chevreuse avec Mlle Yolande de la Rochefoucauld était décidé; Charles, au comble de ses vœux, allait entrer dans une famille qui prodiguait à Pie IX, comme la sienne, les témoignages de fidélité et de dévouement. L'union était sur le point de se conclure, quand l'invasion des bandes garibaldiennes soudoyées par le Piémont vint menacer le patrimoine de Saint-Pierre. A la nouvelle de cet attentat, le jeune duc de Chevreuse n'hésita pas un seul instant. Dieu, disait-il, lui imposait le plus grand des sacrifices : il le fit bravement, quitta tout ce qu'il aimait, dit adieu à sa fiancée et partit pour Rome. Son désir était de s'engager comme simple soldat parmi les zouaves; mais il se vit contraint de reprendre les insignes d'officier. Comme son petit-fils, le duc de Luynes, malgré ses soixante-trois ans, était accouru au secours du Saint-Père. Le noble vieillard, ne pouvant plus combattre sur le champ de bataille, se constitua l'infirmier des blessés et des malades. En échange de tant de dévouement, Dieu lui accorda bientôt la grâce d'une mort si belle et si édifiante qu'elle peut exciter l'envie des plus saintes âmes; il expira le 15 décembre (1).

Charles avait pris part au combat de Monte-Rotondo, lorsque l'arrivée des troupes françaises fit croire que la lutte était terminée. Il consulta les personnes les plus capables de bien juger la situation, et reçut d'elles l'assurance formelle que rien ne mettait obstacle à son départ. Confiant dans cette réponse, il revint en France, et apprit bientôt la glorieuse victoire de Mentana. Ce fut pour lui l'occasion d'une poignante douleur dont il fut difficile de le consoler. Dieu se contentait de l'offre de sa vie et le réservait pour d'autres luttes. Pie IX voulut adoucir ce cruel mécompte, et, le jour même du mariage de Charles, 5 décembre 1867, il

(1) A la suite de cette Notice, nous reproduisons un article de M. Louis Veuillot sur le duc de Luynes. Nous avons pensé que le lecteur serait heureux de trouver, à côté de ces quelques pages consacrées au petit-fils, un éloquent éloge du grand-père.

lui envoya, avec un riche camée pour sa femme, un billet écrit de sa main et conçu en ces termes (1) :

« Il giovane duca di Chevreuse è un giovane che merita la benedizione del vicario di G.-C. per averlo assistito per tre anni, e per essere tornato nei momenti del maggior pericolo, benche alla vigilia del suo matrimonio.

« Tutti i buoni, per tanto, lo amino e lo stimino.

« Pio P.P. IX. »

Après avoir donné 50,000 fr. au Saint-Père, dont la moitié devait être employée à l'achat de fusils, et l'autre à l'érection d'un monument à la mémoire des braves tombés à Mentana, il reçut du Souverain-Pontife la lettre suivante :

« Pius P.P. IX.

« Dilecte fili, nobilis vir, salutem et apostolicam benedictionem.

« Pergratum tibi profitemur animum, dilecte Fili, ob omnia dilectionis officia quibus nos cu-

(1) Le jeune duc de Chevreuse mérite la bénédiction du Vicaire de Jésus-Christ pour lui avoir prêté assistance durant trois années, et pour être revenu à Rome au moment du plus grand péril, bien qu'il fût à la veille de son mariage. — Pour ce motif, tous les gens de bien lui doivent amour et estime.

mulas, sive comparando nobis pecuniæ subsidia, sive per ea milites nostros aptioribus et perfectioribus armis instruendo, sive demum amantissimis hisce curis addendo largitiones tuas. Eam vero quam nuper nobis misisti per patruum tuum libentissime adhibebimus, ut optas, perficiendo cœnotaphio fortium memoriæ dicando, qui pro causa Ecclesiæ decertantes in postrema pugna ad Mentana occubuerunt. Quod sane absolutum fortasse jam esset, nisi, contra studium votumque nostrum, advectus necessariæ materiæ e proxima Etruria petendæ, hactenus expectaretur. Novum certe ex hujusce monumenti nobilitate ac pietate nomini tuo decus accedet, quod præstantiore semper religionis et virtutis gloria cupimus illustratum.

« Interim auspicem divini favoris, præcipuæque benevolentiæ Nostræ et grati animi testem, benedictionem apostolicam tibi peramanter impertimur (1).

(1) Pie IX, Pape. — Cher et noble fils, salut et bénédiction apostolique. — Nous avons, cher fils, une grande reconnaissance pour tous les témoignages d'affection dont vous nous comblez, soit en recueillant pour nous des secours pécuniaires, soit en procurant ainsi à nos soldats des armes meilleures et perfectionnées, soit en ajoutant à ces marques d'amour vos propres largesses.

« Datum Romæ apud S. Petrum, die 16 Januarii 1869, Pontificatus nostri anno XXIII.

« PIUS P.P. IX. »

Par la mort de son grand-père, Charles, devenu duc de Luynes, se trouva, à vingt-deux ans, maître d'une grande fortune; jamais il n'employa ses revenus qu'à faire le bien. Nature noble et franche, cœur droit et loyal, il se faisait aimer et respecter de tous. Exempt de toute prétention, il avait le don bien rare de se faire pardonner tous les avantages de son rang et de sa haute position. Le pauvre l'abordait sans crainte, assuré de trouver en lui un cœur compatissant; à l'aumône destinée

Nous consacrerons volontiers le don que votre oncle vient de nous remettre de votre part, suivant vos désirs, au monument funèbre qui doit être élevé à la mémoire des braves tombés à Mentana en combattant pour la cause de l'Église. Il serait déjà terminé, si, contrairement à notre intention et à nos vœux, les matériaux qui doivent venir de Toscane ne se faisaient encore attendre. L'érection de ce beau et pieux monument ne pourra qu'ajouter un nouvel éclat à votre nom, auquel je souhaite toute l'illustration que donne la pratique chaque jour plus parfaite de la religion et de la vertu.

En attendant, comme gage de la divine faveur, et témoignage de notre particulière bienveillance aussi bien que de notre gratitude, nous vous accordons très-affectueusement la bénédiction apostolique.

au soulagement des corps il ajoutait toujours celle qui console les âmes et les rend meilleures. Pas une souffrance qui le trouvât insensible, et quand un malheur était survenu aux alentours de sa demeure, lui-même allait exprimer aux affligés la part qu'il prenait à leur douleur.

Sa charité vraiment chrétienne se montrait surtout quand la maladie venait visiter l'un des *siens*, — ainsi nommait-il ses serviteurs et les habitants du village de Dampierre; — aussitôt il quittait occupations et plaisirs pour se rendre auprès de lui, s'informer de ce qui lui serait utile ou agréable, l'encourager à la patience et lui parler de Dieu. Si le mal offrait de graves symptômes, sa foi profonde trouvait des arguments persuasifs pour exhorter le malade à demander un prêtre et à recevoir les derniers sacrements. Un ancien ami de son grand-père se trouvait en grand danger, et, bien que les médecins n'eussent plus aucun espoir, malgré les instances de sa famille, il s'obstinait à repousser les secours de la religion. Tout espoir de vaincre sa résistance semblait perdu, quand Charles entreprit la conversion du mourant. Là où les hommes avaient échoué, se disait-il, une victoire était encore possible avec le secours d'en haut. Afin de s'assurer ce divin appui, il alla se confesser et communier pour l'âme qu'il voulait gagner à Dieu. Fort de la grâce de Notre-Seigneur, qui parlait par ses lèvres, il triompha de tous les obstacles. Persuadé par son jeune ami, le malade accomplit ses devoirs de chrétien, et, dans la joie du repentir, il remercia avec effusion son bienfaiteur et lui promit qu'au ciel il ne l'oublierait point.

Ce que Charles conseillait aux autres, il le faisait lui-même. Une année, à l'époque des fêtes de Noël, se trouvant à une nombreuse partie de chasse, il ne voulut point que le plaisir lui fît oublier son devoir. Sans respect humain comme sans ostentation, il fut se confesser au curé du village et communia à la messe où assistaient les chasseurs, édifiés par les témoignages d'une foi si vive et si sincère.

Au mois de juillet 1870, quand éclata la guerre contre la Prusse, le jeune duc de Luynes était au comble de ses vœux : un fils et une fille étaient venus accroître le bonheur de son foyer. « Je ne veux pas, écrivait-il à cette époque, m'occuper de politique; je ne demande rien à personne. Vivre à Dampierre avec ma femme, mes enfants, ma famille, c'est tout ce que je désire. » Beau rêve qui devait tristement s'évanouir ! Dans cette demeure princière, où toutes les jouissances légitimes d'ici-bas charmaient sa vie, bientôt habiteront le deuil et une douleur que Dieu seul pourra consoler.

Nos désastres se succédaient avec une effroyable rapidité, et la crédulité du peuple exaspéré par nos défaites accueillait les bruits les plus absurdes. Prêtres et nobles étaient surtout les victimes de ces infâmes calomnies : on les accusait de soudoyer les Prussiens. A tout prix, on voulait rendre suspects aux habitants des campagnes ceux qui pouvaient leur donner de bons conseils et les guider dans le chemin de l'honneur. Le duc de Luynes et de Chevreuse ne fut pas épargné par ces misérables. Instruit des bruits qui circulaient au marché de Limours, il veut aller lui-même confondre ces calomniateurs. Après s'être confessé pour être prêt à tout événement, il part, et son attitude énergique et franche impose silence à ses ennemis. Dans le mois d'août, Charles s'occupa de former au maniement des armes tous les hommes qui dépendaient de lui; deux fois chaque jour, il leur faisait faire l'exercice, et quand le bataillon de Chevreuse dut choisir son commandant, il fut élu à l'unanimité des suffrages.

Après la capitulation de Sedan, il envoya sa femme et ses enfants chez sa mère, à Sablé, dans la Sarthe, et résolut de défendre pied à pied le territoire confié à sa garde. Sur mille huit cents hommes qui composaient son bataillon, vingt-cinq à peine consentirent à le suivre. Que faire avec cette poignée de braves contre une armée victorieuse? Malgré la douleur de la population de Chevreuse, qui regardait son départ comme le plus grand des malheurs et croyait tout perdu s'il quittait le pays, Charles n'hésita point. « Je suis jeune, écrivait-il, bien portant; la France a besoin de tous ses enfants pour la défendre, je ne puis rester spectateur inactif de tant de désastres. Il faut partir, c'est mon devoir. » Avant de dire un dernier adieu au château de ses ancêtres, il mit ordre de nouveau aux affaires de sa conscience, persuadé que le gentilhomme chrétien est aussi le plus brave. Ce ne fut point sans de cruelles angoisses qu'il quitta sa mère, sa femme, ses enfants, tout ce que la fortune et une brillante position peuvent donner de bien-être; mais cette âme si noble, dans laquelle la foi patriotique s'alliait si bien à la foi religieuse, était à la hauteur des sacrifices les plus héroïques.

Charles entra dans le bataillon des mobiles de la Sarthe, où se trouvaient déjà son jeune frère Paul de Chevreuse, duc de Chaulnes, et son beau-frère, Elzéar, marquis de Sabran. Bientôt le duc de Luynes fut aimé de ses camarades, qui ne lui adressaient qu'un seul reproche, celui de trop exposer sa vie.

Le 1er octobre, il écrit de la Ferté-Bernard à sa mère : « Je pense bien à vous et suis bien préoccupé de vous savoir à Dampierre, sous le coup de toutes les exigences des Prussiens. Je ne saurais trop vous remercier de m'avoir donné l'occasion de me rendre utile en acceptant avec tant de bonté cette position difficile. On assure que les élections vont avoir lieu ; je vous envoie donc ma proclamation en vous priant de la faire afficher dans les communes.

« Électeurs,

« Occupé aujourd'hui les armes à la main à défendre, avec les miens, les intérêts les plus graves du pays, je ne puis venir moi-même revendiquer près de vous l'honneur de vous représenter à la Constituante. Cet honneur, vous l'accordiez en 1848 à mon grand-père, qui était fier de l'unanimité de vos suffrages.

« Mon plus grand souhait serait de laisser après moi la réputation d'homme de bien et de soutien du peuple, qui est restée incontestée à la mémoire de mon aïeul.

« Loin de toute attache au gouvernement passé, j'ai appris, en vivant au milieu de vous, à connaître vos besoins. Je sais combien vous désirez la prospérité et la grandeur de notre patrie. Dieu aura piété de la France, et nous travaillerons ensemble à réparer les désastres qu'elle vient de subir.

« C'est au milieu des épreuves que nous saurons grandir et apprendre que la France peut renaître de ses cendres plus unie, plus vigoureuse et plus forte.

« Duc de Luynes. »

La lettre suivante à Mme la duchesse de Chevreuse est datée du 29 octobre : « Je vous écris sous ma tente et sur mon petit lit de camp. Nous sommes campés sur la droite de Marchenoir, entre Coucriès et Seris. On nous dit que les Prussiens sont à trois lieues : je ne crois pas qu'ils soient en nombre et qu'ils osent nous attaquer. Je suis désolé de vous savoir inquiète ; il faut avoir confiance en Dieu et bien songer qu'il récompense ceux qui font leur devoir. »

Trois jours après, le 2 novembre, il écrit encore de Saint-Léonard : « Nous sommes toujours campés près de Marchenoir. Nous apprenons que Metz s'est rendu. Quelle triste nouvelle! Que compte faire le gouvernement qui vient de perdre en lenteurs trois semaines bien précieuses? Je ne vois pas le parti qu'on veut tirer de nous; cependant les hommes sont bien disposés et se battraient bien, j'en suis sûr.

« Je suis ici pour entendre la messe. »

Le 3 novembre, nouvelle lettre : « Rien de nouveau, écrit-il; nous ne savons que croire de toutes les différentes nouvelles que nous recevons et qui se contredisent. Les nuits deviennent glaciales sous la tente, et si nous continuons à camper, on pourra bien se réveiller avec une jambe ou un bras gelé. Pour moi je me porte très-bien et supporte parfaitement notre dure existence. On nous annonce la visite de Gambetta; je doute fort qu'il soit bien reçu par les officiers et les troupes; sa dernière proclamation les a tous froissés. »

Après la victoire de Coulmiers, 9 novembre, tous parlaient de son énergie et de son sang-froid. « Comme il était beau au feu, notre capitaine! » disaient les soldats; et à l'unanimité des voix il fut inscrit un des premiers sur la liste des propositions pour la croix d'honneur.

Au milieu de la bataille, une triste nouvelle lui était parvenue : son frère bien-aimé, le duc de Chaulnes, était blessé grièvement. Tout entier à son devoir, il sut maîtriser sa douleur et demeura ferme à son poste de combat jusqu'à la complète déroute des Prussiens. Enfin, il put aller à la recherche de Paul. Celui-ci était resté cinq heures gisant à terre, au milieu d'une pluie de mitraille et d'obus. En l'apercevant, Charles le presse dans ses bras et s'écrie : « Pourquoi donc n'est-ce pas moi qui suis blessé à ta place? » Touchante entrevue qui devait être la dernière! Après avoir rivalisé de bravoure sur le champ de bataille, les deux frères auraient volontiers donné leur vie l'un pour l'autre. Ils se firent de tendres adieux, et se quittèrent pour ne plus se revoir ici-bas.

Le lendemain de la bataille de Coulmiers, Charles écrivait à sa mère : « Le pauvre Paul est blessé, mais j'espère que cela ne sera rien de grave. — Priez pour moi; la sainte Vierge m'a bien protégé hier. Notre bataillon a énormément souffert, et les intendances font si mal leur service que nous sommes en retard de trois jours de vivres. Il en est de même des ambulances, et j'ai été obligé de forcer, le pistolet au poing, un conducteur de cacolets de ramasser mon frère. »

Dans une lettre du 12 novembre, il donne à sa mère de nouveaux détails sur la bataille de Coulmiers. « Nous sommes toujours à Boulay, à trois lieues d'Orléans, ne sachant qu'une chose, c'est que le 9 nous avons remporté une victoire assez sérieuse.

Ce qu'il y a encore de certain et ce que dit même le *Moniteur*, c'est que la victoire est due à notre bataillon, qui a empêché les Prussiens de nous tourner. Elzéar s'est très-bien conduit, et Paul a tenu d'une façon très-ferme devant le feu. Nous avons dans notre bataillon cent vingt hommes tant tués que blessés, y compris cinq officiers hors de combat. Je ne comprends pas encore comment j'ai échappé, parce que, nos hommes étant couchés à terre et le commandant et moi étant au milieu d'eux à cheval, tous les boulets, obus et balles venaient de notre côté. Mon cheval n'a pas bronché, et le soir nous nous tâtions encore, le commandant et moi, pour voir si nous n'avions rien. Ayez confiance; lorsque l'on échappe à ce que nous avons vu, l'on est construit pour en voir d'autres, et si Dieu avait voulu me prendre, il ne m'eût pas laissé sortir de cette affaire-là. Je recevais votre lettre, où vous me parliez d'armistice, le jour même de la bataille du 9, et je pensais alors que les boulets et les obus devaient en être la signature. »

Le 2 décembre, Charles et son beau-frère se trouvaient sur le champ de bataille de Loigny, où devaient s'évanouir les espérances qu'avait fait concevoir la victoire de Coulmiers. « Après avoir enfoncé notre droite, dit M. Jacquemont (1), les Prussiens ramenèrent leurs forces sur notre gauche et commencèrent de ce côté un mouvement tournant. Les mobiles de la Sarthe lui opposèrent, à Nonneville, une vigoureuse résistance, et se battirent comme de vieilles troupes. Là combattaient deux anciens officiers des zouaves pontificaux, le marquis de Sabran et le jeune duc de Luynes, qui tomba mortellement frappé. » Un premier éclat d'obus enleva le képi de Charles et fut comme un avertissement du Ciel; un second vint aussitôt après le foudroyer. Le matin même de la bataille, il avait dit à son beau-frère : « L'affaire semble devoir être chaude; je ne sais ce qui arrivera; mais quant à moi, je suis prêt. »

Les mobiles qui entouraient le duc de Luynes ne voulurent point laisser son corps au pouvoir de l'ennemi, et ils le transportèrent sur leurs fusils entre-croisés en forme de brancard dans une ferme du village de Nonneville. Le soir venu, ces braves soldats furent faits prisonniers par les Prussiens; mais l'un d'eux, son régisseur, qui avait voulu le suivre, fut dirigé vers Chevreuse, d'où il s'échappa pour aller au château de Dampierre annoncer la fatale nouvelle. Bientôt elle fut connue à Versailles,

(1) *La Campagne des zouaves pontificaux en France*, p. 97.

et un Père de la compagnie de Jésus s'empressa de partir pour Loigny. Muni des pleins pouvoirs de l'autorité allemande, le Père parvint enfin, à travers bien des obstacles, au terme de son voyage et recueillit des renseignements précis. Après être resté dans une ferme durant trois jours, le corps du duc de Luynes allait être jeté dans la fosse commune avec beaucoup d'autres, quand un ministre protestant aperçut à son doigt une riche bague portant les armoiries de sa famille, et il le fit ensevelir à part dans le jardin d'un fermier. Le colonel de Charette, qui avait été blessé dans la célèbre charge de Loigny, reconnut l'anneau de son ancien zouave. Conduit à la tombe de Charles, le Père, qui l'avait beaucoup connu, put aisément constater l'identité, et après avoir déposé le corps dans une voiture d'ambulance, il alla passer la nuit avec son précieux dépôt à Rouvray, chez M. le marquis de Gouvion-Saint-Cyr, où il reçut la plus bienveillante hospitalité.

Le lendemain il offrait dans la chapelle du château le divin sacrifice pour l'âme de la noble victime, lorsqu'au moment de la communion il aperçoit agenouillées à la sainte table deux femmes en deuil : c'était Mme la duchesse de Chevreuse avec sa courageuse compagne, Mme la marquise de

Lévis-Mirepoix. Elle venait puiser la force pour le sacrifice auprès de Celui qui seul peut consoler une mère de la mort de son fils. Le triste cortége reprit ensuite sa marche, et après deux jours de pénible voyage, il arrivait à Dampierre. Toute la population s'était rendue sur les limites de la paroisse, et, au milieu du deuil général, le jeune duc rentrait dans cette somptueuse demeure qu'il avait naguère quittée, plein de force et d'avenir. Le service funèbre fut célébré par Mgr l'évêque de Versailles, au milieu d'une foule considérable de prêtres, de parents, d'amis et de pauvres qui pleuraient leur bienfaiteur. Après l'absoute, on déposa le corps dans le caveau de famille, où il repose à côté de son grand-père.

Comme il l'avait toujours ambitionné, Charles, duc de Luynes, se montra dans sa vie et dans sa mort digne de ses ancêtres, et digne des saintes causes de la France et de l'Église qu'il avait noblement servies.

M. le duc de Luynes vient de mourir à Rome. Il s'y était rendu au moment le plus grave des dernières affaires pour se mettre à la disposition du Souverain Pontife, et ce ne fut pas un acte de peu d'importance ni de peu de valeur. Encore qu'Honoré Albert de Luynes ne fût rien dans sa patrie qu'un simple particulier, et ne tînt au monde officiel que par le titre de membre de l'Académie des sciences, il n'en était pas moins l'un des chefs éminents de la société française, du très-petit nombre de ceux qui restent, du plus petit nombre de ceux qui restent en plein et universel éclat d'honneur.

Lorsqu'on le vit, à son âge déjà avancé, avec une santé qui avait besoin de repos, ne pas se contenter des royales offrandes qu'il faisait au trésor pontifical, mais encore servir de sa personne, parce que le péril devenait plus pressant, il y eut dans l'opinion un frémissement d'émotion généreuse. Le courant des souscriptions et des enrôlements s'élargit et prit cette puissance qui peut-être détermina la volonté du gouvernement français jusqu'à ce moment si indécis, en apparence au moins.

Il arriva sur un bateau chargé de volontaires, quelques jours avant la bataille de Mentana. Rome était en proie aux agressions abominables des garibaldiens, épouvantée de leurs bombes, de leurs poignards, de leurs menaces, auxquelles tant de crimes sauvages forçaient trop d'ajouter foi. Il prit tout de suite son office de bon citoyen dans cette ville que d'ignobles coupables voulaient ravir au monde. Il était à Mentana, non comme combattant, — ses forces ne le permettaient plus, — mais comme infirmier, et ces humbles fatigues lui laissèrent le germe de la maladie à laquelle il vient de succomber.

En même temps qu'il soignait les blessés, il prenait soin de la gloire des morts. Un esprit de grandeur et de magnificence qui le caractérisait, et que relevait encore sa simplicité personnelle, lui avait fait concevoir le dessein d'élever à ses frais un monument partout où une victime de la cause sainte était tombée. Il parcourut donc les lieux qui avaient vu les épisodes héroïques de cette bataille de quarante-cinq jours, et dressa la topographie de ce vaste champ des martyrs, afin de placer le témoignage du respect et de l'amour à chaque place illustrée par le témoignage du sang.

Cette action rappelle la piété de Tobie envers les morts de son peuple. Elle reçut une récompense qui n'est pas sans analogie avec celle qui fut donnée au juste d'Israël. Tobie, en ensevelissant les morts, devint aveugle, et ensuite recouvra la vue par l'entremise de la piété filiale. Le duc de Luynes n'était pas aveugle selon la chair, mais si ce que nous entendons dire est vrai (car nous n'avons pas eu l'honneur de le connaître personnellement), cet homme de cœur faisait ces belles et glorieuses choses sans posséder encore, jusqu'à ces derniers temps, toutes les clartés de la foi. C'était la grandeur et la bonté naturelle de son âme, l'amour naturel de la justice, le sentiment du beau qui le portaient seuls à tant d'œuvres généreuses; et ni la douleur morale qui ne l'a point épargné, ni l'étude assidue, ni les efforts d'une belle et sincère intelligence, ni la visible splendeur des vertus chrétiennes n'avaient pas tout à fait dissipé le doute qui l'enveloppa longtemps.

Il sentait, pour ainsi dire, la vérité, et lui rendait les hommages d'un témoin, mais il ne la voyait point ou il croyait ne la point voir, car cette épreuve aussi est quelquefois infligée à la nature humaine, et nous honorons des saints qui l'ont subie. Aux approches de l'heure suprême, les obscurités cessèrent. Derrière les voiles du doute, la charité avait en quelque sorte accumulé les lumières; elles déchirèrent l'obstacle, et comme sa vie allait finir, le jour apparut. Le duc de Luynes avait auprès de lui sa belle-fille, Mme la duchesse de Chevreuse, une de ces femmes que Dieu semble avoir élues pour leur faire connaître le poids de tous les sacrifices, pour les former à les adoucir et pour placer dans leurs cœurs, par une clémence spéciale, cet auguste et miséricordieux flambeau de la mort qui éclaire au delà du temps.

Nous ne voulons rien dire ici, du moins aujourd'hui, des autres travaux et des autres œuvres du duc de Luynes, de ses recherches et de ses voyages qui lui avaient mérité l'estime des savants. Il était le protecteur éclairé des lettres et des arts, et, sans parler de ses abondantes aumônes dont il gardait le secret, il savait encore déguiser en encouragements les bienfaits les plus généreux. D'autres qui connaissent mieux ces détails les pourront publier; nous les reproduirons pour payer, autant qu'il dépend de nous, un uste tribut de louanges à l'un des derniers grands seigneurs français.

M. le duc de Luynes était vraiment un grand seigneur. C'était sa condition très-distincte et très-rare dans un monde et dans un temps qu'il acceptait d'ailleurs pleinement, sans aucune autre lutte que de ne pas se laisser entraîner aux courants de vulgarité qui le traversent de toutes parts et le rongent partout. Il y garda toute la hauteur de sa physionomie, il y accrut l'honneur de son grand nom, il y fit le plus magnifique usage de son immense fortune; il sut noblement vivre et mérita de bien mourir, l'un des plus dignes citoyens de Rome, comme il avait été l'un des plus fiers citoyens de Paris.

(*Univers*, 19 décembre 1867.)

LÉOPOLD DAT

LÉOPOLD DAT, né à Castelnaudary (Aude) le 1er avril 1849, élève de Sainte-Marie de Toulouse, puis de l'école Sainte-Geneviève du 13 octobre 1868 au 20 mai 1869, sous-lieutenant aux mobiles de l'Aude, tué au combat de Sillé-le-Guillaume (Sarthe) le 15 janvier 1871.

PEU de jours avant son départ pour l'armée de la Loire, Léopold écrivait à sa sœur, religieuse au couvent des Réparatrices de Toulouse : « Comme tu l'as sans doute appris, j'ai été nommé sous-lieutenant. Le général, en me conférant ce grade, a proclamé devant toutes les compagnies réunies que je devais cet avancement, non à la faveur, mais à mon zèle pour l'instruction des soldats. Je t'assure que je ne méritais pas cet éloge; je n'ai fait que mon devoir, et je ne vois point pourquoi on doit louer un homme d'avoir accompli sa tâche. Toute la famille vient de passer la journée à Limoux, notre départ étant fixé au 1er novembre. Ils ont voulu encore me voir, peut-être pour la dernière fois. Quoi qu'il en soit, chère petite sœur, tu peux être sûre que je ne faiblirai point, et que toujours ma pauvre patrie me verra face à face avec l'ennemi. *Etiamsi omnes, ego non;* mieux vaut un tombeau glorieux que la vie au prix d'une lâcheté. Mais j'espère qu'avant peu, avec le secours de la sainte Vierge, notre France bien-aimée aura extirpé de son sol ces hordes barbares.

« Nos mobiles marchent parfaitement; j'ai grand espoir en eux. Il n'en est pas un seul qui ne porte le scapulaire et la médaille de Notre-Dame de Marseille. Notre destination est pour l'armée de la Loire, en sorte que nous verrons bientôt l'ennemi. J'ai une fièvreuse impatience dans l'attente de ce moment. Si j'ai abandonné ce que j'ai de plus cher, si j'en fais le sacrifice à Dieu, j'espère qu'il me laissera voir le triomphe de ma France bien-aimée. Prie pour moi la sainte Vierge, non pour que je revienne sain et sauf, mais pour que j'aie toujours le même courage, même en face de la mort!.. »

Ce souhait d'un cœur vaillant fut exaucé, et dans la campagne de la Loire à laquelle prirent part les mobiles de l'Aude, Léopold, par son intrépidité et son sang-froid, mérita les éloges de ses chefs. Au combat de Morée, seul de son bataillon, il est mis à l'ordre du jour. Le 11 janvier, à la bataille du Mans, il déploie la plus grande bravoure. Resté seul officier pour commander les débris de sa compagnie, il réunit les hommes qui sont encore debout et rejoint le corps d'armée chargé de protéger la retraite. Jusqu'à Sillé-le-Guillaume, il fallut défendre le terrain pied à pied dans les combats qui se livraient chaque jour.

Le 15 janvier, près du village de Saint-Remi, le général Rousseau fait appeler Léopold et le place avec sa compagnie à un poste si périlleux que la mort est presque certaine. Il n'hésite point un instant, recommande son âme à Dieu, et s'élance au-devant de l'ennemi. Bientôt une balle vient le frapper au front, et il tombe en criant : Vive la France ! Deux de ses soldats accourent pour le relever, mais ils sont tués près de lui. Quelques jours auparavant, Léopold s'était approché du tribunal de la pénitence; avec le pardon de ses fautes, il y avait puisé le courage pour se sacrifier et accomplir noblement son devoir.

Au jour du service funèbre célébré dans sa ville natale, les habitants vinrent en foule rendre hommage au souvenir de leur brave concitoyen; et M. le curé de Castelnaudary fut l'éloquent interprète de l'admiration et de la douleur publique en faisant l'éloge de ce jeune officier qui s'était dévoué si vaillamment par amour pour son pays.

RENAUD

DE LA FRÉGEOLIÈRE

Renaud de Bernard de la Frégeolière, né à Angers le 9 février 1848, élève du collége Saint François-Xavier à Vannes, puis de l'école Sainte-Geneviève du 15 octobre 1862 au 12 juillet 1864, admis à l'école navale du Borda en 1864, aspirant de 2e classe en 1866, aspirant de 1re classe en 1867, enseigne de vaisseau en 1869, capitaine commandant la 1re compagnie du 1er bataillon de fusiliers marins, division de Brest, armée du Nord; tué à Béhagnies (bataille de Bapaume), le 2 janvier 1871.

La vie si courte de Renaud suffirait pour démontrer l'influence d'une éducation sérieusement chrétienne sur une âme douée de qualités exceptionnelles, mais accessible aux entraînements des passions. Il avait l'imagination d'une grande mobilité, un cœur impressionnable, ardent au bien, mais parfois tendre à la tentation : nature généreuse qui ne connaissait point les froids calculs de l'égoïsme, portée au plaisir en même temps qu'elle aspirait au dévouement et au sacrifice. Les convictions religieuses le ramenèrent sans cesse dans le chemin du devoir, et contribuèrent beaucoup à tempérer cet excès de sensibilité qui pour lui était un péril. Ses dernières années furent une lutte entremêlée de défaites et de victoires; mais au milieu de ces combats, quand la vertu succombait, du moins la conscience protestait toujours et le repentir ne se faisait pas attendre. Au jour du triomphe des passions, la foi elle-même eut à subir des assauts, mais l'épreuve ne fut jamais que passagère, et bientôt la religion reprenait son empire; le blessé se relevait de sa chute plus humble et aussi plus vaillant.

Dans la première jeunesse de Renaud, nous retrouvons des souvenirs qui déjà présageaient ce qu'il devait être dans la suite. Tout petit enfant, il reçut un violent coup à la tête. Sa mère, voyant son front meurtri, essayait de le soulager. « Non, non, dit-il en retenant de grosses larmes; ce sera pour les âmes du purgatoire. » — A dix ans, il fit sa première communion. « Que j'étais heureux ce matin, s'écriait-il, je me croyais au ciel; je voudrais mourir aujourd'hui ! »

En 1859, il est envoyé au collége de Saint François-Xavier à Vannes, et ce ne fut point sans grande peine qu'il s'habitua à vivre séparé de sa famille. « Je suis toujours très-triste, écrivait-il; j'étais libre, heureux auprès de vous. Je ne retrouverai plus ce beau temps, et toujours je serai séparé de ma famille. Mais après ma mort !.. — Tu crois que je plaisante, je le dis sérieusement, je ne la crains pas ! — après elle, je serai encore plus heureux que je ne l'ai jamais été, même à la maison paternelle... Je voudrais être dans cent ans d'ici; je serais au ciel avec toi et ma famille, et je n'éprouverais pas la peine que je ressens d'être loin de toi. Un Père m'a dit que j'étais second en thème; ce n'est point à cause de moi, mais de la sainte Vierge qui m'a pris sous sa protection. » — Et dans une autre lettre : « Je sens que ma bonne mère Marie me soutient; mais toi, tu n'es plus là pour m'encourager et me consoler... N'oublie pas de m'apporter ma petite statue de Notre-Dame des Victoires; elle me fera triompher sur tous mes camarades. »

Renaud conservera jusqu'au dernier jour de sa vie cette dévotion simple et naïve envers la sainte Vierge, et rien ne pourra la bannir de son cœur.

« Je compte dire tous les soirs, écrivait-il encore, un *Souvenez-vous* à la sainte Vierge, — et il ne sera pas le moins fervent de ma journée, — pour que je quitte la terre avant mon père et ma mère. Je t'en supplie, ma petite mère, prie avec moi. Cette prière m'évitera d'abord un grand chagrin dont je mourrais peut-être, et ensuite un grand nombre de péchés. Qui m'avertira quand tu ne seras plus là, et que je serai livré à mes passions? Cela me fait bien de la peine de te parler ainsi, mais c'est pour mon bien. » — Une autre fois, toujours à sa mère : « Figure-toi que j'ai fait un rêve singulier; j'étais sur un champ de bataille, frappé d'une balle, et je voyais mon âme monter au ciel. J'avais peur et pourtant j'étais heureux. »

Les maîtres de Renaud appréciaient les belles qualités de cette âme si riche en aspirations vers le bien; mais ils n'étaient point sans inquiétudes sur l'avenir. La sensibilité et la sensualité ne vont que trop souvent ensemble; et ils craignaient que ce cœur encore si pur, mais avide d'émotions et cherchant toujours à s'épancher, ne fût point assez fort contre les séductions du plaisir. « Votre cher enfant, écrivait le P. de Gabriac à Mme de la Frégeolière, a bien besoin de l'éducation mâle dont vous me parlez. Il y a cependant une amélioration depuis l'époque où il venait chaque jour dans ma chambre pleurer les caresses maternelles. Cette fois, il a supporté votre départ en homme de cœur. Si cette amélioration continue, son caractère deviendra tout à fait viril, et Renaud ne laissera plus rien à désirer. »

Fortifier cette délicate nature était une tâche difficile à laquelle on ne pouvait consacrer trop d'efforts. Non-seulement il fallait l'affermir contre elle-même, mais aussi la protéger contre les mauvaises influences et les impressions extérieures, élever la conscience et l'affranchir du joug de l'opinion. Faussée par tant de causes, cette puissance est à notre époque plus malfaisante que salutaire pour les jeunes gens; au lieu de leur servir de guide dans le chemin de l'honneur et du devoir, trop souvent elle ne fait que rabaisser les caractères et étouffer les meilleurs instincts.

Depuis longtemps, Renaud désirait entrer à à l'école navale; la vie du marin, semée de périls et d'aventures, souriait à sa nature enthousiaste; il aspirait à l'imprévu, aux émotions des spectacles grandioses et des tempêtes. Mais, pour lui, que de dangers dans cette cárrière qui jette un jeune homme de seize à dix-sept ans, sans expérience et sans grands secours, au milieu des plus graves tentations, loin de sa famille, en face des séductions quotidiennes du mauvais exemple, à un âge où la raison n'est pas encore développée et où les passions ont plus que jamais besoin d'être assujetties au joug d'une règle chrétienne? M. et Mme de la Frégeolière se rendaient compte des dangers d'une pareille vocation; mais en présence des instances de leur fils, ils ne crurent point devoir s'y opposer, et Renaud vint se préparer en 1862 à l'école Sainte-Geneviève. Son intelligence souple et vive se pliait avec une égale facilité à l'étude des lettres et des sciences; aussi fit-il de rapides progrès, et, après deux années d'un travail sérieux, il fut reçu à l'école navale avec l'un des premiers numéros.

Il avait alors seize ans, et son organisation frêle et délicate semblait peu capable d'endurer de rudes fatigues. D'une physionomie franche et ouverte qui exprimait la droiture du cœur et la pureté des mœurs, simple d'allures et de manières, excellent et joyeux camarade, sans peine il arrivait à conquérir toutes les sympathies par un ensemble de qualités charmantes. Bien des dangers étaient à craindre pour cette vertu qui ne s'était point encore fortifiée dans la lutte; mais pour se protéger contre les séductions du vice, Renaud possédait une piété à la fois naïve et profonde, le respect de soi-même et le vif sentiment de l'honneur, l'amour et le culte de sa famille avec laquelle il entretenait la plus intime correspondance, enfin une loyauté et une franchise qui rendaient son âme transparente et l'empêchaient de déguiser la moindre faute. Aimé de tous ceux qui l'entouraient, il ne donnait point sa confiance à tous. Dans le choix de ses amis, les questions de vanité, de fortune, de prérogatives sociales n'entraient point en ligne de compte; avant tout, il exigeait une valeur personnelle qu'aucun autre avantage ne pouvait compenser. Sur le vaisseau-école *le Borda*, sa fierté eut quelque peine à se plier aux exigences des adjudants; il s'irritait parfois contre des ordres qui lui semblaient injustes, perdait *ses ancres*, et une fois la faute commise, plein de regrets, il implorait le pardon de ses parents. Au reste, ce travers disparut bientôt, et après ses deux ans d'école navale, devenu aspirant de deuxième classe, il comprit bien vite le devoir de l'obéissance et demeura toujours esclave de la discipline.

Le premier voyage de Renaud sur le *Jean-Bart* fut une succession de joies et de surprises racontées dans ses nombreuses lettres avec une verve enthousiaste. Son unique peine était au moment du départ, quand il fallait quitter le pays qu'il venait de visiter. « La Martinique me plaît beaucoup, écrivait-il de Fort-de-France au mois d'avril 1867, je suis désespéré de m'en aller. La vie du marin est ainsi faite; on ne va que de séparation en séparation, et souvent c'est pour ne plus se revoir. » — Dans une lettre de New-York il dit à sa mère : « Si je ne t'ai pas parlé de mes pâques dans ma lettre de Fort-de-France, c'est que je ne savais point le jour où je les ferais. Notre aumônier, qui venait d'apprendre la mort de son père, nous a priés d'attendre un peu plus tard. J'ai communié en mer, le vendredi qui a suivi le dimanche de Quasimodo. Ainsi donc, il ne faut plus que tu fasses de mauvaises suppositions. J'ai *toujours* mes principes d'autrefois, et certainement je ne suis pas près de les oublier. » — Dans une lettre datée des Antilles, après avoir décrit les fêtes données en l'honneur des officiers du *Jean-Bart*, il ajoute : « Je suis toujours fidèle à mes pratiques religieuses, et j'ai communié il y a quelques jours. » Son admiration en présence des merveilles du Nouveau Monde ne pouvait se lasser. « Je tombe d'extase en extase, écrivait-il de Rio-Janeiro ; j'en arriverais jusqu'à mépriser cette pauvre France, si elle n'était le pays qu'habitent mes chers parents. »

Enfin, il fallut revenir, et ce fut avec grande joie

qu'il revit sa famille si tendrement aimée. Après deux mois de congé, il fut envoyé à Toulon et embarqué sur divers bâtiments, où ses occupations de peu d'importance lui laissaient beaucoup trop de loisirs. Un jour il arrive, sans avoir averti d'avance, au château de Saint-Florent et annonce qu'il espère bientôt partir sur l'*Alceste*, frégate à voiles qui devait faire le tour du monde. Cette résolution subite fut accueillie avec quelques objections; la campagne devait être longue, périlleuse, tandis que sur la Méditerranée les dangers n'existent presque pas et les permissions sont facilement obtenues. Renaud, contre son ordinaire, était pensif et ne répondit point. Après avoir accompli son devoir pascal, au retour de l'église, il alla trouver la confidente intime de ses plus secrètes pensées et lui dit: « Ne ne me retiens pas; si je pars, ce n'est pas sans de sérieux motifs. Tu me le conseillerais toi-même. »

Il était facile de voir que le goût des voyages lointains n'était pas le seul motif qui l'engageait à quitter de nouveau la France. La vie désœuvrée qu'il menait à Toulon lui était mauvaise, et il voulait rompre avec elle. La lutte commençait vive et opiniâtre, et dans ce combat de chaque jour Renaud avait contre lui son imagination, le milieu malsain où il était obligé de vivre, l'existence libre et aventureuse du marin, et jusqu'au charme attractif qu'à son insu il exerçait autour de lui. Sa fidélité à la prière et le recours aux sacrements avait bien pu jusqu'ici le protéger; mais voyant que son courage faiblissait de plus en plus, il prit le parti de rompre brusquement avec toutes les relations dangereuses. Ses parents ne pouvaient que l'approuver, et après avoir fait ses adieux, il partit pour Toulon vivement impressionné de sa décision, mais résolu de l'accomplir avec courage. Quelques jours plus tard, l'*Alceste* levait l'ancre.

Durant ce long voyage, Renaud eut l'occasion de voir les sites les plus pittoresques et les plus sauvages du globe. Aussi le temps des relâches du navire était-il mis à profit le mieux possible. Avec un guide et un ami, son compagnon habituel, il s'aventurait en touriste dans des excursions lointaines où plusieurs fois il risqua sa vie. Dans une lettre datée du cap de Bonne-Espérance, le 17 juin 1868, pour excuser le décousu de ses récits, il ajoute: «Ainsi est fait l'homme de mer. La terre est pour lui ce qu'est une mare d'eau pour un canard qui n'a point barboté depuis longtemps; la joie fait perdre le fil des idées. En tout cas, je ne vous oublie pas plus ici qu'en mer. Je voudrais vous posséder, afin de vous faire partager mon admiration pour les beaux pays que je visite. »

Sur le navire, il consacrait à l'étude une grande partie du temps qui lui restait en dehors des exigences du service. De l'île de la Réunion il écrit à sa mère : « Je m'occupe beaucoup à bord pendant la traversée de lectures et de dessin. J'ai déjà lu presque tout ce que tu m'avais donné; mais heureusement l'enseigne avec lequel je fais le quart a une bibliothèque très-bien montée en livres sérieux. Je compte lire le *Traité de littérature* de Géruzez, les *Portraits* de Sainte-Beuve, l'histoire contemporaine et quelques volumes de Thiers. Quant au dessin, je puis dire sans me flatter que j'ai déjà fait de grands progrès. J'ai beaucoup étudié les groupes d'hommes couchés et assis... Sois certaine, ma chère petite mère, que je ne manquerai pas une occasion de vous faire parvenir des lettres. Je comprends que c'est le seul moyen d'atténuer un peu le sacrifice de nos longues séparations. Pour vous surtout, je le sens bien, ce sacrifice doit être bien plus douloureux que pour moi. La carrière du marin est affreuse au moment du départ, quand on quitte sa famille. Peu à peu on s'y habitue, et j'en arrive à plaindre les malheureux qui restent en France. Je pense beaucoup à vous tous ; je voudrais bien avoir papa près de moi pour admirer les beaux paysages que je rencontre ; il me semble qu'il a des dispositions et des goûts particuliers pour être marin. »

Un incident du voyage lui permit de prouver ses qualités d'initiative et d'énergie. Entre le cap de Bonne-Espérance et l'île de la Réunion, l'enseigne de S** le fit appeler et lui dit : « Je suis malade ; voulez-vous me remplacer ? Je prends cela sur moi, car j'ai toute confiance en vous. » Le jeune aspirant accepta. Bientôt, en observant le ciel, il discerna les signes précurseurs d'une tempête ; le capitaine dormait dans sa cabine, et par suite le sort du navire se trouvait entre ses mains. Il eut d'abord le désir de se décharger d'une responsabilité aussi grave ; mais bientôt il prit courage et donna ses ordres à l'équipage avec précision et fermeté. Les manœuvres furent exécutées et l'*Alceste* dégagé de tout péril reprit sa route. Le capitaine qui s'était réveillé, et observait tout sans être aperçu, vint frapper sur l'épaule de Renaud en lui disant : « Très-bien, La Frégeolière ; vous avez eu du sang-froid, et vous vous êtes montré un habile praticien. »

Le 9 novembre 1868, il raconte à sa mère ses impressions durant son séjour à Taïti. « Je laisse tous mes regrets, dit-il, à ce délicieux pays. Le mois qui vient de s'écouler sera un de mes plus chers souvenirs de jeunesse. Dans cette charmante contrée se trouvent réunis tous les bienfaits de la nature. Jamais de vent, pas de pluie; une température tiède et embaumée, sans variations le jour et la nuit. Des fleurs partout, et les meilleurs fruits des tropiques poussent sous vos pieds; on n'a que la peine de se baisser pour les cueillir. Les mœurs primitives des habitants sont exemptes de cette corruption civilisée qui fait mal au cœur. Les naturels professent l'hospitalité orientale; si l'on entre le soir dans leur case, ils vous offrent tout, leur natte, leur tabac qu'ils préparent eux-mêmes en cigarettes, et tous les fruits qu'ils possèdent. En se réveillant le lendemain matin, on trouve à son chevet des bouquets de fleurs d'oranger, des cocos frais pour se désaltérer, du lait, etc., et toute la famille qui vous souhaite le bonjour avec cette franchise qu'on n'est pas habitué à rencontrer ailleurs. Le littoral seul est habité; au centre de l'île sont d'immenses montagnes couvertes de forêts: J'ai eu l'occasion de faire plusieurs excursions dans l'intérieur. A chaque pas on rencontre des cascades qui alimentent des milliers de charmantes petites rivières. J'ai fait à cheval la moitié du tour de l'île; on s'arrête le soir dans n'importe quelle case sur sa route et on reprend le lendemain matin... Je cesse ma description de Taïti pour aujourd'hui, ma chère petite mère; mais d'après la très-faible idée que je viens de t'en donner, avoue qu'il est difficile de ne pas regretter un si beau pays. Pour moi, je compte bien certainement y revenir avant de quitter la marine, et, si je le puis, j'y resterai plus longtemps.

« Nous sommes mouillés en rade de Valparaiso depuis trois jours, écrivait-il quelque temps après; j'ai déjà été à terre et je pars demain matin avec quelques officiers pour Santiago, qui est à six lieues du chemin de fer de Valparaiso. Hélas! quel triste retour à la réalité, lorsque en revenant de Taïti on se retrouve au centre d'une grande ville civilisée. Je trouve tout ici d'une tristesse accablante. »

L'*Alceste* revint à Toulon au mois d'avril 1869, après un an de campagne, et Renaud reprit avec joie le chemin de l'Anjou, son cher pays natal, où il rapportait tout un bagage de souvenirs instructifs, de faits intéressants ou comiques, qu'il racontait avec une verve pleine d'originalité. Il avait alors vingt et un ans. La distinction de son âme et de son intelligence, jointe à une simplicité d'enfant, lui attiraient l'estime et l'affection. « Sympathique dès le premier abord, écrit un de ses camarades, il suffisait de le connaître pour aspirer à devenir son ami. » D'autant plus spirituel qu'il songeait moins à l'être, jamais il ne sacrifiait présents ou absents à l'envie de dire un bon mot. Dans le contact d'opinions très diverses, tout en respectant celle des autres, il n'abandonnait aucune des siennes. D'une grande indépendance de caractère, le respect humain lui était complétement inconnu.

Depuis que Renaud était sorti du *Jean-Bart*, sous le charme du plaisir qui l'attirait, il avait parfois failli à ses résolutions; mais sa conscience, toujours pleine de droiture et de délicatesse, était un juge inexorable, et il ne pouvait supporter longtemps le malaise qu'elle lui causait. Alors il allait retremper son âme aux divines sources qui, avec le pardon, rendent la force nécessaire pour ne pas retomber. Durant son séjour à la maison paternelle, souvent, avec l'une de ses sœurs morte peu de temps après lui, il se rendait à la chapelle du village. « Celui, disait-il, qui peut passer devant une église sans s'y arrêter, n'a qu'une foi bien affaiblie. »

A l'expiration du congé que Renaud avait obtenu en débarquant de l'*Alceste*, il fut envoyé de nouveau à Toulon pour être embarqué sur le *Janus*, puis sur le *Magenta*, vaisseau amiral de l'escadre de la Méditerranée, et durant tout l'été de 1869 il séjourna sur les côtes d'Algérie ou sur les autres points du littoral. Le 23 mai, il écrit à sa mère : « Notre service consiste à partir de Toulon tous les mardis pour tenir la mer pendant trois jours et revenir mouiller en rade le vendredi. Ce genre de navigation ne manque pas d'intérêt. Je fais un quart en chef, et la proximité de la terre, qui est toujours en vue, force à une grande attention et fait passer très-promptement les quarts, quelquefois si longs et si ennuyeux en pleine mer. Nous manœuvrons constamment, tant par nécessité que pour l'instruction des matelots, qu'il faut dégourdir et rompre au métier. Je préférerais bien rester ici jusqu'à ma nomination d'enseigne, car au moins nous faisons de la marine. L'escadre est bien ce qui me déplaît le plus ; on n'y apprend qu'à astiquer, frotter, balayer, peindre et repeindre. Quelquefois des exercices d'infanterie, et tout au plus quelques tirs de canon. Hélas ! où sont mes beaux rêves d'aventures et de voyages ? Commander une goëlette à Taïti, manœuvrer à travers les écueils des îles Pomotou, aborder des îles presque inconnues !... Au lieu de cela, commander : Portez armes... ! à un tas de conscrits, ou bien regarder si tous leurs boutons sont bien astiqués !... »

Le séjour de Renaud en Algérie devait lui être nuisible, et des circonstances regrettables le mirent en rapport avec une société fort peu choisie. Il est une passion désastreuse pour les jeunes gens, celle du jeu, à laquelle Renaud avait toujours victorieusement résisté. Aussi se croyait-il invulnérable, et il avait promis à ses parents que, sous ce rapport, jamais il ne mériterait un reproche. Mais nos forces ne se mesurent que lorsque nous sommes aux prises avec la tentation, et le trop de confiance en soi-même est un mauvais auxiliaire. Renaud, se croyant maître de lui, joua d'abord de petites sommes pour s'amuser, gagna, puis perdit. Quand il se rendit compte de la faute commise, son humiliation et son mécontentement furent des plus vifs; la somme était en elle-même peu importante, mais il n'avait point tenu sa promesse, et sa conscience, si sensible au point d'honneur, souffrait de ce manque de parole. Il lui en coûtait de tout dire à ses parents; mais enfin il prit résolûment la plume, avoua ses torts sans les entourer de circonstances atténuantes, ne promit plus rien, mais s'engagea envers lui-même d'une façon irrévocable. A partir de ce moment, il évita non-seulement les cercles qui auraient pu l'exposer à une rechute, mais, dans les réunions de camarades où l'on jouait, il se bornait au rôle de spectateur sans blâmer personne, protestant par une abstention encore plus efficace que des paroles.

Renaud quitta l'escadre à la fin de 1869, après sa nomination d'enseigne de vaisseau, et vint passer l'hiver en congé dans sa famille. Il fut bien facile de s'apercevoir que les mauvais exemples, les séductions de toute sorte qu'il venait de rencontrer en Algérie, avaient affaibli en lui le sens moral, et par suite le sens religieux. Le voisinage de l'école de cavalerie de Saumur n'était point de nature à le remettre dans la bonne voie. On cherchait de toute manière à attirer ce jeune homme si spirituel, si attrayant, dont la gaieté simple et franche faisait le charme des réunions.

Parfois il allait demander conseil à sa mère. « Que dois-je faire? lui disait-il; un tel m'envoie son ordonnance pour m'inviter à dîner avec eux tous; j'ai déjà refusé deux fois cette semaine. J'aimerais pourtant bien mieux passer la soirée avec vous! » Les convenances l'obligeaient à accepter de temps à autre. Là, du moins, il restait fidèle à sa promesse de ne plus jouer, et toujours il rentrait à Saint-Florent assez tôt pour recevoir le baiser et la bénédiction maternelle.

A cette même époque il fit un voyage à Paris,

d'où il écrivit à sa mère : « Décidément, j'abrége mon séjour; je laisse Paris et ses séductions. Je reviens près de toi reprendre nos habitudes de Saint-Florent et nos causeries du soir. La vie de famille est encore la meilleure. J'ai été mettre un cierge à Notre-Dame des Victoires. »

Ce milieu de la famille, où Renaud ne trouvait que de bons exemples et d'excellents conseils, ne suffisait point pour rendre à l'âme sa première vigueur. Des occupations utiles, obligatoires, un devoir quotidien à remplir, lui auraient été nécessaires, pour l'arracher aux souvenirs malsains de son existence en Algérie. Trop souvent sa pensée se reportait vers les plaisirs passés, et les impressions laissées en son âme par les lectures faites à cette époque subsistaient toujours. Il subissait les conséquences énervantes du désœuvrement, fatales surtout à son caractère, qui éprouvait le besoin impérieux de poursuivre un but utile. Malgré la sage direction que lui donnait sa mère, Renaud ne trouvait point autour de lui un travail capable d'absorber les facultés de sa nature ardente; aussi éprouvait-il un vague mécontentement de lui-même, et bientôt il fut en proie à la plus périlleuse des tentations, celle du découragement. Une fausse application du point d'honneur faillit un instant le faire dévier de sa route. Jusque-là l'aveu de ses fautes ne lui avait point coûté, et il y trouvait, avec le repentir, un soulagement et la paix du cœur. Peu à peu, il en vint à reculer devant cet acte indispensable à toute vie chrétienne. « Est-ce loyal, disait-il, d'aller promettre ce qu'on est si peu assuré de tenir? Est-il digne de Dieu qu'on aille lui accuser ce qu'on aime encore au fond de son âme? » — Pour lui rendre la confiance, on lui disait alors : « Tu crois ainsi témoigner ton respect à Dieu; mais tu le méconnais, et tu le rabaisses en agissant envers lui, comme avec un homme qui ne connaît ni ta faiblesse ni les moyens d'y remédier. Discute moins, et marche en toute simplicité et en toute confiance. Ta bonne volonté commencera, et Dieu fera le reste. La grâce ne manque jamais. — Mais il y a si longtemps que je lutte! Si j'ai succombé, qu'est-ce donc que la grâce? — Prie, va donc à Dieu avec ce désir sincère, ferme et direct qui obtient toujours! »

Pour la première fois, Renaud n'accomplit point cette année son devoir pascal. Il alla trouver un prêtre et, à son retour, d'un ton plein de tristesse il dit à sa mère : « Je ne communierai point; je n'ai pas le ferme propos et je ne puis pas tromper Dieu! J'espère qu'il me pardonnera. » — « Je t'assure, disait-il encore, qu'il y a incompatibilité entre ma situation et une vie irréprochable. J'ai fait ce que j'ai pu; les tentations sont venues me chercher et je ne puis remonter le courant. Si j'en sors, ce sera pour me faire prêtre... Ne secoue point la tête; je parle sérieusement. » — Il n'y avait plus qu'à beaucoup prier pour cette âme qui, par un sentiment exagéré de délicatesse, s'éloignait de Celui qui seul peut nous relever de nos chutes et nous ramener dans le droit chemin. Par bonheur, cette faiblesse ne fut que passagère; et Dieu, qui n'abandonne jamais dans leurs défaillances des cœurs aussi droits et aussi généreux, devait plus tard lui faire sentir avec surabondance les effets de sa grâce victorieuse.

Renaud quitta sa famille au printemps de 1870, pour aller suivre un cours d'infanterie qui commençait à Lorient et finissait à l'école de tir de Châlons. Il n'avait point sollicité cette faveur, qui lui fut accordée comme récompense des excellentes notes obtenues dans la campagne de l'*Alceste*. Son récent grade d'enseigne ne lui permettait pas d'espérer bientôt un embarquement, et il voulait éviter les périls de l'oisiveté. Il commença une vie régulière et active, occupant ses loisirs par de bonnes lectures. « Un de mes camarades, écrit-il à sa mère le 17 juin, vient de me prêter un ouvrage dont tu m'avais parlé, le *Récit d'une sœur*. Je le lis dans les moments que me laisse l'exercice, et un peu au détriment de la théorie, que je trouve bien fade après cette lecture. Je ne sais ce qu'on doit admirer le plus dans cet ouvrage, ou l'incroyable délicatesse des sentiments, ou cette facilité avec laquelle toutes les idées qui passent par la tête sont écrites, simplement, sans prétention et dans un pareil style. Pourtant, je ne suis pas à la hauteur de ces trésors d'affection, que les membres de cette famille ont les uns pour les autres. Ils ne peuvent se quitter deux jours sans que les plaintes commencent; pour moi, il me faudrait bien les refouler afin de rester dans une carrière comme la mienne. C'est un reproche du reste que je fais à Albert : accompli sous tous les rapports, intelligence, cœur, religion, il m'a l'air d'ignorer les contrariétés de la vie, n'ayant rien souffert, jamais subi d'épreuves, et ressemble à une jeune fille, dont il a d'ailleurs l'éducation... De toutes ces personnes, il n'y a qu'Alexandrine qui montre vraiment de l'énergie dans son malheur et qui inspire un véritable intérêt. Les autres, telles qu'Eugénie, sont tellement en dehors de la vie commune, voyant toutes choses sous leur pire côté, qu'on finit par ne plus les plaindre autant. J'aime beaucoup mieux le genre de piété de *Adélaïde Capece Minutolo*, que j'ai lu à Saint-Florent. Celle-là était toujours gaie, et un être humain qui voyait tout en bleu. »

Ces appréciations si justes de Renaud nous montrent en quelle estime il avait les caractères énergiques, qui savent traverser bravement les épreuves de la vie. Dans une autre lettre il dit à sa mère : « Je viens de finir ce matin l'*Organisation du travail*, par M. Le Play. C'est bien intéressant, mais c'est bien long. En achevant la dernière page, je me suis assoupi durant un quart d'heure, avec la satisfaction du sage qui vient d'accomplir son devoir... Me voici devenu un homme sérieux et posé. Si mes idées ne sont pas assez orthodoxes, tu ne m'accuseras pas de les entretenir par de mauvaises lectures. »

La guerre qui venait d'être déclarée à la Prusse, au mois de juillet 1870, mit fin au cours spécial d'infanterie que Renaud suivait à Lorient. Les examens furent passés à la hâte ; il fut classé dans es premiers rangs et envoyé à Brest, pour faire partie de la flotte destinée à l'expédition de la Baltique. « Rassure-toi, écrivait-il à sa mère, je ne suis pas encore parti. Hélas ! je crains que cela ne tarde beaucoup. Presque tous les bâtiments sont armés, je ne sais où l'on me fourrera et, à te parler franchement, je crois que j'en ai encore pour quinze jours. Pauvre marine! c'est toujours sur nous que retombent les tâches ingrates. En temps de paix, fièvres jaunes, dyssenteries, fatigues de toute sorte; en temps de guerre, c'est le métier de rouliers qui nous attend : transporter tant de troupiers à tant de frais de table par jour. Si l'on se battait, si l'on avait les chances de l'enthousiasme d'un combat! Mais non : le genre de mort qui vous est destiné, c'est de couler prosaïquement en rencontrant une torpille. Et qui fait attention à un bâtiment qui coule, sinon les parents et les amis de ceux qui étaient dessus? A côté de cela, ne parle-t-on pas encore de cette fameuse charge des dragons anglais qui revinrent au nombre de vingt après la bataille d'Inkermann, et du fameux 14e de ligne qui périt tout entier à Waterloo? Non; décidément, le métier de la mer est charmant pour un touriste; mais quelle désillusion lorsqu'on le regarde au point de vue militaire! Mais assez de jérémiades! » — Renaud, plein d'ardeur pour la guerre, acceptait néanmoins avec abnégation le rôle obscur qui lui était offert; plus tard, avec non moins de courage, il se résignera à la triste perspective d'un sacrifice sans résultat et sans gloire, pour obéir à la loi de l'honneur.

Durant son séjour à Brest, avant l'annonce de nos premières défaites, la tentation vint encore vers lui avec tout ce qu'elle peut avoir de plus attrayant; sa résistance fut vive; mais les attaques furent si pressantes que, de guerre lasse, il succomba de nouveau. Cette dernière faute, qui fut de courte durée, lui occasionna bien des remords, et son âme, purifiée par l'expiation et par le repentir, reprit bientôt toutes les habitudes d'une vie fermement chrétienne.

Après le désastre de Sedan, les plans de guerre maritime se trouvaient anéantis, et on ne pouvait plus songer qu'à la défense du territoire. « Hélas! écrivait Renaud, il faut bien l'avouer; ce n'est plus 92 ni 1814. Alors des hommes combattaient contre des hommes; maintenant il faut combattre contre des machines intelligentes et admirablement organisées, et tout cela nous manque. Ce sera une tuerie horrible sans résultat. Mais tentons la chance, si petite qu'elle soit; ne reculons devant aucun danger. Par malheur, je ne vois rien qui réponde à mes sentiments; il y a si peu de vrai patriotisme! Les uns se retranchent derrière des opinions politiques; les autres disent : « Que puis-je donc faire moi, un de plus? » Est-ce ainsi qu'on doit raisonner? Dans ces moments terribles, l'abnégation complète, le souverain mépris de la vie, doivent s'allier dans le cœur avec l'amour de la patrie. République ou empire, n'est-ce pas toujours la France? »

Renaud fut chargé d'instruire un bataillon de fusiliers marins, et il s'en occupa avec l'ardeur qu'il mettait à toute chose. « J'ai quatre cents hommes à dresser, écrivait-il, et six aspirants sous mes ordres. Comme je ne relève de personne, j'ai fixé moi-même les heures d'exercice, et je te réponds que je ne me ménage pas la besogne. » — Le préfet maritime vint inspecter son bataillon, et, frappé de la bonne tenue et de la manière dont manœuvraient ses hommes, il félicita le jeune enseigne, et le soir même il lui envoyait le titre de professeur d'infanterie à l'école navale.

Quelque flatteuse que fût cette nomination, Renaud ne voulut point l'accepter. Il alla trouver le préfet maritime, le remercia de la distinction qu'il lui accordait, et réclama avec insistance le seul honneur de combattre avec les hommes qu'il avait formés. Sur sa demande, l'amiral lui accorda le commandement de la compagnie d'avant-garde qui devait être toujours la première au feu; mais il maintint son titre de professeur au *Borda*. « Ma position de capitaine de cette compagnie, écrivait-il, est un poste de confiance; j'en suis tout étonné, moi qui me croyais un officier médiocre! Ma nomination à l'école navale m'avait donné de l'orgueil; maintenant, je suis comme la grenouille; pourvu que je ne finisse pas comme elle! Hier, j'ai fait un petit *speech* à mes hommes. Je leur ai dit qu'étant tête de colonne, ils devaient donner au régiment l'exemple du courage et de la discipline. Sans me vanter, je suis très-respecté et obéi, car ils savent qu'ils peuvent compter sur moi. »

Renaud allait prouver qu'il était digne de commander aux plus braves. Le 26 octobre, il partit pour Lille avec sa compagnie, et ce jour même il écrivait à sa mère : « Voici ma situation d'esprit à découvert. Je te l'avoue, je pars sans avoir rempli mes devoirs religieux; je ne l'ai pas pu avant mon départ de Brest; mais le premier prêtre que je rencontrerai me confessera, je te le promets. Je t'en prie, ma pauvre mère, console-toi. Je suis, je te l'affirme, en bonnes dispositions; mais je suis si facile à entraîner! Le bon Dieu ne m'en voudra peut-être pas trop! Je porte toujours sur moi ta petite médaille. Adieu, ma bonne mère, du courage; je t'embrasse du fond du cœur ainsi que papa, etc. »

Après deux jours passés en chemin de fer, Renaud

arrivait à Lille, où de cruelles déceptions l'attendaient. « Le voyage de Brest ici, écrit-il à sa mère, a duré soixante heures. Nous étions seize cents marins, dont vingt-quatre officiers. Entre Rouen et Amiens, on signalait des uhlans sur la voie ferrée, et un détachement de deux mille Prussiens à quatre kilomètres. Sans hésitation, nous avons continué notre route à petite vitesse; toutes les armes étaient chargées, et nous étions prêts à nous mettre en ligne à la moindre alerte. Hélas! rien n'est venu, et nous sommes arrivés ici sans avoir reçu le baptême du feu. Cette fameuse armée du Nord, commandée par Bourbaki, qu'on disait forte de cinquante mille hommes au moins et prête à marcher sur Paris, se réduit à cinq ou six mille mobiles et à quelques détachements minimes de l'armée régulière. C'est affreux, mais c'est comme cela. Partout nous sommes indignement trompés; indifférence et anarchie, c'est la devise de la France. Je veux bien mourir, pour ne pas être témoin de la plus grande honte infligée à une nation. »

Renaud fut placé, avec sa compagnie, hors des murs, dans une redoute qui défend le passage d'un pont, et il se réjouissait d'occuper un poste si périlleux. « Nos marins, écrit-il le 7 novembre, font l'admiration de l'armée et de la population par leur ferme discipline, le respect et l'immense confiance en leurs chefs, au milieu de la désorganisation générale. J'attribue ces avantages à deux causes. D'abord, aucun officier ne sortant des rangs, notre prestige est doublé; les hommes sont forcés de reconnaître notre supériorité sur eux. Un matelot est disposé à croire qu'un officier n'est pas de sa nature. Puis, presque tous sont Bretons, c'est-à-dire soumis, portés instinctivement au respect envers leurs chefs. Bref, je suis fier de mon métier. Les officiers échappés de Metz font des récits à se manger les poings de rage. »

Le 10 novembre, le bataillon de Renaud se rendit à Cambray, et ce fut une grande joie pour notre jeune enseigne de se rapprocher des Prussiens. « Je reçois à l'instant ta lettre, écrit-il à sa mère. Oui, je serai un vaillant soldat, là-dessus tu peux m'en croire, mais ce sera uniquement pour l'honneur. Je vois l'horizon plus sombre que toi, et je suis écœuré de ce qui se passe depuis le commencement de la guerre. Je veux bien croire qu'un patriotisme tardif se fait sentir, mais à côté quelles infamies ! Nous avons été hier voir les autorités de la ville et entre autres l'archevêque, Mgr Régnier, qui est Angevin et a beaucoup connu mon grand-père de Beauregard. Aujourd'hui, pendant que nous étions à la caserne, le secrétaire de Monseigneur est venu nous rendre notre visite, et quel a été mon étonnement en l'entendant me dire : « Renaud, comment allez-vous? Vous n'avez point changé. Rappelez donc vos souvenirs. » Il a dû me dire son nom; c'est M. l'abbé Marchaisse que j'ai connu dans mon enfance, quand il était précepteur des Rochebouët. J'irai demain le voir à l'archevêché. S'il me convertissait, ce serait une rude affaire! »

Se convertir complétement, était en effet sa préoccupation constante. Il n'envisageait point la confession comme une consolation pour le cœur de sa mère, ni comme une sorte de compromis fait avec Dieu à l'heure du danger, mais bien comme un acte décisif, radical, entraînant avec lui toutes les conséquenses d'un vrai repentir et sur lequel devait s'appuyer désormais une vie entièrement pure. Dans sa rectitude et sa délicatesse de conscience, il craignait de faire à Dieu de vaines promesses, et il voulut s'éprouver lui-même en vivant d'une manière irréprochable. Un enseigne de vaisseau, M. Charles Rouvier, disait à M. de Kermadec (1) : « Renaud ne se permettait pas la plus petite pec-

(1) M. de Kermadec, enseigne de vaisseau, ami intime de Renaud, tué durant la Commune, au second siége de Paris.

cadille; il ne prenait pas même part à ces conversations de jeunes gens dont le sujet est parfois un peu léger. » Et ce même officier écrivait à Mme de la Frégeolière : « Dans la vie intime que j'ai menée avec Renaud, j'ai pu apprécier les vertus de votre fils; je suis fier d'avoir été compté au nombre de ses amis. Je le voyais tous les jours, il m'entretenait constamment du bonheur qu'il ressentait de prendre une part active à la guerre, de son désir de se rencontrer bientôt avec l'ennemi. Il m'exprimait sa ferme intention de se mettre en état de paraître devant Dieu, et il m'engageait à suivre son exemple. » — « Il ne fallait pas vivre longtemps avec La Frégeolière écrivait M. Pujo, lieutenant de vaisseau, pour voir que son éducation avait été chrétienne et que les sentiments de son enfance étaient vivants en lui. » — Citons encore le témoignage d'un autre lieutenant de vaisseau, M. Ridaut : « Il ne manquait jamais d'assister à la messe toutes les fois qu'il le pouvait; et j'ai assez souvent partagé sa chambre pour savoir qu'il n'oubliait jamais de prier. C'était un vrai chrétien. »

Dans sa visite à M. l'abbé Marchaisse, Renaud mit entièrement ordre aux affaires de sa conscience. Après avoir accompli avec la plus vive piété ce devoir religieux, il ressentit une joie inexprimable.

« Que je suis heureux! » disait-il à ce digne prêtre. Dès lors, il fut transformé et devint apôtre. Il engageait ceux sur lesquels il pouvait avoir quelque influence à se rapprocher de Dieu et à fréquenter les sacrements, affirmant que pour être brave il fallait être chrétien. Au témoignage de ses camarades, ceux même qui ne partageaient pas ses convictions religieuses éprouvaient pour lui un sentiment profond de respect et d'admiration. « J'ai rencontré, écrit à Mme de la Frégeolière M. Henri Bonnaire enseigne de vaisseau, plusieurs de ses amis qui vous auraient touchée si vous les aviez vus et entendus. Tous disaient : c'était une âme d'élite. »

Le 2 décembre, les troupes qui devaient composer l'armée du Nord, commandée par le général Faidherbe, opérèrent leur concentration, et les trois bataillons de fusiliers marins furent réunis pour former un régiment; le 5, ils entraient en campagne. On s'empara de Ham par surprise, et Renaud, dans cette affaire peu importante, reçut le baptême du feu. Le 16 décembre, il écrivait de Corbie à sa mère : « Je suis en parfaite santé. Nous ne nous sommes encore battus qu'une fois auprès de Ham... Nous faisons une campagne extrêmement rude; car se promener ainsi, au cœur de l'hiver, à marches forcées, à travers la campagne, est moins qu'attrayant; mais jusqu'ici c'est peu meurtrier. Enfin notre tour arrivera sûrement; aussi je ne me plains pas de notre sort. On dit que l'armée de Manteuffel a rétrogradé sur Paris; en ce cas, nous nous y rendrons aussi, et c'est peut-être à nous que sont réservés les coups décisifs. La vie que je mène m'est très-saine. Jamais je ne me suis si bien porté, mangeant quand je peux, dormant de même; mais lorsque je m'en acquitte, je m'en acquitte bien. Je t'assure que je ne dédaigne pas un morceau de pain sec; et comme ce soir je couche dans un lit, jamais mortel ne fut plus heureux que moi. »

Doué d'une sagacité merveilleuse et d'une intuition rapide, qui étaient les côtés saillants de son intelligence, Renaud, improvisé en quelques semaines capitaine d'infanterie, comprit bien vite le parti qu'il y avait à tirer d'un petit nombre d'hommes disciplinés, énergiques, rompus à la fatigue, prêts à tout entreprendre, et qu'il avait le don d'électriser par son exemple et ses paroles. Sa compagnie marchait en tête du bataillon, et on peut dire qu'il en était l'âme. Après des journées de marche, Renaud se trouvait parfois de grand'garde durant la nuit, par une température si basse que l'une des sentinelles fut trouvée morte de froid; mais il ne se plaignait d'aucune corvée, et le lendemain on le voyait joyeux comme d'ordinaire, moins occupé de lui-même que de ses soldats, dont il cherchait sans cesse à adoucir les privations. Sa première pensée, quand il lui arrivait de coucher dans un village, était de pourvoir au logement et à la nourriture de sa compagnie : « Nous nous plaisions tous, écrit M. Pujo, à voir ce jeune homme plein d'entrain, de bonne humeur et de courage, la joie de notre bataillon. Bien que pour la plupart nous ne fussions pas bien avancés dans la vie, La Frégeolière par son ardeur représentait chez nous la jeunesse. »

Renaud habita trois jours à Corbie chez M. l'abbé Hersent, ancien doyen. Le vieux prêtre se prit vite d'intérêt et de sympathie pour ce jeune homme de vingt-deux ans, d'une physionomie encore enfantine, qui causait avec la même facilité et la même modestie, sciences, voyages, politique, philosophie, religion, et dont le cœur, au niveau de l'intelligence, renfermait une foi si profonde, un dévouement si passionné pour son pays, et un si grand amour pour sa famille.

Renaud, dont la vie, depuis son départ de Brest, était parfaitement pure, ne songeait qu'avec grand repentir à ses fautes passées, et il redoublait de ferveur pour les expier et obtenir un pardon plus complet. Un jour, on apprit que les Prussiens approchaient avec des forces considérables; une grande bataille était imminente. Il rencontre M. Hersent sur l'escalier. « Monsieur l'abbé, lui dit-il, je vous avoue que je suis ému. L'éternité! L'éternité! Il faut être si bien avec Dieu! » Puis, il sortit précipitamment, sans doute pour aller prier à l'église, et bientôt il revint plein de calme. « Monsieur le doyen, dit-il, avant de me battre, je voudrais recevoir votre bénédiction. » Le prêtre le bénit, le releva, et embrassa en pleurant ce jeune officier qu'il aimait déjà comme un fils.

Après le combat de Pont-Noyelles, le 23 décembre, Renaud écrivit à sa mère : « Tu dois être dans des inquiétudes terribles; je suis sain et sauf. J'aurais voulu t'écrire cette bonne nouvelle le soir même de la bataille, mais je n'ai pu trouver un seul instant. Nous avons maintenu toutes nos positions, couché la nuit sur le champ de bataille; et ce n'est que le lendemain, à deux heures, qu'a commencé notre retraite, le général Faidherbe ayant appris que des renforts considérables étaient arrivés aux Prussiens. Je puis dire que j'ai vu le feu de près. Après avoir essuyé de onze heures du matin à quatre heures du soir un terrible feu d'artillerie, où les obus m'ont plusieurs fois couvert de terre, nous avons chargé à la baïonnette à la nuit close, débusquant de chaque maison les Prussiens qui nous canardaient à bout portant. N'étant soutenus par personne, après une heure de lutte, force fut d'évacuer le village, et c'est là où nous avons été le plus en péril. Vraiment, je suis à me demander par quel miracle je suis revenu sain et sauf sur la hauteur où nous avions commencé le combat.

« Une grêle de balles nous a poursuivis pendant cinquante mètres; sans l'obscurité, je ne sais combien nous serions revenus; nos pertes sont considérables. Dans mon bataillon, qui se compose de cinq cents hommes, il y en a cent soixante hors de combat... La guerre n'a rien de beau, et il faut être vraiment bien excité pendant la lutte, pour passer indifférent au milieu de ces amas de morts et de blessés. La baïonnette surtout est horrible; ce spectacle d'extermination éclairé par la lueur de l'incendie ne s'effacera jamais de ma mémoire. Mon pauvre ordonnance a été tué à côté de moi. »

A cette lettre, nous devons ajouter quelques détails racontés par des témoins oculaires. Dans le pays, Renaud est devenu un héros légendaire, et sa conduite dans ce combat est regardée comme l'un des plus beaux faits d'armes de la campagne. Il était brave jusqu'à la témérité, conservant toutefois sur le champ de bataille un sang-froid qui inspirait à ses hommes une entière confiance. Il fut envoyé en avant avec sa compagnie, vers dix heures du matin, pour former une ligne de tirailleurs. Bientôt les obus commencèrent à pleuvoir, mettant plusieurs hommes hors de combat. Profitant des plis de terrain, Renaud fit coucher à terre ses soldats, tandis que, debout et complétement à découvert, la lorgnette à la main, il observait les mouvements de l'ennemi. Un officier supérieur vint alors à passer, marchant dans une direction opposée. « Voilà donc ces fameux marins! s'écria-t-il. Il paraît qu'ils ne sont braves que sur mer. » — Je prends souci de la vie de mes hommes, répliqua fièrement Renaud. Et vous, qu'avez-vous fait des vôtres ? Venez vous placer à côté de moi jusqu'à la fin de la journée : vous apprendrez comment les marins se comportent devant l'ennemi. » L'officier supérieur ne répondit rien, tourna bride, et disparut.

Sur le plateau, au moment où les projectiles pleuvaient tout autour de lui, Renaud rencontra le Père Vautier, de la compagnie de Jésus et aumônier dans l'armée du Nord. « Mon Père, lui dit-il, savez-vous ce que je fais? je dis un bon acte de contrition. — Ne voudriez-vous pas faire davantage, mon enfant, demanda le Père. — C'est bien ce que je désire, » dit-il. Avec un imperturbable sang-froid et une simplicité d'enfant, il se confessa, se découvrit au moment de recevoir l'absolution, fit le signe de la croix, et prenant la main du prêtre : « Merci, mon bon Père ; ma mère sera contente. Elle est si pieuse, ma mère ! »

Le bataillon, après avoir rejoint la brave compagnie de Renaud, fit une charge à la baïonnette, et repoussa les Prussiens jusqu'au village de Daours, où la lutte se continua jusqu'à la nuit. De retour sur le plateau, comme les soldats manquaient de vivres et tombaient de faim et de fatigue, il s'offrit encore pour aller à Corbie chercher un peu de nourriture pour ses compagnons d'armes. La vieille servante du doyen, le voyant épuisé de forces, voulut en vain lui faire prendre une tasse de bouillon ; il refusa, et à deux heures du matin il était de retour sur le champ de bataille ; sans abri, sans couverture par un froid glacial, il fut obligé de se promener le reste de la nuit, et sa faiblesse était si grande que deux ou trois fois il perdit connaissance.

Le lendemain, on fut obligé de battre en retraite vers le Nord. Renaud avait excité l'admiration générale ; à une chevaleresque bravoure, il joignait le sang-froid et la présence d'esprit d'un vieux militaire, et le général Payen ne le désignait que par ces mots : « Ce noble caractère! Cet héroïque enfant! » Le 1er janvier, au moment où les trois bataillons allaient quitter Beaurains, village situé près d'Arras, pour se diriger vers Mercatel, Renaud, avec un autre officier de marine, se rendit à l'église de grand matin. Le P. Léveillé-Lagrange, dominicain, depuis peu de temps aumônier du 23e corps, célébrait la sainte messe et adressait quelques paroles d'exhortation aux soldats. Le visage expressif de Renaud, qu'il ne connaissait point, son attitude si recueillie et si pieuse le frappèrent vivement; bientôt il le rencontrera privé de vie sur le champ de bataille!

Les trois bataillons de fusiliers marins partirent de Mercatel le 2 janvier, de grand matin, traversèrent Boyelles et firent halte à Ervillers. Mais déjà une vive fusillade se faisait entendre du côté de Béhagnies; la première division, commandée par le général Payen, venait d'engager le combat. De faux rapports avaient fait donner l'ordre d'attaquer ce village, où de nombreuses troupes prussiennes étaient solidement retranchées; une batterie placée sur la hauteur à Javreuil causait d'effroyables ravages dans nos rangs. La force des positions de l'ennemi avait été reconnue trop tard; et les mobilisés, cantonnés à quelques kilomètres de là, ne venaient point au secours de la division Payen. Tandis qu'on se battait devant Béhagnies et à l'intérieur même du village, on résolut de s'emparer de la batterie de Javreuil.

Renaud est encore choisi pour marcher en avant, et il part à la tête de ses marins déployés en tirailleurs, les excitant de la voix et du geste. « Allons, les enfants, s'écriait-il, en avant! C'est Dieu qui nou sguide! » Ces héroïques soldats montent sans hésitation sous un feu meurtrier, et par deux fois la batterie recule. Tout à coup, deux escadrons, masqués derrière un coteau, s'élancent sur les assaillants. Pressés par cette terrible charge de cavalerie, pour la première fois les marins se troublent et quelques-uns se débandent. Renaud les rappelle, les réunit et reçoit la charge de pied ferme. « Prisonniers, marins, prisonniers! » s'écrient les Prussiens, qui de toute part entourent la petite troupe. — « Marins, on ne se rend pas! répond Renaud. Vive la France! » Alors une lutte acharnée et corps à corps s'engage; à l'exemple de leur capitaine, tous sont résolus à vendre chèrement leur vie. Un bataillon de chasseurs à pied arrive enfin à leur secours, et la compagnie est dégagée.

Déjà sur tous les points, la bataille est perdue; pour ne pas être coupé, il faut battre en retraite au plus vite. Renaud veut réunir ses hommes, les mettre en bon ordre et ne quitter que le dernier ce théâtre d'une lutte si glorieuse. Mais son sang coule à flots; il est blessé au bras et a une épaule fracassée. Comme il ne peut plus se tenir debout, un marin le prend sur ses épaules et l'emporte avec lui. Comme ce brave soldat, pour ne point faire souffrir son bien-aimé capitaine, ralentissait le pas : « Va, Maurin, va donc, lui dit Renaud, du courage! Ce n'est rien, j'en serai quitte pour une amputation. » Comme il disait ces mots, une grêle de balles siffle autour de lui; l'une d'elles vient le frapper au cœur, et quelques secondes après il avait cessé de vivre.

La dépouille mortelle de Renaud demeura toute la nuit sur le champ de bataille. Le lendemain, comme les Prussiens avaient abandonné Béhagnies, un officier se rendit avec quelques hommes, aux premières lueurs du jour, à la recherche du corps; le P. Léveillé-Lagrange les accompagnait. « J'ai eu bien des émotions durant ce drame sanglant, disait-il plus tard; mais je n'oublierai jamais celle que j'ai ressentie à la vue de ce beau jeune homme, étendu sans vie sur le sol glacé. Son visage était comme transfiguré par sa glorieuse mort ; il semblait sourire au ciel ! »

Quatre marins le transportèrent au village d'Ervillers, et les hommes de sa compagnie le suivaient en pleurant à chaudes larmes. Lorsque le triste cortége défila devant le bataillon des chasseurs, qui la veille étaient venus au secours des marins, le commandant fit former la haie à ses soldats en disant : « Saluez ; c'est un brave qui passe ! » Le corps fut enseveli avec les honneurs militaires dans un coin du cimetière d'Ervillers, et y demeura jusqu'au 8 avril 1871, jour où l'héroïque jeune homme fut exhumé, sous les yeux de son père, et transporté dans le caveau de sa famille, au château de Saint-Florent.

Les habitants d'Ervillers voulurent qu'une plaque rappelât que les restes de Renaud avaient reposé dans leur cimetière. On y a gravé son nom, son grade, le jour de l'exhumation, et enfin ces quelques mots qui rappellent sa mort : « Enveloppé par l'ennemi et refusant de se rendre, il dégagea sa compagnie et expira couvert de blessures. Sa vie fut celle d'un chrétien ; il est mort en héros. » Le souvenir de Renaud est toujours vivant dans ce village. Sur la demande de ses paroissiens, M. le curé d'Ervillers a célébré, le 2 janvier 1872, un service pour le repos de l'âme de notre brave marin, et, dans une touchante allocution, il a rappelé les qualités brillantes et les vertus du jeune officier tué à l'ennemi.

Les camarades de Renaud recueillirent pieusement son scapulaire du Sacré-Cœur, sa médaille de la sainte Vierge, la balle qui avait été extraite de son cœur, sa bague, et sa montre où était gravée la noble devise de sa famille à laquelle il a été fidèle jusqu'au dernier soupir : *Potius perire quam fœdari*, Plutôt mourir que de forfaire jamais à l'honneur.

Ces paroles sont bien le résumé de sa vie. Il possédait cette fierté chrétienne qui, bien loin de prendre la vanité et l'indépendance pour une vertu, trouve sa gloire dans une légitime soumission et dans l'accomplissement du devoir, ne s'incline jamais devant le respect humain, et va droit à son but sans chercher d'autre témoignage que celui de sa conscience fidèle à Dieu. Distingué de manières, il avait contracté dans la demeure paternelle les habitudes de cette antique politesse française, demeurée de nos jours l'apanage d'un trop petit nombre ; et de brillantes qualités extérieures, jointes à une aimable modestie, rehaussaient encore la beauté de son âme. Sous des traits enfantins, se cachait un caractère d'une virilité supérieure à toutes les épreuves, un cœur d'élite qui possédait à la fois des trésors d'énergie et de tendresse. Si parfois il fut accessible à la tentation, du moins jamais il ne resta longtemps sous son empire; et ses fautes ne servirent qu'à rendre sa foi plus méritoire et sa vertu plus parfaite.

TABLE DES NOTICES

CONTENUES DANS LA PREMIÈRE PARTIE.

La deuxième partie contiendra les notices suivantes :

D'Adhémar (Henri), tué à Gravelotte.
Arnold (Victor), mort à Chau-doc, Cochinchine.
Aubert (Henri), tué à Paris (Thiais).
De Boisayrault (Alfred), tué à Sedan.
De Boissieu (Gustave), tué à Orléans.
De Bournet (Joseph), tué à Reichshoffen.
Boutin (Hippolyte), tué à Reichshoffen.
De Boysson (Maurice), tué à Fretéval.
De Boysson (René), tué à Paris (Malmaison).
Costa de Beauregard (Olivier), tué à Sedan.
Doynel Paul), tué à Mentana.
Dufour (Martial), tué à Reichshoffen.
Duvelle (Paul), mort à Tours.
Henry (Paul), tué à l'armée de la Loire.
Henry (Raymond), tué à Reichshoffen.
Houeix de la Brousse (Louis), mort à Mexico.

PARIS. — IMP. JULES LE CLERE ET Cie, RUE CASSETTE, 29.

www.ingramcontent.com/pod-product-compliance
Ingram Content Group UK Ltd.
Pitfield, Milton Keynes, MK11 3LW, UK
UKHW012005240726
13965UKWH00001B/169

9 782012 868984